职业教育教师专业发展丛书

ZHIYE JIAOYU
GUANLI

职业教育管理

贺祖斌 / 主编

北京师范大学出版集团
北京师范大学出版社

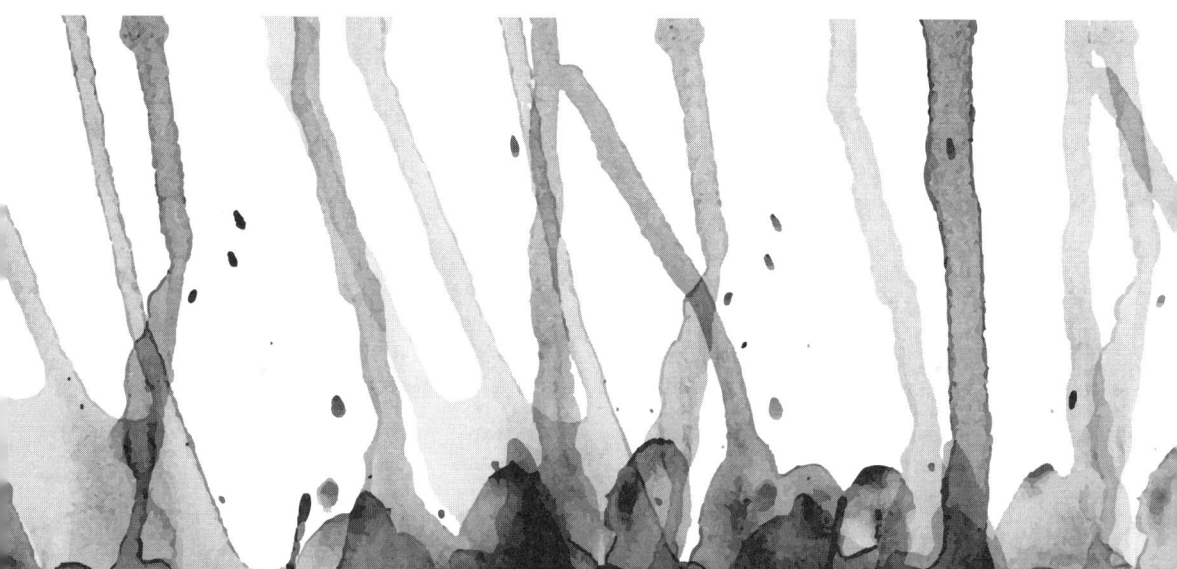

图书在版编目（CIP）数据

职业教育管理/贺祖斌主编. —北京：北京师范大学出版社，2010.7（2022.3重印）

（职业教育教师专业发展丛书）

ISBN 978-7-303-11169-5

Ⅰ.①职…　Ⅱ.①贺…　Ⅲ.①职业教育－教育管理学

Ⅳ.①G71

中国版本图书馆 CIP 数据核字（2010）第 126644 号

营　销　中　心　电　话　010-58802181　58805532
北师大出版社职业教育分社网　http：//zjfs. bnup. com
电　子　信　箱　zhijiao@bnupg. com

出版发行：北京师范大学出版社　www. bnupg. com
　　　　　北京市西城区新街口外大街 12-3 号
　　　　　邮政编码：100088
印　　刷：北京溢漾印刷有限公司
经　　销：全国新华书店
开　　本：730 mm×980 mm　1/16
印　　张：15.75
字　　数：260 千字
版　　次：2010 年 7 月第 1 版
印　　次：2022 年 3 月第 3 次印刷
定　　价：27.50 元

策划编辑：周光明　　　　　责任编辑：周光明
美术编辑：高　霞　　　　　装帧设计：赵　梅
责任校对：李　菡　　　　　责任印制：马　洁

丛·书·编·委·会

《职业教育教师专业发展丛书》编委会

主　任：高　枫

副主任：黄　宇　　杨伟嘉　　贺祖斌

委　员：何锡光　　张建虹　　刘　冰　　王　屹

　　　　黄艳芳　　李　强　　曾玲娟

《职业教育管理》编写组

主　　编：贺祖斌

副主编：李东航　　陈丹丹

编写人员：贺祖斌　　李东航　　陈丹丹　　张春兰

　　　　陈锐亮　　潘杰宁　　黄海滨

序

进入 21 世纪以来，国家把大力发展职业教育作为经济社会的重要基础和教育工作的战略重点，职业教育的快速发展推动了我国由人口大国向人力资源大国转变的历史进程。我国职业教育已经发生了重大的变化，也实现了历史性的突破。随着《国家中长期教育改革和发展规划纲要》的制定与实施，深化职业教育改革创新、加快提高职业教育人才培养质量、实现职业教育教学水平全面提高的历史重任，摆到广大职业教育工作者面前。

面对职业教育发展的新机遇、新挑战，努力造就一支师德高尚、业务精湛、结构合理、充满活力的高素质专业化教师队伍，为职业教育改革与发展提供强有力的人力资源支持尤为关键。我国一直重视教师队伍建设，教育部在 2007 年的《关于"十一五"期间加强中等职业学校教师队伍建设的意见》中明确提出了中等职业学校教师队伍建设的指导思想、工作目标和任务，根据教育部、财政部 2006 年的《关于实施中等职业学校教师素质提高计划的意见》，近年来实施了专业骨干教师国家级培训、专业骨干教师省级培训、开发重点专业师资培养培训方案、课程和教材以及中等职业学校紧缺专业特聘兼职教师资助计划等，对职业教育师资队伍建设起到了巨大的促进作用。与全国一样，广西的职业教育师资队伍建设，在严格教师资质、提升教师素质、提高教师业务水平、完善培养培训体系等方面仍然需要加大努力。

职业教育学科建设直接影响职业教育教师专业化发展。现代职业教育客观上要求职业教育教师既具备一般性专业科学的知识，还必须掌握与工作过程、技术和职业发展相关的知识，职业教育教师的教学实践必须与不断变化的专业技术人员的职业实践相适应。

由自治区教育厅和广西师范学院组织编写的这套《职业教育教师专业发展丛书》，从职业科学角度来诠释职业教育管理、职业教育学、职业教育课程与教学论、职业教育研究方法和职业教育心理学的基本理论，在职业教育学科建设方面进行了有益探索。全套丛书从不同侧面展示了职业教育学科的概貌且各具特色。

《职业教育管理》一书，针对职业教育的改革与发展，阐述了现代职业教育管理理论，职业教育管理的职能和方法，职业教育管理体制，职业教育政策与法规，职业教育人力资源管理，职业教育德育管理，职业教育教学管理，职业教育科研管理，职业教育评价等内容，编写过程中注重职业教育管理的前瞻性、现实性和科学性，将职业教育管理的理论与实践相结合，并为职业学校的教育管理工作者提供了很好的管理案例。

《职业教育学》一书，吸取职业教育学学科建设的积极成果，立足中国职业教育实践的实际，以行动导向理念为指导，建构有区域特色和实践应用性的职业教育学。在此基础上，本书在职业教育学学科发展史、职业教育发展历史介绍的基础上，讨论职业教育学的学科性质，研究对象，职业教育的本质、目标、体系等基本问题，辨析、澄清一些理论和实践问题，并对职业教育人才培养过程中的专业设置、教学、德育、职业指导和教师专业成长等基本环节、要素进行介绍和探索，试图为职业教育人才培养、师资培训等工作给予可能的导向。

《职业教育课程与教学论》一书，着眼于对职业教育发展中亟待解决的现实问题的研究，如课程开发、教学设计与实施等，阐述了从职业科学角度将职业知识融入职业教学的思路和流程，强调了在熟悉相关职业领域里工作过程知识基础上，将职业知识融入课程开发之中并通过行动导向的教学实现职业能力培养目标的职业教育课程观与教学观，使本书既具有对职业教育课程与教学理论的思考，又具有实际运用的职业教育课程与教学的实践参照。

《职业教育研究方法》一书，借鉴普通教育研究方法，结合职业教育研究的特殊性，按照研究者完成课题可能涉及的主要研究方法，逐层展开研究思路。全书从职业教育研究选题与设计入手，对职业教育观察法、文献法，调查研究、实验研究、行动研究、叙事研究方法进行深入探讨，并从定量分析、研究成果表述与评价方面为读者提供了提炼研究成果的思路与方法。同时，本书每一章都附有相关案例剖析，设身处地为读者活学活用本书的研究方法提供了蓝本。

《职业教育心理学》一书，以先进的教育教学理论为指导，以职业院校学生学习活动为主线，聚焦于职业院校情境中教与学过程中的心理学基本规律，着重阐述了职业院校的学生心理特点和学习规律，分析了影响职业院校学生和教师心理问题的因素，提出了师生心理健康的维护策略，围绕学生的学习动机、课堂管理与教学等主题进行了有益的探讨，此外还介绍了职业态度的培养、职业素质测评与职业指导的相关内容。本书既具有对职业教育中学生与教师心理规律的理论探索与思考，又具有运用心理学规律来实施职业教育教学的参考指导作用。

本套丛书的编写团队，在教育厅的直接指导下，由专门研究职业教育的学者、一线的职业院校教师、教育管理人员、教师教育研究人员等共同组成。这套丛书的出版，可以为广西职业教育教师入职资格培训提供教材，为职业教育教师的职前培养提供课程学习材料，为职业院校开展校本培训、提高教师专业水平和教学能力提供学术支撑，为各级教育行政部门、职教科研单位、职教师资基地提供职业教育学科研究和交流的辅助读本。

诚然，我们看到，在职业教育学科建设、职业教育教师专业发展方面取得了可喜的成绩，但也必须意识到，职业教育研究领域还有许多亟待解决的问题。

我们任重道远。

广西壮族自治区　高校工委　书记
　　　　　　　　教 育 厅　厅长　高　枫
2010 年 3 月 6 日

目　录

第一章
职业教育管理导论

职业教育作为一种教育类型，具有区别于普通教育的特质。职业教育管理活动要在遵循管理和教育管理的一般规律的基础上，根据职业教育的自身规律采取有针对性的管理思路和方法，才能提高管理的效果。因此，将管理、教育管理的原理与职业教育管理的内容联系起来，理解它们的相通点和区别之处，对于我们提高职业教育管理水平有着重要意义。

第一节　管理、教育管理与职业教育管理

管理是一个大概念，社会上各行各业都有管理问题。职业教育管理是管理和教育管理中的一部分，它与一般管理活动有共通的内容，又有自身独特的内涵。了解管理和教育管理两个"大概念"上的管理活动的内涵，将使我们从更广的角度去认识职业教育管理，把握好其共性与个性的关系。

一、管理

(一)管理的内涵

管理的定义是组成管理学理论的基本内容，明晰管理的定义也是理解管理问题的最起码的要求。

管理中的"管"一般指管辖、主管，即讲职务的隶属，权力的结构，责任的界限。管理一词中的"理"，指治理、处理、调理，即讲秩序井然，方法手段得当，效率高，效益明显。自管理成为一门学科，开始有着其独特运行概念的理论体系以来，中外学者由于研究的出发点和立足点不尽相同就对管理一词下了不同的定义，直至目前，还没有形成一个统一的概念。各种不同的管理学派对管理概念的解释主要有以下几种理论观点：

（1）泰罗：管理就是"确切知道要别人去干什么，并注意他们用最好最经济的方法去干"。①

（2）法约尔：管理是所有的人类组织（不论是家庭、企业或政府）都有的一种活动，这种活动由五项要素组成：计划、组织、指挥、协调和控制。管理就是实行计划、组织、指挥、协调和控制。②

（3）孔茨：管理就是设计和保持一种良好环境，使人在群体里高效率地完成既定目标。③

（4）小詹姆斯·唐纳利：管理就是由一个或更多的人来协调他人活动，以便收到个人单独活动所不能收到的效果而进行的各种活动。④

（5）彼得·德鲁克：管理是一种实践，其本质不在于"知"而在于"行"，其验证不在于逻辑，而在于成果；其唯一权威就是成就。⑤

这些学者们众说纷纭、莫衷一是，多从自己的理论体系以及不同的研究重点出发来说明管理的定义，虽具有一定的代表性，但总的来说，各有真知灼见，也各有不足之处，且这些定义都着重从管理的现象来描述管理本身，鲜少揭示管理的本质。

我们认为管理是依据事物发展的客观规律，通过综合运用人力资源与其他资源，以有效实现目标的过程。换言之，管理就是利用人力和物力，为达到目标，进行计划、组织、指挥、执行、协调以至控制的一个系统过程。

（二）管理的功能

现代管理学一般把管理功能分为五项：

1. 计划

计划是指管理的首要功能，它是管理人员瞻望未来，在具体的工程或行动之前预先拟定行动措施和步骤的过程。

2. 组织

组织是指为了保证决策和计划的实施，建立权力体系和协作结构，分配职、

---

① ［美］F. 泰勒 . 科学管理原理［M］. 韩放译 . 北京：团结出版社，1999，104.

② ［法］法约尔原著 . 工业管理和一般管理［M］. 曹永先译 . 北京：团结出版社，1999，7.

③ ［美］哈罗德·孔茨，海因茨·韦里克 . 管理学［M］. 北京：经济科学出版社，1998，2.

④ ［美］小詹姆斯·唐纳利 . 管理学基础——职能、行为、模型［M］. 北京：中国人民大学出社，1982，18.

⑤ ［美］彼得·德鲁克 . 管理——任务、责任、实践（上）［M］. 北京：中国社会科学出版社，1987，7.

权、责、利的过程。

3. 指挥

指挥是指运用组织权力，行使领导职责，指导下属工作，统率和调动各方面力量的过程。

4. 协调

协调是指解决和消除系统内部各因素之间，以及系统与周围环境之间，在目标、利益行为等方面的矛盾、冲突、分歧的过程。

5. 控制

控制是指有关评定工作以及采取必要的改善行动。它是对决策和计划的实施进行监督和检查，及时纠正行为偏差的过程。

二、教育管理

教育管理作为一种活动，具有悠久的历史。自古代产生学校教育以来，教育管理就以一定的形式出现了。但作为一门学科的历史并不长，虽发源于 20 世纪初，但直到 50 年代才逐渐成为一门独立的学科。

教育系统作为一种社会系统，其目的是培养各级各类高质量的人才，因此，教育管理便是根据教育目的和教育发展规律，有意识地调节教育系统内外的各种关系和资源，以便达到既定的教育系统目标的过程。这一定义包含以下三层意思：一是指明了教育管理活动的依据是教育目的和教育发展的规律；二是指出了教育管理的任务是有意识地调节教育系统内外关系和可资利用的教育资源、以适应教育系统发展的客观规律性；三是教育管理的结果是不断地促成教育系统目标的实现。[①]

现代的教育管理是指国家或地方政府对教育系统进行的计划、组织、协调、控制等一系列活动。从管理职能与管理过程来看，现代教育管理主要包括两个方面：教育行政管理和学校管理。教育行政管理是指国家各级教育行政部门对学校教育的管理。主要内容有：①实施教育法令；②制定教育规章；③编制教育计划、教育发展和改革规划；④审核教育经费；⑤任用教育行政人员；⑥视导和检查所属单位的工作；⑦协调教育与其他部门和社会其他方面的关系。学校管理通常是指学校自身的内部管理，然而，目前学校管理正日益注重学校与社区、学校与社会其他部门的关系。因此，学校管理的主要内容包括：①制订

① 薛天祥，房剑森．论教育管理的基本规律[J]．辽宁高等教育研究，1995(5)．

教学计划；②制定学校规章制度；③协调学校各部门的工作；④管理学校其他工作；⑤协调学校与社区、学校与社会其他部门的关系。①

三、职业教育管理

(一)职业教育管理的内涵

职业教育管理是指国家或地方政府对职业教育系统进行的计划、组织、协调、控制等一系列过程。从管理职能与管理过程来看，现代职业教育管理主要包括两个方面：职业教育行政管理和职业院校管理。由于职业教育是与经济社会发展联系最为紧密的一种教育类型，因此协调学校与企业、社区和社会其他部门的关系在职业教育管理的内容中占有突出位置。

(二)现代职业教育管理的特点

1. 以人为本的管理

"人本原理"是现代管理最重要的理念，本质是指各项管理活动都应该以调动人的主观能动性和创造性为根本。职业教育管理的出发点是"以人为本"，接受教育是基本人权。要通过提高劳动者的素质使产品质量水平、社会服务水平不断提高。同时，要使受教育者自身得到发展，使他们进入社会以后能够不断增强自身的就业能力，能够不断提高自身的生活质量和生活水平。也就是说，不同形式的学校在实施教育管理时除考虑到社会需要的同时，还应考虑到学生、家长的需要，树立"以学生为中心"的观念。长期以来，我们的教育观念有错位的现象，强调了尊师，却忽视了尊生；强调了为人民服务，却忽视了为每个具体的人服务。学生的地位、学生的个性、学生的需求、学生的发展被排除在学校的地位、学校的共性、学校的需求、学校的发展之外。只有学生感到学校是竭诚为他服务的，他才可能在进入社会以后真正树立为别人服务的意识。②

2. 管理手段的多样化

现代职业教育管理机构综合运用法律手段、经济手段和行政手段来管理职业教育。

法律手段是职业技术教育管理的根本手段，它决定职业技术教育的管理体

① 黄志成. 教育管理探析[J]. 外国教育资料，1994(1).

② 张文华. 现代职业教育管理理念初探[J]. 职教论坛，2002(9).

制、各方面的权限与职责、体制的运行以及经费、师资等有关发展的重要事项。由于职业技术教育的多样化、多元化以及复杂性，完善职业教育法律体系是提高职业教育管理效益的有效手段。

经济手段是现代职业教育管理的重要手段。职业技术教育一方面，与社会经济各领域关系密切；另一方面，它的发展又要有充分的物质经济条件。因此，通过经济手段进行管理主要是为职业教育的发展提供必要的物质基础，保证和调节职业教育发展的规模、速度和方向。如通过国家财政预算、投资或规定经费来源引导职业教育发展和改革的方向。通过规定提高职业教育教师工资待遇，保证教师队伍的稳定和优化，提高师资水平和教学质量。

行政手段主要是通过规定职业院校办学标准、职业教育师资的条件和开展职业教育质量评估等方式来促进职业教育发展。

3. 教学管理和实习管理紧密结合

职业教育就是使就学者获得从事某种职业应具备的知识和技能，因此，职业技术教育特别强调技能的培养，而保证受教育者充分掌握某种特定的技能当然是职业教育管理的一项重要任务。这一任务往往涉及职业技术学校、实习工厂或有关企业。所以，职业技术教育管理必须保证学校、工厂和企业的紧密配合。职业院校，在教学中日益重视实践环节，将教学管理和实习管理紧密结合。[①]

4. 管理的网络化

现代信息技术已彻底改变了传统的教育管理模式。现代职业教育管理已经基本实现网络化。从教学实施、学籍管理、考试管理到学生缴费、文献查询都能实现网络化。极大提高了职业教育管理的效率。

5. 管理主体趋向多元化

职业教育已经走近现代社会舞台的中心。它的发展与社会进步、企业发展、人民生活水平提高休戚相关。职业教育要健康可持续发展离不开利益相关者的参与。因此，职业院校日益重视吸收并组织有代表性的权威、专家、对口行业管理者等社会力量，共同参与学校的管理。

6. 管理重心下移

传统的职业教育管理是集中的统一计划模式，这种管理体制对于稳定职业教育秩序和保证教学质量起到了积极的作用。但是，这种管理体制存在着不足，

---

① 黄静潇. 国外职业技术教育管理的特点及趋势[J]. 基础教育改革，2005(16).

一方面，管得太具体，职业院校只能被动地落实精神，积极性和能量不能真正发挥出来；另一方面，职业院校长期陷于烦琐事物的过程管理中，缺乏足够精力思考战略性、全局性的问题。因此国家建立合理有效的职业教育管理权力分配结构，权力重心适度下移，扩大地方政府对职业教育的管理权限和职业院校的办学自主权是现代职业教育管理的新特点。

第二节　职业教育管理的基本模式和演进

任何管理活动都必须要基于现实的政策、经济和科技环境，针对管理对象的特点，采用可行管理模式，才能实现预期的目标。管理模式和方法是随着管理环境和管理对象的变化而变化的。同样，职业教育管理的模式也是随着职业教育的发展而不断向前演进。

一、职业教育管理的基本模式

所谓职业教育管理模式，是依据职业教育相关理论和实践中提炼的可操作和可被认同的标准样式。它应该具备以下一些特性：符合国家发展和职业教育改革的指导思想；符合职业教育自身规律；适应市场经济和社会发展的要求；被公众广泛认同，并可效仿。

我国社会主义市场经济体制的建立和公有制形式多样化及多种经济成分共同发展新局面的出现，职业教育管理模式也随之呈现多样化趋势。同时，我国职业教育体制尚处在改革过程中，因此，职业教育管理模式具有明显的动态性特征。因此，目前我国职业教育管理的基本模式主要有以下几种：

（一）统分结合的管理模式

为改变职业学校在封闭的系统内追求自我完善，严重脱离本地区经济和社会需求实际，造成职教资源浪费低效益的局面，一些地区通过改革，创建职业教育中心，实行集约管理。基本做法是：在一个县（市），把各部门分散举办的各类职业教育，如教育部门办的职业中学，劳动部门办的技工学校，卫生部门办的卫校，农业部门办的农业广播电视学校、农机学校，交通部门办的汽车驾驶学校等，集中到职业教育中心来办。在办学形式上，其特点主要体现为"集中与综合"，即集职前和职后教育于一体，具有多专业、多层次、多培养目标和培训形式的综合性特征。在管理上，体现"统分结合"的特点。

(二)校企结合管理模式

即行业、企事业单位将管理职业教育作为现代企业建设的组成部分，纳入本部门发展规划，对所办职业学校或职业培训机构承担决策、计划、组织、协调、控制等管理职责，使生产与职教同步运作。这种管理模式有利于培训本系统、本部门适用人才，提高职工素质，促进生产发展，提高竞争能力；有利于实行产教结合，提高办学效益和教学质量，增强职业教育为经济和社会发展服务的能力；有利于推动职教事业的发展。

(三)公私联合管理模式

由于有些单位自身办学力量不足，办学成本太高。因此，出现由各办学单位联合社会力量，利用非国家财政性教育经费，在教育行政部门和相关行业的指导下实行联合办学，由学校负责人或指派的代表组成的职业学校领导机构，决定职业教育机构的发展、经费筹措和经费预算结算等重大事项，合理配置并共享职教资源，提高投资效益。这种管理模式的好处是能集各方面办学力量为一体，形成整体优势，保证办学条件，推进产教结合，提高了学校适应市场经济和社会发展需求的能力。应注意的是，联合起来的办学主体，既有地区内的，也有跨地区的，成员不稳定，而且不遵守"协议"现象时有发生。因此，教育行政部门和行业组织，要加强对董事会和学校的综合管理和业务指导，不断提高董事会的管理水平(董事会成员必须熟悉相关产业的经营管理和职业教育的运作特点)，保证学校健康发展。

(四)调控管理模式

根据我国职教现行管理体制，职业教育主要由地方负责。目前，市、县(区)教育行政部门举办了一批以学历教育为主的职业学校，如职业中学、职业中专等；劳动部门举办了一批职业培训机构，如职业培训中心等。在管理上，过去对人、财、物等直接管理，统得过死，学校缺乏活力。

随着我国政治体制改革的深入进行，政府转变职能，教育行政部门简政放权，实行宏观调控，弱化直接管理和微观管理，扩大学校管理自主权，使其根据人才市场需求，主动管好学校，增强办学活力。教育行政部门对直属学校的管理职能，主要体现在规划、协调、监督和服务等几方面，对这种变革中的管理方式，可称之为"调控管理模式"。①

二、职业教育管理的演进

职业教育管理活动是随着职业教育实践从简单到复杂的发展过程而在管理的理念、方法等方面向前演进的。总的来说，职业教育管理经历了一个由经验管理向科学管理演进的过程。

(一)经验管理阶段

所谓经验管理，就是管理者在管理过程中凭借个人或某一团体积累的知识和经验来实施管理工作。经验管理所依靠的，主要是个体的亲身感受、直接体验以及传统的习惯定式。从古代的技能训练活动到近代职业教育制度的建立，人们对职业教育的管理可以说基本上属于一种经验管理的模式。它具有以下基本特点：

(1)管理者笃信经验的价值，把自己的个人经验作为职业教育决策和判断的依据。

(2)办教育的水平实际上就代表了职业教育管理者的经验水平。

(3)办学时间愈长，经验就愈丰富，相对来说管理职业教育就愈得心应手。

(4)办学经验始终停留在经验水平层次，难以上升到理论高度，更难以大面积推广。

(5)当职业教育处于较稳定状态时，管理较有效，一旦职业教育发生剧烈变革，管理就会发生困难。

可见，职业教育的经验管理的局限性是显而易见的。由于只停留在经验水平层次，很难认识到职业教育及其管理的规律，管理的效率和效益注定是很低下的。

(二)科学管理阶段

从 20 世纪初起，职业教育管理开始逐渐由经验管理走向科学管理。这也是受大势所趋，首先，科学管理理论的崛起，促使教育管理者用企业管理理论和方法思考教育管理问题；其次，由于生产力的发展对劳动者的素质提出了比较高的要求，社会和政府认为学校没有重视效益，要求学校管理人员负起责任，

---

① 纪芝信. 职业教育管理的基本模式[J]. 教育与职业，1999(6).

在巨大的社会压力下，教育管理人员不得不放弃传统的教育管理观念和做法，转向接受工商业界的市场原则、价值标准和相应的管理行为。职业教育管理也不例外，也建立起严格的、标准化的、合理的学校教育质量标准、教师教学质量标准、学生发展质量标准，建立了完善的教育管理机制和教育财政预算与决算的控制方法等，通过执行这些标准和方法管理下的各项教育活动大大提高了教育效率。

职业教育的科学管理同样也呈现出一些鲜明的特征：

（1）管理过程中更看重管理理论的指导作用，不再盲目轻信于个体的感受、经验；

（2）教育管理的机构层次分明，分工明确，制度健全，职权责一致；

（3）管理过程中注意运用调查、统计、测量等原本自然科学常用的技术手段来分析教育教学中存在的问题；

（4）管理时比较注重民主管理的方法，强调参与决策的重要性；

（5）管理的模式具有较大程度的推广价值；

（6）有较强的适应性，既能适应稳定时代的教育事业的管理，也能适应变革时代的教育事业的管理。

提倡教育的科学管理，并不是说否定经验管理的模式，事实上经验管理的方式依然存在于我们的学校中且发挥着应有的功效，科学管理也好经验管理也好，其效果都是与管理者的个体素质、经验，与教育环境的实际有着密不可分的联系。

第三节　职业教育管理的研究对象和方法

职业教育管理作为一个专门的管理研究领域，有其特有的研究对象，需要综合运用多种研究方法。明确职业教育管理的研究对象和掌握其研究方法，对提高职业教育管理的科学性具有重要意义。

一、职业教育管理的研究对象

职业教育管理以各级各类职业教育组织和机构的管理现象、管理过程和管理规律为其研究对象。在职业教育组织和机构中最普遍、最有代表性的是职业学校(包括中职学校和高职学校)，所以职业学校管理充当了职业教育管理研究的核心。职业教育管理要研究职业学校组织的特性、教育教学管理和后勤管理等问题。不过，我们不能从狭义的角度看待学校组织的管理。学校不是孤立存在的，作为社会上众多组织中的一种，其教育和管理过程要受到社会各方包括中央政府、地方政府、教育行政部门、社会团体、家长等的影响。此外，学校的管理也不是学校行政人员所能随意安排的，它要受到来自外界的各种因素的制约，如教育体制、教育政策、教育法律、教育经费投入等。这样，为更深刻、全面地理解职业学校管理现象，职业教育管理就必须研究其他相关问题，如从中央到地方各级职业教育管理机构的设置、职业教育政策和法律的制定和实施、职业教育人员的资格和条件、职业教育经费的筹集和管理等问题。总之，职业教育管理以职业学校的管理为核心，并探讨与职业教育事业有关的种种教育管理现象和问题。

二、职业教育管理的研究方法

(一)文献分析法

文献分析法是职业教育管理研究最基本的方法之一。在职业教育管理研究中，许多研究在确定研究选题的基础上必须通过收集相关的文献，并对其进行整理和分析来进行。例如，研究选题为"职业教育管理制度的历史沿革"时，离开了文献资料是无法进行的。文献分析法就其形式渊源来讲，主要源自于历史的研究，以分析大量翔实的史料为基本的研究手段。不过，现在人们所讲的文献研究，不仅包括历史史料，更多的是指现实生活中的各种文献资料。文献调查分析法的主要优点在于其研究成本相对较低，研究者能够以无法直接参与的事件进行研究。这一方法的不足在于，研究者对文献资料的准确性、可信度及代表性不易把握；同时，有些文献资料因条件所限不易查询；有些原始文献资料与当事人的政治态度、个人偏好等个人因素夹杂在一起，而非客观中立的事件报导，因而要求研究者有较强的知识基础和判断能力。

(二)问卷调查法

问卷调查法在教育管理学的研究过程中运用得非常广泛，在职业教育管理的研究过程也是如此。问卷调查方法一般的过程是：确定研究主题→编制问卷项目→选取样本→小范围预测→实施调查→统计调查资料→讨论分析→提出建议。问卷调查法的优点在于：首先，问卷易于操作；其次，所收集的数据比较可靠，因为问题都是封闭式的，这就可以大大地减少可能由调查员的差异引起的变差；最后，数据的编码、分析和解释都比较简单，因为样本是有代表性的，可以对总体的情况做出较为合理的判断。适当采用这类方法，对于增进职业教育管理研究的科学性有着明显的意义。问卷调查的难处在于：设计有较强信度和效度的问卷不大容易；研究成本较高；所费时间较长；研究者须掌握一定统计学方面的知识等。

(三)访谈调查法

访谈调查法又称访问法或谈话法，是指通过研究者与被调查对象的对话而收集事实材料的一种调查研究方法。它是一种最古老、最普遍的资料收集方法，也是教育和社会研究科学中最重要的、最常用的调查方法之一。访谈调查有各种形式：有封闭式的访谈，即事先将问题设计得非常固定和严密，被调查对象只能在研究者所指定的选项中提供答案；开放式的访谈，则给予被调查对象回答问题时有较大的自由度，答题的标准没有规定，趋向于探究和非结构式。访谈调查法的优点在于：具有广泛的适应范围、灵活性强、成功率高、信息真实具体，几乎任何研究课题都可以运用这种方法；局限在于：代价较高，访谈要付出更多的时间、人力和物力，易受访谈人员的主观影响且回答问题的标准性较差，重复性太多。

(四)比较研究法

比较是认识事物的基础，比较研究法是人类认识、区别和确定事物异同关系的最常用的思维方法，是教育研究的一种重要方法，在职业教育管理研究中经常要用到。根据不同的标准，我们可以把比较研究法的形式分成单项比较与综合比较、横向比较与纵向比较、求同比较与求异比较、定性比较与定量比较四大类。就其意义而言，比较研究能扩大研究者的视野，加深对所要研究的问题的认识；跨国家、跨文化之间的比较研究，还能增进对未来教育管理发展趋势的认识。比较研究的局限在于：往往受研究者对不同研究对象深层次因素把握不住，了解有限容易流于表面，最后变为仅是"介绍"而已。

(五)行动研究法

行动研究法是指教师在教育教学实践中，基于实际问题解决的需要，与专家合作，将问题发展成研究主题进行系统的研究，以解决问题为目的的一种研究方法。它的特点是实用性，不关心研究成果的普遍意义，故对研究条件的要求不那么苛刻，理论基础也并不要求非常成熟。行动研究通常规模较小，大都以集体合作形式进行，在研究中特别看重对原计划的及时评估和修正。

(六)实验研究法

与其他研究方法相比，教育管理领域的实验研究难度较高，这可能跟教育管理所涉及的因素复杂多变，难以控制，且有高度的政策导向等因素有关。这一方法在使用时至少要满足有一个变量，而且这个变量可以由研究者人为地加以控制和改变；研究时通常是将有控制的事实和对象的情况与没有控制的事实和对象的情况进行比较，要有假设、验证，在执行严格的操作规则和使用科学的测量手段中揭示变量之间的因果关系；实验结果可以重复，即只要条件相同，任何人都可以重复这一实验。实验研究较适合的是小范围且目标比较单一的情况，如学校的班级管理，师生间的互动关系等。

在职业教育管理领域，行动研究法在学校资源管理、课程管理、德育管理、学校效能提高等方面都可以被采纳。

第四节　职业教育管理与现代科学

职业教育管理是复杂的系统工程，要实现职业教育管理的科学化和现代化，离不开管理方法及其技术手段的科学化和现代化。控制论、信息论和系统论等新兴理论为我们做好职业教育管理工作提供了全新的思路和方法。

一、控制论在职业教育管理中的应用

控制论是 20 世纪 40 年代末期出现的一门新型学科。它是在自动调节、电子计算机、通信技术和神经生理学、生物学、数学等学科相互渗透、高度综合的基础上形成的。

(一) 控制方法的含义

控制方法，就是运用控制论的理论和方法，在职业教育管理中实施控制行为，即按照计划标准来衡量完成情况和纠正偏差以保证计划目标的实现。职业教育管理作为一个复杂的动态社会过程，它的运行有着一定的发展方向、途径和程序，这就需要依靠控制的作用，实现对管理活动的组织、协调和领导。

(二)采用控制方法应注意的问题

职业教育管理是国家通过制定职业教育政策、法规，制定职业教育发展规划，采取各种措施，来控制职业教育事业的运行，并不断纠正各种偏差，保证发展目标的实现的过程。因此，应用现代科学中的控制论方法，是职业教育管理实现科学控制的有效途径。把控制论方法应用于职业教育管理，需明确以下几点：[1]

第一，必须有一个明确的控制目标。在运用控制方法时，要明确控制所要达到的预期目标，这样才能在控制过程中，创造合适的条件，使职业教育管理沿着既定目标井然有序地发展，并能及时判断和分析脱离目标的现象，以便采取相应的纠正措施。

第二，必须选择有效的控制方式。职业教育管理是否具有控制能力，是否能达到控制的目的，在很大程度上取决于控制方式的有效选择。如国家对职业教育单纯采取高度集中的、直接的控制方式，就不能达到既整体协调发展又突出区域特色的发展目标。目前，我国实行的"中央统筹，地方为主"的职业教育管理体制则较好地解决了职业教育发展共性与个性之间的问题。

第三，控制必须通过反馈来实现。对一个组织系统来讲，控制是一种调节过程。具体地说，是指组织系统为了适应主客观各种因素的变化，排除内外干扰，克服不确定性，保持某种特定的最优状态的调节过程。控制的过程就是借助反馈调节机制才得以实现的。反馈调节有两种形式：一种是促使控制系统稳定在平衡状态上的负反馈调节；另一种是促使控制系统向某一方向变化发展的正反馈调节。职业教育管理系统是人工系统，要求管理者自觉运用控制反馈方法，不断进行调节，从而使事物的发展处于稳定状态，使职业教育管理沿着正确的目标发展。

第四，控制要有完善的组织系统。完善的组织系统是实施有效控制的组织保证。首先，控制部门和被控制部门应成为一个有机的整体，应当正确处理好各方面的关系，照顾到各方面的利益，做到顾全大局，而不能各行其是。其次，组织机构之间职责要分明，谁来控制、对谁控制、控制失当的责任以及采取相应对策等问题，都要有明确规定。在职业教育管理中，常出现失控现象，特别是新旧体制转换过程中表现得更为明显。而失控现象的出现与职业教育管理组

织系统不完善有很大关系。

二、信息论在职业教育管理中的应用

所谓信息，是指通过文字、数据或信号等形式来表现的、可以传递和处理的对象。信息乃是表现事物特征的一种普遍形式，现代信息在质和量上已远远超越了传统的信息范畴(情报、消息、资料等)。

(一)信息方法的含义

信息方法，是指把系统看做是通过信息流动变换过程，实现其有目的性活动的方法。信息是控制的基础，所有管理也可以说是信息活动的过程。同样，职业教育管理系统只有借助于信息的流动和通过信息通道，才能实现各管理环节之间的联系，从而完成各项管理任务。

(二)信息方法对职业教育管理的重要性

在职业教育管理中运用信息方法，就是把职业教育管理机关看成是一个信息系统，把职业教育管理过程看做是信息的输入、传递、存储、变换、使用、输出的过程。运用信息方法进行职业教育管理活动，就要自觉做好职业教育信息的收集、传输、使用和反馈，从而提高管理效率。信息方法表明，各种信息的流动速度是影响管理活动效率的重要原因。而要加快信息传递速度，就要求合理设置机构，减少管理层次，这样就能缩短信道，减少信息在传递过程中经过的中转环节的数量，从而加速信息的整体循环。从这个意义上说，信息方法对整个职业教育管理科学化有着重要的作用。

三、系统方法在职业教育管理中的应用

系统论是在现代工业、农业和军事急速发展，自然科学突飞猛进的情况下产生的。它是控制论、信息科学的重要理论基础。系统是由互相连接或互相储存的事物或集聚事物所组成的具有某种功能的复杂的统一体。它是根据某种方案、计划有秩序地安排各项事物而组成的综合体。

(一)系统方法的含义

系统方法，就是对待任何事物都要用系统观点从整体去分析处理的方法。即按照事物特定的系统，把所要研究的对象放在系统中进行考察和分析，以实

现整体的最优化的方法。在职业教育管理中，应用系统方法，就是把整个职业教育管理活动看做是一个由若干子系统构成的有机联系的系统而进行管理。

（二）采用系统方法必须遵循的原则

在职业教育管理中采用系统方法必须遵循以下几个原则：[①]

1. 整体性原则

整体性是系统方法的基本观点。它认为，任何一个事物都从属于某个系统，都具有系统的属性，而任何一个系统，又总是相对形成一个整体。系统的整体性表现在系统内部诸要素之间及系统与外部环境之间保持着有机联系。职业教育管理以及职业教育管理过程中某一具体的管理活动是一个系统工作，只有从整体与部分的相互依赖、相互制约的关系中才能体现职业教育管理的特征和运动规律。职业教育管理活动中，要处理的事情愈多，就愈需要将部分和整体以最佳的状态来调和；其相互联系的部门和人员愈多，整体观念就愈重要。按照整体性原则的要求，当要素与要素之间、部分与整体之间发生矛盾冲突时，局部要服从整体，要通过整体系统的协调运转正确处理这些问题。事实表明，有时子系统都很好，而整体组合不好，这个系统就不能发挥其应有的作用。反之，有时子系统并不十分理想，可是总体结合起来却搞得很好。这截然不同的结果，充分体现了整体性原则的重要性。

2. 综合性原则

任何整体都是由相互联系、相互作用的部分组成的综合体，我们在职业教育管理活动中必须对整个系统的组成部分、结构功能、历史发展等方面进行综合分析，任何重大的决策都必须遵循综合性原则。此外，综合性原则还要求综合运用多种技术手段。系统工程几乎涉及各种现代科学知识，其中重要的有运筹学、数学等，其中运筹学包括线性规划、非线性规划、图与网络等，数学中有数理统计、概率论等。

3. 关联性原则

关联性是系统与周围事物以及系统内部各个部分相互作用和相互依赖的关系。因此，职业教育管理活动必须考虑系统环境对系统的深刻影响，考虑系统内部各部分作用可能产生的结果。要做到这一点，就要指出事物的联系，寻找其具体联系的方式，并尽可能用明确的模型表示出来。

---

① 杨守吉. 浅谈现代科学方法在行政管理中的应用[J]. 淮海工学院学报，2001(6).

4. 最优化原则

它要求选择最优方案，使系统处于最优状态，达到最优效果。最优化并不是绝对的无条件的，最优化方案只是相对于其他方案更可行合理，更能发挥作用并尽量避免各种消极因素。最优化原则也不是孤立的，它和整体性原则、综合性原则、关联性原则密切相关。系统最优不是个别因素或局部最优，而是指在考虑综合性、关联性因素条件下的整体最优。

第二章
职业教育管理的职能和原则

在职业教育管理中职业教育管理的职能与原则是其理论核心，是职业教育管理的主要依据，是职业教育发展和职业教育管理科学必须遵循的指导原理和行动准则。

第一节　职业教育管理的职能

职业教育管理是一个过程。管理过程，是指为实现管理的预定目标，对管理对象诸因素进行管理的客观程序，也就是管理者执行管理职能，运用科学的管理原则和方法，率领所属成员为实现管理目标而进行的共同活动过程①。从整个管理过程和它的活动方式来看，职业教育管理具有计划、组织、控制等一系列职能。

具体的管理活动是从提出目标开始，以达到实际结果告终，形成一个周期。每个管理周期包括若干阶段，在每一阶段，管理主体都要以一定的方式进行职能活动。

因此，职业教育管理的职能是指职业教育管理本身的职责和功能，它既指职业教育管理活动本身所具有的能力和作用，又指职业教育管理机构为执行任务、实现国家教育使命而进行的职务活动。

一、职业教育管理职能的内涵

在职业教育迅猛发展的新形势下，职业教育要实现改革发展的新突破，必须赋予职业教育管理职能新的内涵。

---

① 夏家夫，焦峰．成人教育管理概论[M]．郑州：河南大学出版社，1999，54．

(一)统筹学校改革发展全局

职业教育作为一项系统工程，不仅有着丰富的内涵和广阔的外延，而且随着新产业、新行业、新工艺的不断衍生和社会经济的高速发展，呈现出多元化、多样化、多层次、特色化发展的新趋势。因此，职业教育光靠政府宏观指导与调控、市场调节是不够的，需要进一步充分发挥管理职能，统筹规划职业教育的改革发展全局。如依据社会对职业教育的需求和自身的优势与特色，制定相应的中长期发展目标与任务，并根据社会经济发展对人才的新要求，在规章制度、专业设置、资源投入、招生就业等方面进行统筹规划，有效发挥职业教育的优势与特色。

(二)指导学校改革发展方向

随着社会经济、科学技术的发展，市场对人才需求的规格、数量、质量都发生了重大的变化。在新形势下，职业教育不仅需要统筹规划，更亟需实质性的指导。职业教育管理要承担起改革发展的指导者的职责，对职业教育实施人才培养方向指导、人才培养质量指导以及人才培养数量指导，通过管理的手段，对本校的人才需求类型、质量、数量给予把握与调控。

(三)实施职业教育改革实践

在职业教育改革发展的过程中，不仅要应对来自各方面的挑战和困难，还要面对自身不断暴露的矛盾与问题。在面对这些新挑战、新问题、新困难、新矛盾时，极易出现"路径依赖"现象，即在问题和矛盾变迁时，由于初始条件的局限和传统惯性作用，使问题和矛盾的变迁走上某一特定的路径，随着时间的推移，它的定向性还将进一步强化。一旦进入某种状况，由于系统的惯性具有锁定效应，要扭转已形成的局面是非常困难的。要消除"路径依赖"现象，就要充分发挥管理职能，通过各种途径深入到职业教育改革发展实践的各个层面和环节，在全面参与职业教育发展实践的过程中，全面把握职业教育发展的脉络与趋势，深层次地剖析职业教育潜在的问题和矛盾，通过政策导向、制度建设、机制运行等方式，引导、调整、规范和修正，确保职业教育和谐发展。

二、职业教育管理的主要职能

(一)计划职能

计划是为组织的未来确立目标和为实现目标而设计的途径与方法①。计划工作要解决两个问题，一是做什么；二是怎么做，例如谁去做、什么时间做、在什么地方做、做的程序是什么等问题。在学校，计划是学校全体人员的行动纲领，是工作的向导，是各项工作的依据。

计划职能是指根据国家和地区经济等方面的实际情况和社会发展战略的需要，以及教育事业发展的客观要求，在一定时期内，对职业教育发展的方向、速度、规模做出布置、设计和安排，以保证职业教育事业稳步、协调发展。计划是职业教育管理的中心环节，要实现管理的预期目标，就要对工作的目标和任务做出布置、设计和安排，对重大问题做出决策。通过计划和决策，确定职业教育及其管理的任务内容、工作步骤、工作方法和各种要求。与此同时，还要随时做出决议、指令，解决管理过程中出现的问题。

在执行计划职能的过程中，必须依据国家和社会的要求、遵循职业教育的规律、以学校的具体情况为出发点进行。职业教育管理的计划职能，从动态运行的角度看，由以下相互作用的功能所组成：

1. 确定目标

即确定在一定时期内职业教育管理主体和客体所要达到的目的和结果。学校的工作计划要反映学校的发展方向，明确的目标指向，能引导学校朝着正确的办学方向努力。由于现实管理活动中所要达到的目标是多样化和多层次的，因此，在确立职业教育管理目标时，必须重点解决三个问题，即确定实现目标的先后顺序、确定实现目标的时间期限、确立目标结构，以便在管理过程中能够合理分配资源，如期达成目标。

2. 科学预测

即在历史资料的基础上，运用科学方法，发动群众广泛参与，反复讨论，对各种可供选择的目标方案的发展趋势进行分析、估计、推断，得出预测的结果，作为选择方案的依据。预测结果的准确程度，直接影响着计划目标的可行性。因此，计划工作中的预测，必须解决四个方面的问题：一是目标规定的任

① 常思亮. 教育管理学[M]. 长沙：湖南大学出版社，2006，52.

务能完成到什么程度；二是需要多少资源；三是会遇到哪些困难和障碍；四是目标实现后会引起什么结果。

3. 预算

即通过对计划目标的投资标准的分析计算，并与整个财力进行比较平衡，为确定目标方案提供客观依据。

4. 方案抉择

即在确立目标、科学预测和预算的基础上，对目标方案进行比较、分析、权衡，形成正式计划。方案抉择是计划职能的归宿。

(二)组织职能

确定计划之后，就要付诸实施。组织就是通过一定的机构和人员把已经拟订的计划和决策，化为具体的执行活动，指导计划的落实。任何管理系统都要通过具体的组织才能建立，任何管理任务都需要具体的组织、指导才能完成。职业教育管理也不例外。因此，组织职能是职业教育管理活动的关键环节。在计划工作确立了组织的目标和实现目标的途径之后，管理者为了领导集体成员有效的工作，必须把各项工作或活动进行分类组合，划分出若干部门，根据管理宽度原理，划分出若干管理层次，并根据组织内外诸要素的变化，不断对组织结构作出调整和变革，以确保集体目标实现[①]。

1. 组织功能

即职业教育管理机构围绕管理的内容和目标，进行具体组织、安排和筹划管理活动的功能。组织功能的实现，首先，是建立起合理而有效的组织机构，配备适当的工作人员，组成有效的行政管理体制，以便进行有效的指挥、沟通和协调；其次，是对职业教育管理的总任务进行分解，根据具体的任务设置相应的专门管理机构，并将分解的目标和任务具体地落实到相应的职能部门和工作人员，使职责、权利相一致，做到任务明确，职责明晰，彼此协调，运行灵活。

2. 指挥功能

即指挥系统为完成任务，按照科学管理的规律和总目标的要求，依法对所属部门和管理对象进行必要的指导和领导，或下达指令，或提出指导性意见，并督促其实施。在指挥和领导的过程中，要处理好集权与分权的关系，防止政

---

① 常思亮. 教育管理学[M]. 长沙：湖南大学出版社，2006，58.

出多门和出现违背客观规律的瞎指挥现象。要充分调动下级的积极性和创造性，以保证管理目标的顺利实现。

3. 协调功能

即管理者从行政管理的总目标出发，统筹兼顾，不断调节和消除组织与组织之间、组织与个人之间、管理者与被管理者之间的矛盾，减少管理过程中的功能损耗，建立和谐的、相互促进的关系，使整体功能得以实现的一种管理活动。协调功能一般分为内部协调和外部协调两类。内部协调指行政组织内部各种因素的配合一致，它是促进外部协调的基础；外部协调指各行政组织之间的纵横配合。实现行政协调的途径和方法是多种多样的，主要是统一目标、统一政策、统一领导，加强组织的团结，注意有力的监督，充分的沟通，并兼顾各方面的利益和要求等。

4. 沟通功能

即通过行政信息、思想感情与愿望的传递和交换，促进管理系统内部组织之间、上下级之间的相互了解和信任，从而形成良好的人际关系，产生强大的内聚力，使组织的整体功能得以充分的发挥。其沟通的方式也是多种多样的，如正式沟通与非正式沟通，单向沟通与双向沟通，上行沟通、下行沟通与平行沟通。

(三)控制职能

控制职能是指对职业教育管理过程进行有效的监督，掌握实效与标准之间的偏差，并采取有效的控制措施，及时加以纠正，使管理活动正常进行，以保证管理系统有序地运转。

1. 确立控制标准

确立控制标准是整个控制过程的基础。假若没有一套完整的具体控制标准，便无法衡量和检查工作成效和偏差，更无法采取正确的纠正措施。控制标准来源于计划过程中的任务、方针、政策、行动方案，以及组织过程中各种反映对象变化的信息。控制标准应该是完整的、客观的、具体的和可考查的。

2. 收集偏差信息

即依据已确定的控制标准，对管理活动进行检查和预测，从而获取管理活动的实际效果与标准的偏差信息和资料，为控制提供科学的依据。收集信息的方法主要有两种：一是前导预测分析，即在实际偏差出现以前，做一定的预测，预见产生偏差的趋势，并采取预付措施；二是现时调查，即在计划执行过程中，对被控对象的行为及工作成效进行了解调查，将调查的结果与标准进行比较，找出差距，为下一步采取措施提供依据。

3. 采取调节措施

即根据偏差程度、范围和性质，找出线性偏差的原因，制定具体的措施，及时纠正偏差，以保证计划的全面落实。

4. 实行有效的监督

即根据管理目标、计划和控制标准，监察、督导管理过程的正常发展和管理学校的有序运转。在整个控制阶段，监督的作用在于采用强制或非强制手段保证调节的进行和纠正措施的落实。[①]

第二节　职业教育管理的原则

职业教育管理原则是管理科学的理论核心，是职业教育管理的主要依据。职业教育管理既要遵循教育管理的基本原则，同时还必须遵守职业教育管理自身的特点和规律，探讨职业教育管理的原则。

原则，是根据客观规律制定的行为准则，是人们观察问题、处理问题的准绳。管理原则，即根据客观规律制定的管理行为准则[②]。管理原则是决定整个管理系统的结构和运转的基础。职业教育管理原则是职业教育管理过程中必须遵循的指导原理和行动准则，是进行职业教育管理工作的基本要求。

一、职业教育管理的基本原则

在职业教育管理中要坚持以下基本原则：

（一）方向性原则

管理是一种有目的的活动，管理工作必定具有方向性。坚持社会主义方向，是我国职业教育管理活动的基本原则。我国发展职业教育事业的根本目的是培养高素质的劳动者和高质量的社会主义现代化建设人才。因此，在我国职业教育管理活动中，必须坚持贯彻执行党在社会主义初级阶段的基本路线，以党和国家的教育方针政策和法规为依据，使我国的职业教育为建设富强、民主、文

---

① 夏家夫，焦峰．成人教育管理概论［M］．郑州：河南大学出版社，1999，57—59.

② 邸鸿勋等．职业教育管理［M］．北京：高等教育出版社，1996，93.

明的社会主义现代化国家服务[①]。

中国共产党的政治路线、方针政策代表着全国各族人民的利益，集中了人民的要求，体现了人民的意志。因此，职业教育管理必须坚持党的领导，沿着党指出的行政管理方向进行职业教育事务的管理。党的领导从思想路线、政治路线和组织路线上保证了我国职业教育管理不断适应我国社会主义现代化建设的客观要求，保证着职业教育管理部门各项任务的积极完成；坚持社会主义方向，就要按照"三个面向"的要求，对领导体制、专业设置、课程内容、教学方法和管理制度等方面，进行全面的改革，实现多出人才、出好人才的根本目标。在职业教育管理活动中坚持党的领导，是职业教育事业取得成功的保证，也是职业教育管理的根本原则。

(二)民主性原则

民主性原则，就是在职业教育管理过程中，要充分发挥民主，集思广益，走群众路线，充分调动各方面参与、关心、支持职业教育事业的积极性[②]。

充分尊重职业教育工作者参加各项管理的民主的权利。他们既是管理的对象，也是管理的主体。因此，要遵循民主性原则，在重大问题上，应当通过代表会、座谈会和各种组织系统的活动让职业教育工作者参加讨论，充分发扬民主，广泛听取意见，做到集思广益。

要真正树立尊重知识，尊重人才的思想。知识和人才是社会主义现代化建设的宝贵财富，必须扫除一切轻视知识、轻视知识分子的偏见，牢固地树立尊重知识、尊重人才的思想，重视人才的特殊管理、动态管理，实现人才的优化管理，加强人才的系统管理。

同时，在职业教育管理活动中，必须坚持民主集中制。民主集中制是社会主义的组织原则，根据民主集中制原则，应在民主基础上集中，在集中指导下民主。[③] 即下级服从上级，地方服从中央，上级机关有关职业教育工作的决议、指示，对下级机关具有约束力，必须坚决贯彻执行；在职业教育管理机关内部建立正确的领导与被领导、集体领导与个人负责、民主讨论与日常指挥的关系；职业教育管理机构的一切行政人员都必须遵纪守法，服从机关的组织和领导。

---

①　李冀主编．教育管理辞典[M]．海南：中国三环出版社，1989，10.
②　李冀主编．教育管理辞典[M]．海南：中国三环出版社，1989，10.
③　同①，11.

(三)动态性原则

管理过程本身是一个不断变化发展的动态过程，不仅管理对象内部诸要素（人、财、物、时间、信息等）是不断变化、发展的，而且它们之间的相互关系也在不断变化、发展着。不仅系统自身在变化、发展，而且系统之间的相互关系也在变化、发展着。因此，管理过程的实质，就是根据管理对象变化、发展的情况，及时作出相应的调整，以实现整体目标的过程。

动态性原则是指职业教育管理活动必须根据不同的情况，确定和采取不同的措施和方法，实行动态调节，使职业教育管理具有针对性和适应性。

动态性原则要求用动态观点观察、处理问题。职业教育在不断的改革发展，其主要因素也在不断地发展，这就必然会在管理过程中出现许多新情况、新问题。职业教育的动态管理，经过深入的调查研究，及时获取反馈信息，做出准确的判断和决策，采取有效的措施加以解决；动态性原则同时并不排斥相对稳定的意思，而是要注意保持管理工作的连贯性，以利于管理经验的积累和管理人才的成长。

职业教育工作既有稳定性、继承性，又有发展性、创造性，这是由职业教育事业承前启后、继往开来的社会职能所决定的，反映在职业教育管理上，应以稳定、继承为基础和条件，以发展、创造为目的和动力，在相对稳定的前提下抓发展，在运动发展中求稳定。[①]

(四)科学性原则

科学性原则，即在职业教育管理活动中要按照客观规律办事，注意采取新的管理理论和管理方法，使职业教育管理活动建立在科学的基础之上。

职业教育管理活动既受到教育规律特别是职业教育规律的制约，同时也受管理规律的制约，是一项科学性很强的管理活动。无论是制定职业教育政策和规划，进行职业教育预测，还是开展职业教育结构的调查，都必须以科学的理论和方法为指导。

(五)高效性原则

教育管理的高效性原则是教育管理本质的的直接体现和具体化，它要求以

[①] 李冀主编. 教育管理辞典[M]. 海南：中国三环出版社，1989，11.

一定的教育资源投入培养和提供更多的合格人才和高水平的研究成果，或者说培养和提供一定数量的合格人才和研究成果，投入的教育资源要求最少，产出的数量与质量高，从而表明教育管理的活力越突出[①]。

在职业教育管理中，高效性原则所追求的目标就是良好的办学效益，它包括经济效益和社会效益。通常，通过用人效益、经济效益、时间效益、办事效益、整体综合效益五个方面来衡量。用人效益，指成员潜能的发挥程度；经济效益，指投资的实际经济价值，投入与产出、有用耗费与无用耗费、有用效果与无用效果等；时间效益，指时间运筹的有效利用率，法定工作时间与实际有效利用的工作时间的比例；办事效益，指管理机构处理公务的实际成效；整体综合效益，指教育管理的社会效果，社会承认、满足的程度等。

二、职业教育管理活动的实践原则

在职业教育活动中要坚持以下实践原则：

(一)整分合原则

整分合原则，是指现代高效率的管理，必须首先对管理对象进行整体规划，从整体上把握目标和任务、结构和功能，然后进行科学分解和合理的分工，建立明确的责任制，再在分工的基础上进行有效的合作与协调，以保证目标的实现[②]。

在职业教育管理工作中，要贯彻整分合原则，从学校的整体规划工作出发，面向全局，着眼长远，在充分了解学校各部门、各类成员、各要素、各项工作及其相互之间的有机联系的基础上，对学校的目标、任务、发展方向和整体工作有一个全面、系统的考虑和安排，确定最优方案，做出整体规划，以保证整体目标的实现。

正确的整体规划是前提，科学的分解是关键。在职业教育管理过程中，教育管理者要善于对学校总的目标、任务和整体工作进行科学的分解，并在此基础上对学校各个部门、各层次、各项工作进行分工，建立岗位职责制，使得每个部门及每个人都有明确的目标、责任，做到各司其职，各负其责。

---

① 薛天祥．高等教育管理学［M］．桂林：广西师范大学出版社，2001，168．

② 常思亮．教育管理学［M］．长沙：湖南大学出版社，2006，37．

(二)开放封闭原则

开放封闭原则，是指某一管理系统，一方面，它作为社会大系统的一个组成部分，必须保持其对外部环境的开放性，必须在环境中进行资源（人、财、物）、能量、信息等的交流，这样系统才能在开发过程中得到必要的补充、修正、完善和提高，才能具有活跃的生命力；另一方面，它作为相对独立的一个系统，对其内部的管理必须实现相对封闭，使系统内部各部门相对运动，通过相互联系、相互制约来提高自身的调控功能，形成一个环环相扣、首尾衔接的连续回路，以保证系统内部的正常运转[①]。

职业教育管理也是这样一个开放封闭的辩证统一的系统，要贯彻这一原则，就要不断地吸收职业教育外部的信息，深入的分析并利用它，以保证管理工作的有效性和动态性；同时，职业教育管理系统内部的管理机构、管理运转程序要加以封闭，真正构成循环系统。职业教育管理内部系统，要形成有效的循环系统，就要由决策机构、执行机构、监督机构、反馈机构等部分组成，方能构成一个基本回路。

(三)能级原则

能级原则，是指在管理中，必须根据系统中每个成员能力的大小来使用人和安排人，把他们放在相应层次的岗位上，分级使用，做到量才录用、各得其所、各尽其能，并形成合理的稳定的管理结构[②]。

在职业教育管理工作中，要建立一个稳定而有效的能级结构，一般可分为三个层次，最高层次是决策层，第二层是管理层，第三层是执行层。三个层次具有不同的功能和使命，其人员的能量差别按梯级排列，能级差异鲜明，不可混淆。

在能级结构中，各种岗位都有不同能级，每个人也有不同的才能，根据管理的能级原则，必须使相应的人处于相应的能级岗位上，做到人尽其才、才尽其用。同时，要对不同能级的人员授予相应的职位、权利、责任和利益。

(四)动力原则

动力原则，是指管理必须正确运用激励手段，充分调动各成员的积极性，

---

① 常思亮. 教育管理学［M］. 长沙：湖南大学出版社，2006，39.
② 同①，41.

使个人及其组织产生最大的管理动力，使管理活动得以持续而有效地进行。人的需要是人从事社会活动的动力源泉。人的需要是多种多样的，它们相互作用凝结为推动管理运动的三种主要动力，即物质动力、精神动力和信息动力。

在具体的职业教育管理中，对一个学校系统而言，三种动力都同时存在，每一种动力都离不开其他动力的推动，它们必须紧密结合、相互促进，才能使动力激励发挥功效。而相对于管理存在于学校之中，学校实质上是一种由若干个体组成的集体，同样，每个学校成员也有自己追求的目标和相应的三种动力，因此，在管理实践中，正确处理好个体动力与集体动力的关系尤为关键。如果学校个体活动目标各异，尽管其动力很足，能量很高，但方向不一致，最后也无法形成学校集体综合的动力，学校集体矢量也就十分有限；如果把每个个体的矢量硬扭到一个统一的集体方向上，使得个性得不到自由的发展，个体矢量必定大大减少，综合矢量也得不到保证；如果让学校个体在大方向上基本一致的前提下得到充分的自由发展，使其为了一个共同的学校目标而各显其能，这样的学校集体矢量将是最大的。

（五）反馈原则

反馈原则指管理决策指挥机构作出决策或发出指令后，通过某些相应的机构把实际的执行情况及结果返送回去，决策指挥机构据此作出调整和修正，再作出新的指令发出，以起到控制的作用。

在职业教育管理中，要特别重视反馈原则，并要求反馈的渠道多，反馈的信息真、准、快，这样才能使决策更科学、更灵敏、针对性更强。要贯彻这一原则，要有一个灵敏及时的反馈系统，既能了解各部门实施过程中实际情况，又能分析问题，并准确迅速反馈到决策部门；还要形成各种反馈制度，以获得第一手反馈信息；对反馈来的各类信息要及时做出相应的反应，采取的措施要果断，行动要迅速，把矛盾尽量解决在萌芽状态。

三、职业教育管理原则的应用

职业教育管理原则只有贯穿在具体的管理活动中，指导实施的管理方法和管理措施，其先进性方能体现出来。

（一）组织能级管理

组织能级管理是一种较为传统的管理模式，它是通过一级一级的行政组织及其权利来实施对教育的管理的。这种管理方式最主要的是强调计划性管理，强调上下级组织及管理者的服从管理。这种管理的终端组织的自主性差，管理链长，行政的力度稍差，容易造成"尾大不调"。

这种管理方式对管理者的素质要求高，特别是管理组织中的各级首长要遵循管理的民主性原则。在管理抉择的活动中，在制订计划中，不仅要听取同级组织中的成员意见，而且还要听取下级组织中的成员意见，充分发挥民主参与的作用，把成员的智慧为我所用。同时，要让各级组织的成员充分理解领导者的意图，认同领导者的意图，只有这样，组织的目标才会很好地完成。[1]

(二)目标绩效管理

目标绩效管理是当前许多学校尝试的一种新的管理模式。教育目的与任务的不同，教育行政或教育组织目标绩效管理的内容也不同，但是，都是以体现教育价值的结果为目标的。事先要确立一个客观的目标，然后，通过一个阶段的管理活动的实施，评价管理活动的实施的最终业绩和效果，体现管理的价值。

一般来讲，目标绩效管理是一种完成中短期、阶段性任务的管理活动，是为中长期的规划和目标服务的。因此，方向性原则应贯穿其中。目标明确的方向性就是为了达到中长期的发展目标和工作目标服务的。目标的方向性对于组织管理，特别是组织成员的心理目标的实现是很重要的，因为管理者确定的目标本身就是一种导向，是通过具体的目标的实现达到促进职业教育管理工作的推进。

同时，职业教育的管理对象也有多个组织、多个群体，在管理活动中，则要特别注重遵循民主性原则。[2]

(三)标准量化管理

标准量化管理模式与目标管理在某些方面有共同之处，是教育行政和教育组织管理今后发展的方向之一。这种管理的方式要遵循标准的权威性原则，实施办法的简洁性原则和运行过程中的可操作性原则。

在职业教育管理中实行标准化管理方式，首先，标准量化管理一定要有定量标准的权威性。必须由权威部门组织权威专家制定质量论证标准，与目标管

---

① 徐金燕．高等教育管理研究[M]．北京：石油工业出版社，2008，189．

② 同①，190．

理一样，也应重视标准的高低问题。缺乏权威性的标准量化管理往往达不到好的效果，搞不好会适得其反。

其次，标准量化管理最主要的问题之一是实施和操作过程中的简洁性及可操作性。标准量化管理本身是一种非常明确的管理方式，但是，如果把标准搞得很复杂，结果将会事倍功半。[1]

(四)多种组合管理

目前，不论是宏观管理还是微观管理，特别是有一定组织规模的管理，不仅采用某一种专一模式的管理，更多的是采取多种组织模式的管理。这是由于社会形态的多样性决定了管理模式的多样化。因此，在职业教育管理中，推进两个及以上的多种管理模式必须要遵循整体的原则、高效的原则。

作为一个团体以及组织，总的目标是一致的，多种组合管理模式只是方法的不同。那么，在具体实施这些方法中要考虑整体性，否则，A模式和B模式不从整体性考虑，各自为阵，结果会出现许多矛盾冲突，产生组织内部的不平衡，这种不平衡产生投入与产出、付出与所得的差异，可能会影响最终的效果。

在一个组织内部，多种组合管理模式是容许的，但是，这里存在一个效率的问题。一个组织内部的多种管理模式不同于单一的管理模式，牵扯到管理者的许多精力，另外，管理的组织机构运转起来也稍感复杂，势必影响管理的效率。所以，实施多种组织模式的管理要遵循效益性原则就显得尤为重要。[2]

第三节　职业教育管理的方法

管理方法是管理科学系统运行的方式和途径，是管理思想、目标变为管理实践的中介，是实施管理职能的具体方式。现代管理使用的方法种类繁多，层出不穷。在职业教育管理中，必须根据职业教育的规律与特点，恰当的运用管理方法，并注重多种方法的综合使用以及对方法的不断创新，是实现高效管理的重要途径。

一、系统管理法

系统管理法，既是一种现代思维方式，也是一种崭新的方法论，又是一种

① 徐金燕．高等教育管理研究[M]．北京：石油工业出版社，2008，191．

② 同①，192．

具体的一般方法。作为思维方式，它是指系统科学的理论和系统观念；作为方法论，它是指系统科学的基本思想和原则，即把任何对象视为一个系统，研究它的结构、整体功能和发展规律①。

在职业教育管理中，采用系统管理法，就是运用系统观点和系统工程的方法，选择方案、进行决策、安排计划、进行管理。如运用系统的观点和系统分析的方法研究和探讨职业教育管理系统的结构、组成和运行方式；用管理科学和运筹学的方法，研究职业教育管理系统的最优化问题等。

运用系统管理法进行管理要确定管理系统，明确其特征和相互关系。一般而言，职业教育管理系统划分为整体系统和构成整体系统的各主要部分的系统，如各种工作系统和事务系统。工作系统是把工作作为系统，以系统的功能为中心，对工作加以改进和设计，其目的在于提高人的工作效率和整体生产效率。事务系统是为实现系统目标各支持因素所构成的系统。工作系统和事务系统是相互联系、相互促进和相互制约的，各系统都紧密围绕着整体目标的实现而运转。

二、目标管理法

目标管理法是发动全体成员制定和实施目标的管理方法。它是以目标为中心的管理，是以制定、实施和评价目标为主的管理方法，也是以目标责任为中心的管理制度，又是以目标指导行动、重视成果、调动被管理者积极性、自觉性和创造性的管理思想②。

在职业教育管理中，运用目标管理法，能够使得各级组织和个人都明确总目标和自己的目标，以目标为导向指导行动，由被动管理转为主动工作。这样的管理，需要确立一个中心，经历三个阶段、四个环节。一个中心就是要坚持以管理目标为中心，用目标统一思想、凝聚力量、指导行动、安排工作、协调关系、评价成绩；三个阶段是计划、执行和检查，将目标变为行动计划，以执行计划来实施目标，以检查工作来评价目标实现的情况；四个环节是确定目标、展开目标、实施目标、考核目标实施情况。

三、质量管理法

质量管理，是以质量为中心的管理。由质量检查，发展为质量统计管理，

① 邸鸿勋等．职业教育管理[M]．北京：高等教育出版社，1996，158.
② 同①，163.

进而发展为全面质量管理，即现代质量管理方法。所谓质量管理法，即发动全体成员对产品质量全过程和各种影响因素进行全面的预付和控制，以保证产品质量的管理方法①。

在职业教育管理中，运用质量管理法，就是要以教育教学质量和人才培养质量为中心，进行全内容、全过程、全员参与的管理，以产品质量为目标，根据系统原理和方法，把各环节、全过程、各部门的质量管理活动组合形成指标明确、责权分明、相互协作、相互促进的质量管理体系，注重社会效益，严把质量关。其中，包括明确质量目标和规格，如培养目标、教学计划等；严格把关教学过程的质量，对各种影响因素进行有效的控制；同时注重社会效益质量，在招生就业中把好质量关。

---

①　邸鸿勋等．职业教育管理[M]．北京：高等教育出版社，1996，169．

第三章
职业教育管理体制

改革开放以来，国家对工业、金融等行业的管理体制进行了深入地改革，使这些行业生机焕发，快速发展。相比之下，我国的教育管理体制改革较为滞后，在很大程度上制约了教育事业的发展。特别是旧的职业教育管理体制所造成的条块分割，政出多门和管理缺位并存，严重阻碍了我国职业教育事业的发展。因此，职业教育管理体制的结构组成和改革等内容成为了职业教育管理的一个重要议题。

第一节　教育管理体制与职业教育管理体制

职业教育具有普通教育的一般内容，又具有独特的职业属性。在这一章节里，我们先来了解关于"教育管理体制"的内涵，对我国教育管理体制历史的发展与变化进行一番梳理，最后再来把握到底什么是职业教育管理体制。

一、对教育管理体制的理解

教育管理体制简称"教育体制"，是指一个国家在一定的政治、经济和文化制度基础上建立起来的对教育事业进行组织管理的各项制度的总和，它涉及教育系统的机构设置、职责范围、隶属关系、权力划分和运行机制等方面，其外延包括以教育领导体制、办学体制和投资体制为核心的一系列教育制度。

具体来说，教育管理体制是一个多要素、多层次结构的系统，由于教育组织系统非常庞大，涉及宏观和微观方面，有关各级政府管理教育事业的部分，一般被称为教育行政体制；有关学校内部管理的部分，通常被称为学校管理体制。它所要解决的核心问题就是关于中央政府与地方政府、教育管理部门与学校围绕教育事权方面的权限划分。

从这个意义上看，教育管理体制具有权利分配的功能。同时，它还必须领导和统筹整个教育系统，分工和协作各级各类教育资源，同时注重工作效率的提高问题，从而保障教育整体的正常运转和可持续发展。

二、我国教育管理体制的发展与变化

新中国成立之后，我国教育管理体制改革波折变迁，主要是受我国政治、经济和教育事业发展的影响。从提高管理效率为主逐步转向促进教育公平，促使学校主体性得到了不断提升，体制改革自身也从单纯依靠政策推进过渡到政策和法规共同规范和推进。

在我国第一个国民经济五年计划开始实施时，对教育事业实行了"中央集中统一领导"的管理体制。即关于教育事业发展的综合计划策定等全部由中央统一管理。1958 年 4 月中共中央颁布《关于高等学校和中等技术学校下放问题的意见》，同年 8 月又发布了《关于教育事业管理权力下放问题的规定》，其目的主要是解决中央向地方放权问题，也是为了充分发挥各省、市、自治区举办教育事业的主动性和积极性，加强地方对教育事业的领导与管理。① 在这之后，各级教育行政组织的管理权限有了一些具体变化：①把部分由中央教育部直接管理的学校移交给地方或者中央业务部门来管理；②对中等专业学校和职业技术学校的管理权限也大幅度地移交给地方。

这些是新中国成立之后对教育管理体制的第一次改革，改革的中心是强调地方政府对教育事业负有全面的领导和管理责任。但由于中央政府缺乏对教育，特别是对高等教育的管理经验，产生了地方盲目发展教育脱离了经济和社会发展的实际，因此，带来了对教育发展的减速，此次下放权力的管理体制改革没有取得成功。

为了纠正出现的诸问题，1961 年年初，中央批转了中央文教小组的《关于1961 年和今后一个时期文化教育工作安排的报告》，制定了《高教六十条》进行了教育工作调整。为了进一步加强对教育的领导和管理，1963 年中共中央、国务院颁发了《关于加强高等学校统一领导，分级管理的决定(试行草案)》。这个决定表明中央再一次对教育事业实行集中统一的领导，这是我国教育行政管理体制的第二次改革。

"文革"期间《关于加强高等学校统一领导分级管理》的决定遭到破坏，教育管理体制遭到严重破坏。"文革"结束后，中央统一领导下的分级管理的教育行

---

① 陈孝彬. 教育管理学[M]. 北京：北京师范大学出版社，1999，142.

政管理体制又一次得到恢复。1978 年 4 月召开的全国教育工作会议强调要恢复被破坏的规章制度，识别和选拔领导干部，整顿领导班子，整顿学校。

1985 年《中共中央关于教育体制改革的决定》（以下简称《决定》）的出台，标志着新一轮教育管理体制改革的开始。《决定》明确提出"基础教育由地方负责、分级管理的原则"，将发展基础教育的责任交给地方政府。这次改革的核心内容是权力下放，即中央放权给地方，地方也逐渐放权至乡镇，教育领导部门放权给校长。随后的 1986 年《义务教育法》又以法律形式规定了这一管理体制。1992 年发布的《义务教育法实施细则》更为具体的指出"按省、县、乡分级管理"。1993 年颁发的《中国教育改革与发展纲要》也明确提出教育体制改革要"有利于调动各级政府、全社会和广大师生员工的积极性"。实践表明"地方负责、分级管理"的体制，显示出极大的激励功能，充分调动了乡镇政府的积极性，推动了基础教育的发展。

这一系列管理规范的出台，可以看成是我国教育管理体制的第三次改革，目前这一改革正在深化，不断地以教育法律和行政法规的形式将改革内容加以确定。"十五"期间，现代学校制度成为教育管理研究中讨论最多的问题之一，先后有一些地区在有关部门和专家的指导下积极构建基础教育阶段现代学校制度。在政策层面，《2003－2007 教育振兴行动计划》也明确提出了"深化学校内部管理体制改革，探索建立现代学校制度"的要求。现代学校制度改革，其目的是为了理清政府、学校与社会的关系，建设一个有利于现代学校发展的制度系统，包括政府与学校职责的划分、学校内部管理制度的健全、学校与社会互动机制的形成三个相互联系的方面。从制度演进的角度来看，讨论和推进现代学校制度的意义，在于能够促进制度整合意识的增强。[①]

三、职业教育管理体制的概念和基本功能

（一）职业教育管理体制的概念

职业教育管理体制是指职业教育领域中关于机构的设置、隶属关系以及权限划分等方面的制度，所要回答的问题包括：国家职业教育管理权力的划分，中央和地方职业教育管理机构的设置形式和这些机构之间的隶属关系，国家对职业教育在总体上是集中管理还是分散管理，等等。在这些问题中，核心的问

---

① 李伟涛．我国教育管理体制改革三十年述评[J]．上海教育科研，2008(10)．

题是中央政府与地方政府、职业教育管理部门与职业学校的教育事权的划分问题。

与职业教育体制相比，职业教育管理体制只是其中的一个部分，前者还涉及其他一些制度问题，如职业教育的办学体制、投资体制、督导制度、职业学校内部管理制度、职业学校的招生制度和分配制度改革问题，等等。显然，职业教育体制所包含的内容更为广泛。不过，在众多的职业教育制度问题中，职业教育管理体制作为国家领导职业教育的基本方式，无疑处在中心位置，它犹如一条主线，将其他有关职业教育的制度一一串联起来。

(二)职业教育管理体制的基本功能

职业教育管理体制从静态意义上讲是一种职业教育系统内的组织体系，从动态意义上讲又是一种运行机制，两者构成了一个统一体。作为一个统一体，职业教育管理体制具有如下功能：一是领导和指挥的功能。通过管理体制，参与职业教育管理的人员往往要代表国家行使权力，对职业教育事业进行领导。二是权力分配的功能。通过适当的管理体制，参与职业教育活动的各方按一定规则办事，明确各自的权利与义务关系，依此保证职业教育活动的顺利进行。三是分工协作的功能。管理体制既是各种教育力量在职业教育系统中发挥其作用的外在表现形式，也是彼此间分工协作的一种表现。四是提高效率的功能。讲究效率是衡量任何组织结构的基础，离开了效率，任何体制的改革就变得毫无意义。一个科学合理的管理体制，应该有利于职业教育管理活动彰显社会性、整体性、地方性的特点，有利于职业教育管理活动符合职业教育管理的基本原则，有利于充分发挥体制自身的领导指挥、权力分配、分工协作、提高效率等各项基本功能。

第二节　职业教育管理体制的历史与现状

了解事物的发展历史，有助于我们在进行剖析存在问题和改革时，做到有的放矢。因此，了解职业教育管理体制的历史和现状，具有非常重要的意义。

一、我国职业教育管理体制的形成与演变

(一)基本形成阶段(1949～1957 年)

从新中国成立到 1957 年，是我国职业教育管理体制的基本形成阶段。新中

国成立初期由教育部门接收、接办了原有各类职业学校，由于这些学校规模小、办学条件差、专业窄，不能满足新中国经济建设的需要，教育部门对其中的多数进行了归并整顿，还根据经济建设的需要创办了一批新的职业学校。这一时期，为了保证国家经济建设发展的需要，满足各项事业对初、中级技术人才和技术工人的需求，大多数中等专业学校和技工学校由中央各部门直接领导和管理。

1953 年 3 月政务院颁布了《关于整顿和发展中等技术教育的指示》，要求中央和地方、教育和有关部门实行分级分工管理。1954 年 9 月政务院发布的《关于改进中等职业教育的决定》，进一步强调了对中等专业学校实行集中统一领导的精神，提出中央各部应直接领导其所属的中等专业学校的工作，不再转托给下层机构。《决定》同时规定：中央高等教育部负责统一指导全国中等教育方面的工作；并规定了中等专业学校的设置与停办，由主管业务部门提交中央高等教育部转呈政务院批准。

职业教育管理体制在这一阶段有以下主要标志：

第一，成立了中等职业教育管理的组织机构。中央大行政区、省、直辖市和自治区分别成立由人民政府教育部门与同级有关业务部门指定人员组成的中等技术教育委员会，负责研讨解决有关中等职业教育的重大问题。

第二，明确了职业教育直接管理与间接管理的机构和职能。中等职业教育的直接管理机构是中央各业务部门，其职能是管理所属学校的基本建设、经费、人事、生产、物质供应、专业课的教学计划与教学大纲、实验实习、招生、毕业生分配等。少数学校由有关业务部门委托地方业务部门或直属企业直接管理。

第三，理顺了职业教育管理体制和经济管理体制的关系。

(二)调整阶段（1958～1965 年）

中共八大以后，开始调整中央与地方的关系。在中央统一领导下适当扩大地方权力，调动地方积极性，已成为党和国家领导政治、经济、行政管理等方面的指导思想之一，并且也贯彻到职业教育管理领域。1958 年 4 月，中共中央颁布了《关于高等学校和中等技术学校下放问题的意见》。同年 8 月，中共中央和国务院又发布了《关于教育事业管理权下放问题的意见》。这两个文件的基本精神就是中等职业学校包括技工学校要下放给地方管理，中央教育部门和各业务部门主要负责研究和贯彻党的教育方针，综合平衡国家教育发展规划，加强业务指导。同年 9 月，中共中央和国务院颁发的《关于教育工作的指示》又进一步重申了这一精神，并要求少数由中央各业务部门直接管理的学校几乎全部下放，归地方或所属企业管理。

伴随 1958 年的大跃进，职业教育也超越经济发展的水平而急剧增长，一批农、职业中学与技工学校应运而生，高速发展的负面是教育质量低下。到 1961 年，根据中央精神，对中等专业学校同时进行了学校调整和专业调整，包括对学校合并、停办或降格和对专业合并、停办或缓办。1962 年，在教育部提出"调整、巩固、充实、提高"的方针，继续进行调整。1964 年年初，根据国务院《关于技工学校综合管理工作由劳动部门划归教育部门的通知》精神，技工学校的综合管理工作移交给教育部门负责，技工学校逐步改为半工（农）半读学校，促进了半工（农）半读学校的迅速增长。这一阶段国家贯彻普通教育与职业教育并举的方针，但是管理体制并没有理顺，职业中学与半工（农）半读学校都是由市、县教育部门直接管理。

（三）瘫痪阶段（1966～1976 年）

自 1966 年开始的十年"文化大革命"，我国职业教育受害严重，包括职业学校在内的各类学校纷纷停课投入"文化大革命"，多数中等职业学校被撤销、停办、合并、改厂。在学校撤销、停办和合并的过程中，大批校舍被占，大量图书、仪器设备等被毁坏或散失，大批教学人员流散或受到迫害。

1972 年年底，全国教育工作会议召开之后，部分职业学校被恢复，但是办学的指导思想是要以阶级斗争为主课，从生产第一线招收工农兵学员，以工农兵、革命技术人员和原有教师三结合建立教师队伍，以三大革命实践为教材，实行开门办学。1974 年，全国大、中专院校又掀起学习辽宁农学院朝阳分院的运动，学校专业课以典型任务代教学，文科以"大批判"、"批林批孔"代教学，进而发展到"工农兵学员上讲台、管学校"。1975 年，邓小平主持中央日常工作，在提高教育质量方面进行整顿，如加强课堂教学、严格考试制度、注重智力培养等。但为时不久，在极左思潮影响下，教育领域大批"右倾回潮"、"智育第一"和"三项指示为纲"，致使学校工作又处于全面混乱之中。这一时期，我国各类职业学校正常的教育教学秩序被打乱，职业教育及其管理体制在整体上处于瘫痪状态。

（四）恢复改革阶段（1977～1998 年）

"四人帮"垮台以后，特别是党的十一届三中全会召开以来，随着党和国家工作重点的转移和改革开放政策的实施，我国职业教育及其管理体制跨入了一个新的历史阶段。1984～1985 年，根据劳动人事部有关指示精神，由各级劳动部门对技工学校进行全面整顿。1985 年，《中共中央关于教育体制改革的决定》提出，要调整中等教育结构，大力发展职业教育。1986 年 7 月，第一次全国职业教育工作会议召开，会上提出了职业教育逐步形成既便于地方统筹又能调动各业务部门的积极性使学校拥有较大自主权的管理体制。这一思路当然正确，但是，地方统筹，究竟由哪一级统筹，如何统筹，统筹的内容是什么，却并没有提出明确的意见，尤其是对于如何保证地方统筹才能使学校拥有较大自主权，也未能提出切实可行的有效措施。因此，职业教育管理体制改革仍然跟不上经济体制改革的步伐，在实际管理工作中依然维持着条块分割的职业教育管理体制。

　　1991 年，国务院《关于大力发展职业教育的决定》提出，"各级政府及中央有关部门要对职业技术教育分工负责"，宏观管理由国家教委负责。并明确指出："发展职业技术教育主要责任在地方，关键在市、县。"这一决定实质上已经确立了市地政府在职业教育管理体系中的重心地位，提出了在中央统一方针政策指导下建立市地统筹的职业教育管理体制的大体框架，并对市地统筹的内容范围、上级各有关部门与市地统筹的关系作了原则性的规定。

　　1993～1994 年期间，中共中央、国务院颁发《中国教育改革和发展纲要》及其实施意见，提出"到 2000 年各类中等职业学校年招生数和在校生数占高中阶段学生数的比例，全国平均保持在 60％左右；普及高中阶段教育的城市可达到 70％"的目标任务。由政府提出高中阶段普职发展比例政策，以此推动职业教育的发展，在教育结构上大大地提高了中等职业教育的比重和发展速度。

　　同期，高职教育兴起和初步发展。首先是天津、无锡等市从 1978 年开始试办高职学校，1980 年国家教委批准成立 13 所职业大学，1982 年全国人大五届会议提出要试办一批专科学校和职业大学，至 1984 年全国已有 60 多所职业大学。1985 年《中共中央关于教育体制改革的决定》要求"积极发展高等职业技术院校，逐步建立起一个由初级到高级、行业配套、结构合理、又能与普通教育相互沟通的职业技术教育体系"，我国高职教育从此正式纳入国家教育体系。经过 1991 年国务院《关于大力发展职业技术教育的决定》和 1993 年《中国教育改革和发展纲要》和 1994 年第二次全国教育工作会议的有关要求与精神的促动，至 1996 年《中华人民共和国职业教育法》从法律上确定了高等职业教育的地位，对我国职业教育发展起到了非常大的作用。到 1998 年，高职、高专以及成人高校共计 1394 所，在校生 394.74 万人。这一阶段，职业教育管理体制改革，从总体上来说在沿着建立市地统筹的方向发展，但是进展相当缓慢。[1]

(五)加快探索阶段(1998~2004 年)

随着我国各项体制改革的深入进行，与职业教育发展紧密相连的管理体制改革逐渐摆到了议事日程。从 20 世纪 80 年代开始，中央与各地纷纷进行多种管理体制的改革探索，到 90 年代末加快进程，初步成形。

第一，国务院拟将建立职业教育工作部际联席会议制度，研究解决职业教育工作中的重大问题，协调国务院有关部委共商职业教育改革与发展的大计。这种做法的一个最新尝试是：2004 年 2 月 23 日，教育部、劳动保障部、国防科工委、信息产业部、交通部、卫生部六部委就举行制造业和现代服务业技能型紧缺人才培养培训工程联合举行新闻发布会，宣布在数控技术应用等四个领域实施技能型紧缺人才培养培训工程，包括选择示范型培养培训基地，确定培养培训数量与进程，对参与实施的职业院校在校企合作培养人才、优化教学过程与教学模式、学籍管理和教学管理制度、学历教育与职业培训相结合四个方面采取新的灵活机制。六部委将联手在专家咨询组织、人力资源需求调研、专业课程和教材开发、加大经费投入等方面共同创造有利条件，保障这一工程的顺利推进。[2]

第二，国家经贸委、铁道部、电力系统等不少部门、行业定期召开职业教育工作会议，研究行业企业发展职业教育和培训的新思路、新举措。铁道部决定继续办好现有的职业学校，为行业培养高素质劳动者。电力行业在国企改革中将所属职业学校作为企业人力资源的培养基地保留下来，并引进特色鲜明的澳大利亚 TAFE 体系，努力在全行业搭建高技能人才培养的平台，为电力事业的建设培养急需适用的高技能人才。[3] 国家经贸委建立了 16 个直属行业协会的联席会议制度，另有 36 个行业部门联合成立了"行业职工教育协作会"，进一步推动了行业职业教育和职工培训的发展。[4] 民办职业教育发展出现新的局面，江浙一带的民办职业教育都有了长足的发展。不少地方积极推动职业资格证书

---

① 宋楠. 职业教育管理体制创新研究[D]. 中国优秀硕士学位论文全文数据库，2004.

② 教育部举办技能型紧缺人才培养培训工程发布会[EB/OL]. (2004-2-23). http://www.edu.cn/20040223/3099489.shtml.

③ 潘光. 行业在发展职教中怎样发挥作用[N]. 中国教育报，2003-12-29(3).

④ 职成教改革进一步深化[N]. 中国教育报. 2003-3-3(3).

制度的实施，以及就学历证书和职业资格证书相互沟通、衔接的办法进行了深入研究。

第三，广西、安徽、河南等十几个省区相继建立了省级职业教育联席会议制度，为进一步深化职业教育体制改革创造了有利条件。湖北省政府提出以体制创新和制度创新为突破口，力争"十五"期间逐步建立起适应社会主义市场经济体制、结构合理、灵活开放、特色鲜明、自主发展的现代职业教育体系，明确和强化了市地政府在职业教育办学规模、发展规划、服务面向、经费投入、基本建设和日常管理等方面的统筹管理和决策权。江苏省提出，要坚持体制创新，加强五个统筹：统筹中等与高等职业教育，统筹教育系统与其他系统的教育资源，统筹公办与民办职业教育，统筹普通教育与成人教育，统筹学历教育与非学历教育。① 职业学校和成人学校内部管理体制改革得到深化，办学自主权进一步扩大，活力进一步增强，涌现出了一大批办学成绩喜人的典型，初步形成了与社会主义市场经济体制基本相适应的职成教运行机制。

第四，地市一级也进行了许多很好的尝试。比如，广州市政府在编制广州市国民经济和社会发展第九、第十个五年计划时，都同时编制了相应的职业教育、人力资源开发九五、十五计划的专项规划。如《广州市人力资源开发"十五"计划》明确提出：广州市要以建立市场配置为基础，政府宏观调控为主导，培养、交流、使用、管理相互促进和相互协调的人力资源开发运作机制。到 2005年，使全市从业人员中，研究生、本科生、专科生、中专（含技校、职中）、高中及以下学历者之比达到 1.2：7.3：8.5：31：52；全市拥有技能人才 153.48万人，其中高级技师和技工、高级工、中级工所占比重达到 7：40：53；中等职业教育在校生达到 20 万人；普通高校（含高职）39 万人；成人高校 21 万人。② 广州市把职业教育纳入了该市总体规划之中，对于职业教育事业的发展产生了重大的推动作用。济南市教育局为促进职业教育持续、健康发展，不断转变管理方式，强化宏观管理，弱化微观管理，利用市场机制，扩大学校的办学自主权，对职业教育实行市级统筹。根据区域经济发展趋势、就业需求预测和教育发展情况，确定全市职业教育发展规划，力求做到职教与普教协调发展、城镇职教与农村职教协调发展、职教与经济建设协调发展。同时该市对中等职业学校的专业进行了评估和整顿；推行弹性学制和学分制，允许学生工学交替，分

---

① 潘光. 行业在发展职教中怎样发挥作用[N]. 中国教育报，2003-12-29(3).
② 杨建燎. 论广州职业教育与培训的改革与发展[J]. 中国培训，2002(3).

阶段完成学业；推进"双元制"办学模式，制定优惠政策，允许职业学校与企业、行业在招工招生、岗位培训、研发投资等多方面合作；允许优质高中与职业学校合作，加强普教与职教的沟通；加大招商引资力度，积极开展中外合作办学。

深圳市在职业培训方面经历了自发办学、逐步规范及深化发展的阶段。政府对于职业培训的管理，主要是在提供政策环境方面作了积极的尝试，包括政府投资政策、企业投资政策、人才政策以及培训机构布局调整、技能人才结构调整、技能鉴定的规范等，使深圳市的职业培训工作取得了很大发展。如政府投资职业培训经费截至 2002 年累计达 3 亿元，组建了 9 所公共培训机构。[①] 又如在人才政策方面，深圳出台了把在生产第一线掌握生产技术、具有实践操作能力的技能人才置换成深圳人的政策以及实施对高级技能人才的奖励津贴制度，等等。

第五，关于政府在职业教育领域中经济手段的运用，很多地方都进行了一些尝试，一般是针对下岗、失业、贫困地区的青年进行职业技能培训。浙江长兴县 2001 年开始试行教育券制度。2002 年江西省劳动保障厅针对下岗、协保和失业人员提出了《政府购买培训成果实施意见》。湖南省从 2003 年开始对贫困地区的青年进行委托职业培训，经职业培训合格并就业上岗后再向培训机构支付培训费用，购买培训成果。这种做法体现了政府引导职业教育需求、调整职业教育结构、保证职业教育公平的宏观调控功能。

同期，高等职业教育进入积极发展阶段，1998 年教育部提出三多一改（多渠道、多规格、多模式发展高职，重点是教学改革）的方针，并拨出 11 万个指标，在 20 个省（市）发展高职，1999 年教育部按《面向 21 世纪教育振兴行动计划》的精神，专门安排计划，按照与现行办法有所不同的管理模式和运行机制，积极探索举办高职，迎来了高职教育的大发展时期，2000 年开始，国家把高职院校的有关管理权限下放到省（市）和自治区政府。[②]

如上所述，中央与地方在职业教育管理体制的改革上开展了积极的探索尝试，但是各地的进程不一，有关改革举措的效果还有待总结评价，事关全局的管理体制的重构尚未实质启动。

二、我国现行职业教育管理体制的结构

经上述发展阶段而形成的我国现行职业教育管理体制，其主要包括：职业

---

① 深圳市劳动局课题组. 深圳市职业培训形势分析与评估[J]. 中国培训，2002(12).

② 职业技术教育编辑部. 高职进程[J]. 职业技术教育，2003(27).

教育管理的宏观决策权高度集中在中央，实施性的工作方针、政策、法规、制度、规划、计划等决策权集中于国家教育部门、劳动部门、计划部门、财政部门等。同时以国家政府部门的行政隶属关系为主线，从中央到地方的各级教育部门、劳动部门、业务部门以及大中型企业都设有不同级别的职业教育专门管理机构，各级各类职业学校也全部按行政隶属关系置于办学部门的直接管理之下，每个管理层次又以不同类型的职业学校为管理对象，设立两个并列的间接管理机构来制约办学部门和学校。理论上各类职业学校就是在这种纵横交织的庞大机构的控制下运行的。具体情况如下：

（一）教育部

教育部代表国家行使对教育的宏观管理与协调的职能。教育部高教司的高职高专处代表国家对高等职业院校进行管理，统筹规划高职院校和办学机构，制定高职人才培养的指导性文件，指导高职院校教学基本建设和改革，负责高职教育质量监控和评估工作；教育部的职成教司代表国家对中等职业学校（技工学校除外）进行宏观管理，统筹管理普通及成人中等职业学历教育、成人文化技术教育，编制中等职业教育的专业目录和教学指导文件，制定教学评估标准并指导实施工作，指导中等职业教育教学改革和教材建设，指导社会力量举办各类中等职业教育学校的工作以及职业证书考试。教育部对于职业教育的这种管理有直接的宏观管理，如对职业学校总体发展规模和速度的管理，对职业学校办学体制、培养目标、发展方向的管理，对示范性职业学校和国家级重点职业学校的认定、评估和管理等，而对劳动保障部和其他部委所办的技工学校和中高职院校的管理，主要体现在办学审批、招生计划审批以及对学校办学水平的评估认定等方面。另外，教育部还通过各地教育部门对各级各类职业学校进行间接管理。

（二）劳动保障部和其他部委

劳动保障部是国家管理职业教育的又一重要职能部门。它对职业教育的管理主要包括以下三个方面：一是对技工学校、高级技工学校等学校职业教育的管理，这种管理也基本上是对办学体制、培养目标、发展方向和发展规模速度等宏观问题的管理；二是对劳动预备培训、企业职工的岗位培训和再就业培训等职业培训的管理；三是对各种职业技能鉴定的管理。劳动保障部对职业教育的管理职能主要归属于劳动保障部培训就业司。由于劳动保障系列各级培训管理机构的人员素质偏重政府一般公务而不长于教育管理，而且职位交流变动频繁，对于职业教育(技工教育与职业培训)的管理力度较弱，缺乏实质性的指导支持。其他国家部委对职业教育的管理，主要限于行业内部的职业院校和职业培训。目前各部委所属的职业院校已经或正在向学校所在省/市下放，多数国家部委对职业教育的管理主要集中在各种职业培训上，从各条块需要出发实施专门化培训，并发放各自行业的岗位资格证书，一些部委的管理职能转移到了类似行业协会的机构。

(三)省级职业教育管理职能部门

省级的职业教育管理机构，包括省教育厅的高教处、职成教处，省劳动保障厅的职业技能培训处以及其他业务厅局的人事教育处。这一层次的职业教育管理有两种职能：一是对直属的职业学校进行实体性管理，其中教育厅的高教处负责高职院校，教育厅的职成教处负责中等职业学校以及五年制高职学校，劳动保障厅职业技能培训处负责技工学校和职业培训机构；二是对市地及以下的职业学校或技工学校、职业培训机构进行统筹与指导。由于我国实行的是中央集权制的教育管理体制，所以省一级的职业教育管理的自主权没有像实行地方分权制教育管理体制的国家那样大。尽管近年来在不断下放教育管理的自主权，如教育部将高等职业院校的设置审批权、专业设置权和招生计划审批权下放给省级政府，但有关职业教育管理的大政方针，仍然要由教育部和劳动保障部制定。

(四)市地职业教育管理职能部门

主要由市地一级教育局的职成教处和劳动保障局的职业技能培训处承担。这一层次的职业教育管理也有两种职能：一是对直属的职业学校进行实体性管理，教育部门负责初、中等职业学校和少数由市属中专升格的高职院校。劳动部门负责技工学校和职业培训机构；二是对县区办职业学校或技工学校、职业培训机构进行统筹与指导。近年来职业教育管理体制的改革一直在强调增大市地一级的管理职能，但是市地统筹管理的多数尝试仅限于市地教育部门所管理的职业中学教育，而对其他各类职业教育的统筹尚处于真空状态，还没有从根本上打破条块分割管理体制的框框，形成真正的市地统筹。

(五)职业学校的管理与办学体制的基本情况

1998年前，在普通中等专业学校中，约占学校总数20％的中等师范学校由教育部门举办与管理，其余80％的中等专业学校由国务院业务部门、省地政府业务部门和大型企业举办，教育部门管理；在技工学校中，由企业和县以上劳动部门举办，劳动部门管理，其中由企业举办的学校约占学校总数的90％，历史上，在1964～1978年期间，曾由教育部门对技工学校进行管理；在职业高级中学中，约占学校总数70％的学校由市地和县区教育部门举办和管理，其余约20％的学校由政府业务部门、行业、企业举办，其余由社会力量举办，教育部门管理；在成人中等专业学校中，约占学校总数40％的教师进修学校由教育部门举办和管理，其余60％的职工中等专业学校、农民中等专业学校等主要由政府业务部门、企业举办，教育部门管理。[①]

1998年是职业教育办学和管理体制发生质的变化的一年。1998年以来，国务院对各部门所属学校，包括中等专业学校和技工学校的管理体制进行了调整，明确除教育部以及国防科工委、外交、公安、海关等部门和单位继续管理其所属学校外，其他部门原则上不再直接管理学校，其所属的中等专业学校和技工学校都要划转到地方。大多数国务院部门所属的中等专业学校都划转为地方管理，其中国务院各部门所属企事业单位举办的中等专业学校，仍由这些单位举办，但教育行政管理职能移交地方(省或市地)。调整共涉及国务院的9个部委、5个军工总公司、49个国务院部门(单位)所属中等专业学校的管理体制，共有300多所中专学校和300多所技工学校分批下放到了地方。[②] 为了推动高等职业教育的发展，教育部还将高职院校的设置审批权、专业设置权和招生计划审批权都下放给了省一级政府，以调动地方政府发展高职教育的积极性。

后来，鉴于在这一调整工作中由于层层下放、改作他用而导致中等职业教育资源流失和部分学校归属不定而影响稳定与发展的问题，教育部职成教司2000年10月下达了《关于中等专业学校管理体制调整工作中防止中等职业教育资源流失问题的意见》的通知，要求由中央划转到省级教育行政部门或其他有关部门的职业学校不再继续下放，对于已经或将撤并的省级业务厅局所属的职业学校一般划归到省级教育行政部门或其他有关部门，各级地方政府要积极发展中等职业教育，不得擅自将中等职业学校改作他用，允许中专升格高职的仍然可办中职教育。这样，除了市地外，相当一部分中等专业学校的管理职能仍然归属在省一级职业教育主管部门。

---

① 职业教育编辑部．我国职业教育的办学和管理体制基本情况[J]．职业技术教育，2001(30)．

② 同①．

如上所述，我国现行职业教育管理体制的基本形式大体上属于中央统一领导下的分级管理制度，即一种以中央集权为基本、中央管理与地方管理适当结合的制度，在总体上倾向于中央集权制（与教育管理体制的情形一致），但是在强调统一的方针、政策的同时，也重视地方对职业教育的管理责任。自20世纪90年代末期以来，各级地方政府对职业教育管理权力的分担比重呈现逐步增大的趋势，同时，行业主管部门在职业教育管理体制中承担的责任大幅弱化，而多数行业协会暂时还没有能够承担起相应的责任，条条相对减弱、块块有所增强。

总的来说，现行管理体制存在着条块分割、部门分割、人才培养与就业分割等诸多障碍，劳动保障部门、政府业务部门、行业协会等与教育部门缺乏很好的沟通衔接，教育、就业与培训之间互相分离，呈现出明显的多头管理、职能交叉的现象。并且由于现行体制的运行机制较多采用指令性和直接性管理的方式，在使学校自主权受到限制而缺乏活力的同时，也导致政府自身对职业教育管理的精力和财力严重不足。所有这些，形成了我国职业教育管理职能上的分裂格局，影响了我国职业教育法规政策的统一性、整体性，妨碍了职业教育管理功能的有效发挥，制约了职业教育事业的健康发展。

第三节　职业教育管理体制的发展趋势

许多发达国家和地区较早的开始了职业教育，有成功的职业教育模式与经验值得我们学习和借鉴，如德国的"双元制"、美国的社区学院、日本的企业模式、澳大利亚的 TAFE 等职业教育模式。这些模式与经验深深扎根于其经济发展水平、经济发展模式、福利制度、产业结构、就业情况、文化等社会要素中。通过对发达国家职业教育管理体制发展进行梳理，从动态的视角找寻其成功经验，为进一步完善和改革我国职业教育的管理体制打下基础。

一、影响职业教育管理体制发展的根本依据

经济发展水平、产业结构、就业制度、民族文化等社会要素与职业教育模式有着密切联系，这些要素之间也有着错综复杂的关联。这些国情的现状直接影响到职业教育管理体制的形成。

首先，经济发展水平决定了一个国家或地区的产业结构，从而决定了其所需的技能类型，决定了职业教育的管理者和师资队伍的组合以及受教育对象的

类型，进而决定了职业教育管理方式和管理体制的制定。就业状况更是影响职业教育管理模式的重要因素，职业教育机构毕业生就业机会也决定了职业教育的规模，就业率、失业率历来是各国关注之重，我国近年来出台的许多政策都是出于解决毕业生就业的需要而制定的。

其次，历史文化背景和根源问题对职业教育管理模式的影响是显而易见的，如德国"双元制"的成功，与"企业必须深度参与职业教育"这一观念是密切相关的。[①] 德国历来有对精密机器的崇拜和对掌握高超技艺的工匠师傅的普遍尊重，因此重视职业教育并创造了"双元制"职业教育。在美国，其长期的边疆开拓形成了对实用主义的崇拜，重术轻学以实用主义哲学为其文化基础，如有名的"威斯康星思想"就是典型的实用主义的大学理想，威斯康星大学的课程完全是为工人、农民、制造商的生产和生活实际而开设的。以农业文明为文化主体的我国长期在"劳心者治人，劳力者治于人""万般皆下品，唯有读书高"的理念渗透下，缺少发展职业教育的土壤，需要付出加倍的努力。

二、职业教育发展的根本保障是健全的法律体系

发达国家完善的法律体系为职业教育的发展提供了保障，体现在办学资质、师资、经费、就业准入等。德国 1969 年的《职业教育法》对职业学校的办学条件、企业的培训任务提出了具体要求，对国家承认的工种作了详尽规定，对社会的参与及监督也作了全面阐述。企业和学校各负其责，企业的职业培训由政府主管，遵循《职业教育法》，严格按照国家颁布的培训条例及培训大纲进行。学校的教学和管理由各州负责，遵循各州的《学校法》或者《职业义务教育法》，其教学大纲由各州制定。这部法律强化了职业教育中企业的权利与义务，为德国"双元制"的职业教育奠定了良好的法律基础，保障了职业教育管理的顺利进行。随后又颁布了与之配套的一系列法律、法规，如《职业教育促进法》《职业培训章程》《联邦德国职业学校分类章程》等。[②] 美国自 1990 年以来先后通过了《帕金斯职业和应用技术法案》《职业技术教育法案》和《2000 年目标方案》，为美国职业教育管理的有效实施提供了法律保障。在 1917 年美国颁布的第一个支持职业教育的联邦法案《史密斯-休斯法案》(*Smith-Hughes Act*)中，联邦政府第一次承诺要把职业教育作为国家优先发展的领域。为提高职业教育的质量和有效性，

---

① 石伟平，徐国庆．世界职业教育体系比较研究[J]．职业技术教育，2004，1(25).

② 牛亚莉，凌云．发达国家职业教育管理体制比较与启示[J]．职业与成人教育，2006，10(41).

美国在 1998 年 10 月通过的《帕金斯职业与技术教育法案》中，提出了一些实质性的新举措，并反映了与先前职业教育法案的连续性和继承性，确定了职业教育在不同水平教育机构中的不同角色、任务和目标。①

三、职业教育管理体制的发展趋势

传统的职业教育或是完全依照普通教育和高等教育的办学思想、办学方针、办学模式等来办学，或是只重视对学生在实用和技能等操作方面的培养而轻视理论知识。在当今社会、经济、科技等因素的作用下，职业教育与普通教育综合化是当今世界教育发展的一种趋势。美国、日本、加拿大及德国这些主要发达国家教育管理目标是一致的，即追求卓越的教育平等、使全国教育事业均衡发展、实现国家发展战略。日本中央教育审议会提出，要在固定的学科区分中超越学科界限，加设"复合型"教育内容，从 1994 年起开始出现普通学科和职业学科相融合的新学科——"综合学科"，培养适应性强的产业人员。德国的职业教育与普通教育一向是两个完全不相通的系统，近年来由于经济的影响，企业难以提供足够的培训岗位，使得"双元制"在德国的发展面临困境，其目前的发展趋势主要是职业教育后移，且趋于"复合型"的劳动力素质结构，并提出了教育改革方案，明确职业教育要向普通教育渗透和延伸。

另外，当今各国的中等职业教育规模普遍在萎缩，各国开始迅速发展高等职业教育，这是随着国家国民经济及教育发展水平的整体提高而提高的。当前社会和科学技术迅速发展，对劳动力素质的要求不断提高，具有高等教育学历在就业和收入上都具有明显的优势，使得中等职业教育的发展呈下降趋势，但中等职业教育规模的缩小并不意味着整个职业教育在教育系统中不再占有重要地位，随着高等职业教育的迅速发展其重心的上移使得中等职业教育与高等职业教育有机地衔接起来。在职业教育的层次上移的同时，对学生进行职业综合能力的培养将是职业教育的重点。

除此之外，职业教育管理观念也发生了重大变化，不再是学校教育的一个特定阶段，或是孤立于正规学校教育的一种类型了，而是终身教育的重要构成部分，并转化为职前教育与就业及在职培训紧密相连的一个整体和一个连续的过程了。

---

① 牛亚莉，凌云．发达国家职业教育管理体制比较与启示[J]．职业与成人教育，2006，10(41)．

第四节　我国职业教育管理体制的改革

　　我国职业教育管理体制经历了基本形成期（从新中国成立初期到 1957 年）、调整瘫痪期（1958～1976 年），恢复、改革期（1977 年～1998 年），加快探索期（1998 年以后）四个阶段，在各个阶段，各级部门在职业教育管理体制的改革上都开展了积极的探索与尝试。[①] 随着我国各项体制改革的深入进行，与职业教育发展紧密相连的管理体制深化改革逐步成为众多学者专家关注的热点问题。

一、我国现行职业教育管理体制的弊端

　　目前，职业教育呈现出教育部门办学、劳动部门办学、系统办学、企业办学、教育部门与有关部门联合办学等多种形式办学的局面，不同类型的学校隶属于不同的主管部门，因而形成了谁办学、谁管理，哪级办学、哪级管理的多元化管理体制。[②] 这种管理体制对职业教育的发展曾起过巨大的促进作用。但是，随着职业教育向纵深方向的发展，这种管理体制的弊端也日益凸显。在一个地区有许多部门办的学校，由于没有给予地方政府以统筹规划、协调和管理的权限，形成了学校规模小、投资效益低、地区重复率高、学校服务面窄、人才流向不合理的局面。各部门、各系统所办的学校按照本部门、本系统的需要招生，毕业生也归己所有，由于人事关系的限制，一个系统内人才过剩而另一个系统人才缺乏，以致出现很多人用非所学的现象。尽管教育行政部门对职业教育的发展起着领导或指导作用，但对整体而言难以起到统筹的作用。这种"条块分割"的管理体制不仅使同类学校"分庭抗礼"，学校间争经费、争师资、争劳动指标的现象十分严重，而且使部门之间也形成和加深了"门户之见"，互相掣肘，使一个地区的各种教育力量无法形成合力而发挥整体优势，造成人财物的较大浪费。[③]

二、职业教育管理体制改革的指导思想

　　按照全国职教会提出的方向，吸取国内外职业教育管理体制改革的先进经

[①] 牟晖，杨挺. 我国职业教育管理体制改革研究综述[J]. 教育与职业，2009，9(27).
[②] 牟晖，杨挺. 我国职业教育管理体制改革研究综述[J]. 教育与职业，2009，9(27).
[③] 张惠玲. 关于职业教育管理体制改革的思考[J]. 河南职技师院学报（职业教育版），2001，3(58).

验，以发挥职业教育管理体制的应用功能为目标，对我国职业教育管理体制的组织体系进行创新并对新体系的运行机制作出定位。

在市场经济条件下，我国职业教育要面向市场却不能完全市场化，而且教育相对于其他市场主体而言具有投入效益滞后、时间较长等特殊性，因而在职业教育管理的改革上，科学的做法是既注重宏观指导，也重视微观搞活；既强调管理中的行政、法律手段，也注重人才供求关系的影响；既注意管理中的社会因素，也关心管理中制度的要素，逐步建立起计划调控与市场调节、集中领导与分散管理、政府干预与办学自主的相辅相成、有机统一的管理模式，促成市场经济下职业学校教育活动的市场性、自主性、可控性，概括起来就是政府宏观调控、学校自主办学、市场积极引导。

政府宏观调控包括方向与目标调控、法规与政策调控；学校自主办学是根据政府的要求和社会市场的需求，学校作为一个相对独立的自主活动实体，在教学、科研、人事、财务、招生、分配和部分专业设置等方面拥有一定的自主权力；市场调节是在国家与地方政府的指导和监督下，通过行业、企业等职业教育权益各方对学校提出人才的数量与质量的要求，以及向学校提供经济支持等活动，刺激和抑制教育活动的发展。所以，建立市场经济条件下职业教育管理良性运行机制，应灵活处理教育活动中的集中领导与分散管理、计划调节与市场调节、政府干预与自主办学这三对基本矛盾的关系，变传统的高度集中的管理体制为集中与相对分散管理相结合的管理体制，变传统的依附政府办学体制为政府调控下的学校自主办学体制，变传统的指令性计划调节为计划与市场相结合的管理方式。

第二届国际技术与职业教育大会上所通过的《技术和职业教育与培训：21世纪展望——致联合国秘书长的建议书》（以下简称《建议书》）阐述了如下观点：各国政府除应在技术和职业教育中继续承担首要责任外（这种责任包括政策制定、提供经费、协调关系、制定标准等），还要求所有职业教育的权益者不仅要做好过去自己"权限"范围内的事情，而且也要关心职业教育所有的宏观和微观问题。政府与其他权益者之间是一种分工、合作和互相支持的关系，谁也缺少不了谁。《建议书》说，"技术和职业教育的政策制定和办学必须由政府、产业部门和社会三方面建立新的伙伴关系来实现。这种伙伴关系必须能够构建出一种和谐的法律框架，以形成国家的发展战略。在这个战略中，政府除了从事技术和职业教育的实际办学以外，可以在以下几个方面发挥作用：领导和指明方向；方便和协调办学；建立质量保障制度，并且提出和确认社区的服务义务，以保证技术和职业教育能够面向所有人群","政府还要对保证实施强有力的职前培训负起责任,无论是公立,还是私立的"。此外,由于各国政府内部常常由不同机构分管职业教育,而他们的职责往往有交叉或重复,造成许多不必要的矛盾。为此,《建议书》指出:"为了协调全国的技术和职业教育事业,使公立学校和私立学校能够有效合作,并使参与技术和职业教育的各方都受益,各国政府有必要尽可能充分地协调和整顿自己的办事机构。"①

我国国家政体属于统一和集中领导的形式,目前行业和企业承担职业教育管理职能的机制还不健全,职业学校还没有完全摆脱传统行政管理的阴影,这种国情也决定了采用政府主导型的职业教育管理体制比较适宜,只是要在管理体制上加强职业教育管理部门的统筹协调,加强职业教育管理的协同化。

三、职业教育管理体制改革的思路

(一)面对市场经济条件下职业教育的发展,未来职业教育管理体制的发展必须做到三个有利于:

1. 有利于充分发挥各行各业及各办学机构的办学积极性。

2. 有利于学校根据实际需要自主办学,进行微观领域内的教育教学改革和内部管理体制的改革。学校根据国家的教育方针和政策法规自主开展教育教学活动,在政策规定范围内自主招生,培养适应市场经济需要的高素质人才。

3. 有利于实行地方统筹和宏观调控。学校根据市场调节自主办学,但应在法制和宏观管理调控下得到规范和约束,以免造成办学的混乱和办学方向的偏移。

(二)将逐步建立政府统筹,教育部门协调,各职能部门各司其职的职业教育宏观管理系统。② 其主要职责分工是:

1. 政府:主要发挥宏观调控职能,保持职业教育与普通教育之间的合理比例,促进教育结构优化,实现职业教育总量稳定增长;通过经济手段和法律手段,完善职业教育发展的保障条件,依法对各部门、各办学主体和职业教育机构的办学进行监督,规范办学行为;通过制定政策法规并利用经济杠杆调节教育资源的配置,推动整个职业教育事业的发展。

---

① 黄尧,刘京辉. 国际职业教育发展趋势——第二届国际技术与职业教育大会综述[EB/OL]. (2003.9.6). http://www.tech.net.cn/y-jyjs/gjgn/no/973.shtml.

② 张惠玲. 关于职业教育管理体制改革的思考[J]. 河南职技师院学报(职业教育版),2001,3(59).

2. 教育部门：原则上负责职业教育中各类学历教育的管理，落实党的教育方针，坚持社会主义办学方向，统筹各类职业教育的规划和发展，构建层次结构合理、专业配套、互相沟通的职教体系；协调各部门的职教工作，指导职教的改革，对贯彻执行国家和省、市职教法律、法规和政策进行监督和检查；组织行业和有关部门进行人才预测，会同劳动人事部门和行业发布人才需求信息，建立办学机构和专业设置评审委员会，根据国家和省职业技术学校设置规定，审核学校开办和撤销，审核专业设置和办学条件；会同计划部门对招生计划进行审定，做好人才培养的规划工作；开展教育评估和教育质量检查，验发学历证书；制定职教师资资格标准和教师培养规划，完善教师培训基地，组织教师培训和进修，落实教师待遇，筹集和管理职教专项资金。

3. 行业和企业：制定人才培养规划；开展人才需求预测；组织和参与本行业职教的评估和督导；指导本行业职教的发展和改革；支持和协调职业学校与产业部门的产教结合。

4. 劳动人事部门：会同各行业部门负责管理非学历教育阶段的各类职业培训；执行全国性的行业岗位标准、岗位规范，指导企事业单位制定内部岗位的标准；组织实施技能考核、考试及发证，实施职业资格制度；建立、完善人才和劳务市场，开展职业介绍；发布人才需求信息，协同教育部门加强对学校专业设置的宏观指导。

5. 财政部门：疏通、开辟经费渠道；会同教育部门制定收费政策；核拨事业经费。

6. 计划部门：将职教发展规划列入地方社会事业发展规划；会同教育部门编制和下达年度招生计划；职教发展项目的评估和立项。

（三）改革职业学校内部管理体制，扩大学校办学自主权。随着市场经济的完善，学校在职业教育中的作用日益重要，其企业性质日益明显，过去那种完全由政府部门自上而下地对职业学校进行行政管理的体制已无法使学校快速灵活地适应劳动力市场变化的需要。应进一步扩大学校的办学自主权，加强学校内部管理体制建设。

1. 从传统的党政管理模式改为校董事会负责制。校董事会可由办学的企业家和相关部门负责人组成，成员可以广泛些，但必须有权威；管理机制可以灵活些，但必须有实权，使董事会的决策能得到及时有效的实施。

2. 实行校董事会授权下的校长负责制和教师聘任制。校长由董事会聘任，全权负责学校工作，像企业厂长那样真正行使校长职权；党委主要发挥政治核心和组织保障作用；校长有权聘任副校长、中层干部及一线教师，对不称职的干部和教师能随时撤免并另行聘任。

3. 建立健全以教师为主体的教职工代表大会制度，加强民主管理和民主监督。

4. 改固定不变的专业设置为灵活自如的专业群管理体制。专业的设置应适应市场的发展，采取科学的职业分析方法，针对职业范围设置专业群，以专业群管理的模式来适应市场需求的变化，及时设置新的专业门类，拓宽和延伸专业覆盖面，增强学校发展后劲。

5. 允许多种体制在校内并存。只要有利于提高办学效益的体制都可以引进或推广，如：教学体制可以根据各专业的特点和人才市场的需要设立，如可以允许4年制、3年制、2+1、2.5＋0.5、1.5＋1.5等不同模式并存；在学校后勤管理体制改革上可以根据市场经济规律，大力推进后勤社会化工作，实行个人承包、校企联营、社会承办等方式管理，或分项、分块划给社会、街道，建立服务性经营实体，进行开放式管理。

四、深化职业教育管理体制改革的措施

我国社会发展的变化，要求我国职业教育行政管理部门和各职业院校必须进行职业教育管理体制改革和创新。总的来说，就是要按照《国务院关于大力推进职业教育改革与发展的决定》中关于"推进职业教育管理体制改革，建立并逐步完善在国务院领导下，分级管理、地方为主、政府统筹、社会参与的职业教育管理体制"的要求改革和创新管理体制。[①]

（一）强化政府宏观调控行为，实施职业教育宏观管理体制

1. 改善和加强政府行为，协调职业教育管理体制，规范职业教育的市场环境，为职业教育教学改革等方面创造良好的政策环境。政府宏观调控的对象主要是学校，宏观调控的目的是使职业院校"面向社会、面向市场"，办学行为在符合社会整体利益和发展要求的前提下有序化，形成"自我发展、自我约束"的运行机制，从而建立起"适应社会主义市场经济发展的要求，结构合理、灵活开放、特色鲜明、自主发展的现代职业教育体系"。[②] 在政策工具选择方面，宜更

---

① 肖玉梅、李茂荣．我国职业教育管理体制改革与创新探索[J]．江西师范大学学报(哲学社会科学版)，2005，38(5)．

② 国务院关于大力推进职业教育改革与发展的决定(国发〔2002〕16号)．

多采用经济、法律、信息引导等非直接调控政策。

2. 加强政府统筹协调的责任，将职业教育与区域经济发展紧密结合起来，根据区域经济社会发展的特点以及对职业教育的需求，统筹规划职业教育的学校布局、发展规模、招生计划、专业设置，中高等职业教育层次比例以及人才培养模式等，在管理职业教育中，既有宏观调控的手段，又有贴近实际、掌握实情进而便于深入指导的微观管理优势。政府在职业教育管理方面的统筹是多方面的，其中包括统筹投资、统筹补偿、统筹学校布局、统筹专业设置、统筹招生分配、统筹监督评估等。政府在职业教育管理方面的协调，主要是协调好教育、劳动、计划、财政和各行业主管部门之间的关系。

3. 要转变政府职能，进一步扩大职业院校的办学自主权，形成政府、行业、协会、企业全民参与管理，稳步推进职业院校办学体制和运行机制的改革。职业院校能不能生存与发展的关键在于它是否有能适应社会变化的能力和自我调节的能力。这种能力是受到它所享有的决策权、管理权和办学权的影响和制约的。在转变政府职能的同时，依法保证职业院校在用人制度、专业设置、招生方式、招生规模、学籍管理、教师聘用及经费使用、工资分配等方面的自主权，职业院校也应建立起科学、民主的决策程序和管理程序，形成自我发展与自我约束的机制，成为面向社会的办学实体。[①]促使职业院校在竞争中依法自主办学、自我发展，在办学体制上形成多元化有特色的管理体制，促进学校管理体制按照市场体制的要求加速转变，为未来产业结构变化所需人才提供支持。

(二)强化依法治教的行为，完善职业教育管理制度

要进一步推动《中华人民共和国职业教育法》《中华人民共和国劳动法》等法律、法规的贯彻落实，完善执法监督机制，加大执法力度，提高依法治教水平。国家对《职业教育法》的落实应当进行执法检查，地方职业教育配套法规的建设，应当层层落实，要进一步完善对职业教育工作的考核内容。[②]

1. 严格执行就业准入及职业资格制度

1994 年中央《关于建立社会主义市场经济体制若干问题的决定》提出"实行学历文凭和职业资格证书制度"。2000 年 7 月，劳动部规定，对规定的技术工种，实行职业资格鉴定合格者方能录用的劳动市场准入制度。1998 年劳动部制

---

① 吴晓川. 建立和完善现代职业教育行政管理体制[J]. 教育与职业，2008，12(35).

② 肖洪寿. 职业教育如何走出困境——兼谈职业教育改革与发展的经验及教训[J]. 江西教育科研，2005(7).

定了劳动预备役制度。认真落实好这些劳动就业制度和劳动市场政策，是职业教育发展的必要条件。要加强职业教育与劳动就业的联系，提高毕业生综合素质和就业能力，提高职业教育的质量，首先，要执行职业资格证书制度，加强职业院校学历教育与职业标准的衔接；其次，劳动、人事及各用人部门严格执行就业准入的各项规定，用人单位招收录用员工从事国家规定实行就业准入控制的职业，必须从取得相应学历证书并获得相应职业资格证书的人员中录用，规范劳动力市场和人才市场，真正把好用人关；再次，要通过认真落实劳动预备役制度的实施及用工情况，加大推行力度，把好劳动市场入口关，加强职业教育学历证书与相应层次、等级的专业技术人员职业资格证书、从业资格证书衔接制度。[①] 充分发挥职业资格证书制度和就业准入制度工作中的作用。

2. 加快"双师型"教师队伍的建设

职业教育培养目标是要为社会各行业、企业培养和输送中、高级实用型职业技术人才。而我们职教本身的高技术、高精尖的人才很少，特别是既有专业实践，又有教学能力的"双师型"教师严重短缺。如果教师都不具备较高的从业能力，又怎能培养造就出适应社会需要的能从业于生产、服务、建设、管理第一线的学生呢？因此，建设高素质的"双师型"教师队伍是职业教育发展的必要条件，必须通过建立相应的教师资格准入制度，对进入职业教育领域的教师制定规范的条件标准，同时还要改革现有的教师职称评审制度和晋升条件，鼓励教师在教学、科研、教研的同时到社会企业中兼职实践，提升教师队伍的职业技术能力和企业的经营管理能力，使之不仅要有教师资格证书，还要有较高级别的技术等级证书和职业资格证书，成为真正的登台能讲课，下厂能做工，会经营懂管理的"双师型"教师。

3. 完善办学资格审查制度

要发挥企业、行业、协会等力量参与建立严格、透明的办学资格审查制度。办学资格审查制度不仅要对办学院校的设备、师资、图书、校舍、实习基地等条件作出明确的规定，而且要把发展职业教育纳入社会经济发展规划中，要通过办学资格审查制度，使办学定位符合社会经济发展的需要，办学条件符合人才培养目标，为我国的产业结构变化构建人才高地，避免重复建设和不符市场需要的建设。[②]

---

① 郎鸿勋. 人才需求分析与职业教育发展战略探讨[J]. 职业技术教育，2002(7).
② 肖玉梅，李茂荣. 我国职业教育管理体制改革与创新探索[J]. 江西师范大学学报(哲学社会科学版)，2005，38(5).

4. 加强实习实训基地的建设，实现资源共享

实际的训练是培养具有高技能和应用型能力人才的关键，目前许多职业院校的实训条件难以满足学生在职业能力培养方面的要求。这里面原因很多，有些是因为需要的资金投入太大学校财力不足，有些是因为学校本身在办学指导思想上不明确，学科性教育仍占主导，重学历轻技能。政府应当根据产业调整、发展的需要，加大对职业教育的经费投入，集中建设一批重点实习实训基地或中心实习实训基地，实现资源整合与共享。并承担向社会宣传职业教育的重要责任，转变社会轻视职业教育的传统观念，大力宣传及树立正确的教育观、职业观，提高高素质劳动者特别是高级技工和技师的经济收入和社会地位，努力营造有利于职业教育改革与发展的社会氛围。

(三)建立"两级管理，重心在系"的管理体制

各职业院校应进行学校内部管理体制改革，建立面向社会、依法自主办学的管理体制；建立面向劳动市场、主动供需、自我发展、自我调节的运作机制；探索、建立以市场为导向，使专业设置和培养目标贴近市场的动力机制，这就要求建立"两级管理，重心在系"的管理体制。因为，学校与社会的联系，主要是分专业同社会的有关行业发生联系，学校对外开放，进行国际学术交流，也是分专业依靠教师去进行的。这些都需要系一级去组织。因此，系一级是职业院校管理的基础。把管理的重心放在系一级，尽量避免采取划一的行政措施，较多地注意发挥各基层的主动性，使之建立起自我调节的机制，加强协调和信息交流，能够更好地调动广大教学、科研人员的积极性和主动性，这是搞好学校内部管理的基础。[①]

(四)明确发展目标，完善多元化办学体制

各级政府要按照《职业教育法》的规定，切实加强对职业教育工作的领导，把职业教育工作纳入到当地经济和社会发展的总体规划中来，把职业教育作为实施科教兴国战略、促进经济和社会发展的大事抓紧抓好；并确立"十一五"职业教育发展目标，提出改革与发展措施，认真履行好统筹规划职业教育发展的

---

① 肖玉梅、李茂荣. 我国职业教育管理体制改革与创新探索[J]. 江西师范大学学报(哲学社会科学版)，2005，38(5).

职责。职业院校应按照学校管理企业化、专业设置市场化、学员培训产品化、后勤服务社会化、产学研一体化的路子，以发展的紧迫感和生存的危机感加快学校改革，促进学校管理体制按照市场体制的要求而转变，实现多元化。政府还要加快发展民办职业教育，充分发挥民办职业教育贴近市场、机制灵活和运行高效的特点，促进职业教育观念、体制和机制的创新，更好地满足经济社会发展和人民群众对职业教育多层次、多样化的需求。深化公办职业院校体制改革，积极推进公办职业院校运行机制创新，真正形成面向社会、面向市场自主办学的实体。①

---

① 教育部等七部门关于进一步加强职业教育工作的若干意见(教职成〔2004〕12号).

第四章
职业教育政策与法规

职业教育发达国家的发展实践证明，职业教育的蓬勃发展离不开政府的政策引导和法制保障。目前，我国职业院校普遍在办学条件、学生实习实训等方面遇到的困难，在很大程度上与政府在职业教育发展上的政策缺位和法制缺失有关。因此，出台有效的促进政策，制定完善的职业教育法规体系，对我国职业教育事业来说是一项紧迫而又意义深远的工程。

第一节　职业教育政策与法规概述

职业教育政策与法规是一般教育政策与法规的重要组成部分，相对于其他政策与法规领域，具有独特的应用范畴，本章节主要对相关概念进行辨析。

一、教育政策、法规与职业教育政策、法规

(一)教育政策、法规含义

1. 关于教育政策

教育政策的含义可以从政策的含义演绎而来。在这里，我们所谈的教育政策，是具有强烈的现代意蕴与指谓的。根据《辞海》对"政策"一词的诠释，我们认为教育政策的定义即是：教育政策是一个政党和国家为实现一定历史时期的教育发展目标和任务，依据党和国家在一定历史时期的基本任务、基本方针而制定的关于教育的行动准则。

在有关教育政策的教科书和论文中，一些学者和专家对教育政策也有不同

的定义，例如："教育政策乃是实现教育目的的公共方针之体系。"[1]

"教育政策是一个政党或国家为实现一定历史时期的教育任务而制定的行为准则。不同的政党有着不同的教育政策，我们这里所说的教育政策具有特定的含义，是指中国共产党及其领导下的国家为实现一定时期的教育任务而制定的指导原则和行为准则。"[2]

要对教育政策下一个确切的定义并不容易，在这里我们不再对定义本身进行讨论。为深入理解"教育政策"的定义，我们将对一些十分相似的概念进行简单区分。

(1)教育路线与教育政策

教育路线是社会发展教育事业所采取的基本准则。就将教育路线界定为"基本准则"而言，其与教育政策的含义有极大的相似性。教育路线本质上就是教育政策，是教育政策中的核心政策。教育路线可以被视为教育总政策中某种核心内容的另一形式表达。一方面，教育路线作为教育政策的合理内核，它决定着教育政策总的性质、范围与特征；另一方面，教育路线作为教育政策系统中的一个上位概念，它具有统领教育政策的作用。教育路线在一定程度上指引与规范着教育的具体政策的制定与实施。

(2)教育方针与教育政策

教育方针是教育基本政策的总概括。教育方针因而强烈地体现出政策性。一方面，教育方针是国家一切教育工作所应遵循、执行的教育基本政策；另一方面，教育方针同样作为教育政策中的上位概念，它对各项具体教育政策的制定起着规范和导向作用。现阶段，我国的教育方针已通过教育立法的形式予以确定，在《中华人民共和国教育法》中有着明确的表达和定义。

通过对教育路线、教育方针和教育政策的含义对比分析后，我们不难发现，教育政策是一个内涵十分丰富的概念，它是一个完整的体系，也是一个完整的过程。全面地把握教育政策的内涵，有必要对其构成要素作一个简要的分析和说明。对此，我们可以从如下几个方面加深对教育政策的理解。

第一，教育政策的主体。教育政策有其特定的主体，例如国家权力机关、政党及其他政治集团、团体和教育行政部门。教育政策体现出主体的意志，具有合法性和权威性。

---

① ［日］筑波大学教育学研究会. 现代教育学基础［M］. 钟启泉译. 上海，上海教育出版社，1985，195.

② 罗宏述，米桂山. 教育政策法规［M］. 上海，科学普及出版社，1992.

第二，教育政策的目的性。一定的教育政策总是指向一定的目标，又总在特定的历史时期内起着其特有的作用。教育政策具有鲜明的目的性并具有明确的时效性。

第三，教育政策是教育主体为服务于特定的教育目标而采取的一系列活动。教育政策绝不是一种凝固的文本，而是一种动态的行动过程，包含具体的教育策略与行动方案。制定教育政策是着眼于政策行动的，教育政策若不付诸行动，则只是一纸空文，也就不能成为真正意义上的政策。

第四，教育政策是一种教育的行为准则或行为规范。教育政策总有具体的目标人群与作用客体，它规定着政策对象与客体的政策行为，规定着他们应做什么或不应做什么，或鼓励他们做什么，亦或禁止他们做什么。教育政策规定常常带有强制性，它必须为政策对象所认同或遵守，而教育行为规范和准则，又应具有可操作性，使之实现特定的政策目标。

2. 关于教育法规

教育法规是有关教育方面的条例、规章等规范性文件的总称，也是对人们的教育行为具有法律约束力的行为规则的总和，是现代国家管理教育的基础和基本依据。教育法规与教育政策存在着深刻的内在联系，它们之间有着诸多的一致性与相似性，同时又存在一定的区别。为分析教育法规的含义起见，在这里，我们先将教育法规的基本内涵界定如下：

(1)教育条例

教育条例是指国家权力机关及行政机关制定的或认可的教育方面的规范性文件，是为调整特定教育活动中的关系所作出的规定。在我国，全国人民代表大会、国务院、国务院各部委、地方国家行政机关都有权制定和批准有关教育条例。

(2)教育规章

教育规章是指国家最高行政机关或省、直辖市、自治区的国家权力机关为执行《宪法》、法律，根据国家或本行政区域的具体情况和实际需要，在法定权限内制定的有关教育的专门的规范性文件。教育规章也可以是针对已经颁行的教育法律制定补充性的实施"办法"或"细则"。

长期以来，不少教育法学研究者对教育法规的含义作了不尽相同的表述。有的研究者认为，教育法规是"国家机关制定的用以调整教育行政关系的法律的总和"[1]；有的研究者认为，"教育法规也就是有关教育行政的法规"[2]；关于教育法规的含义的表述尽管各有不同，但都承认它是寓多种形式于一体的法律规范。教育法规内涵的基本形式既有区别又有联系，甚至相互重叠与交叉。如何正确认识与理解教育法规，仍然是一个值得深入探讨的问题。

(二)职业教育政策和法规

1. 对职业教育政策的界定

对于教育政策这个概念有两种基本不同理解：一种是从教育社会学或者教育政治学的角度来理解，认为教育本身就是一种社会控制手段，一项基本的国家政策；另一种是从公共政策的角度来理解，把教育作为政策的内容，把教育政策作为公共政策中的一个领域，大部分学者选择的是这种理解。在此所讨论和分析的概念也是把职业教育政策作为其中一种公共政策来理解。

首先是要对公共政策的分析以更好地把握职教政策。公共政策是社会公共权威（党和政府）为解决社会公共问题或满足社会公众需要，依据特定时期的目标任务，在对社会公共利益进行选择、综合、分配和落实的过程中所制定和发布的，用以规范和引导有关机构团体和个人行为的行为准则或指南。

参照公共政策的定义，我国的职业教育政策可定义为：党和政府为贯彻大力发展职业教育的方针、解决职业教育问题、达到职业教育目标、实现职业教育发展而采取的规范和引导职业教育相关机构及个人的行为准则和行动指南。其具体形式包括：职业教育方针、职业教育法规、各级行政部门关于职业教育的决定等。[3]

2. 职业教育政策的层次划分

国内学者倾向于根据我国的公共政策特征从政策主体、层次、效力范围等几方面来划分政策类型：

第一，从政策制定主体的角度将政策划分为政党政策、政府政策和政治团体政策。政党政策直接体现了一定阶级或阶层的意志、利益的政策；政府政策则在反映统治阶级利益的同时，更多地体现了社会的利益；政治团体政策反映的主要是该团体的自身利益。[4]

① 李连宁．我国教育法规体系刍议[J]．中国法学，1998(1)．
② 劳凯声．教育法论[M]．南京：江苏教育出版社，1993，16．
③ 刘爱青．对职业教育政策的界定和划分[J]．职教论坛，2005，4(20)．
④ 舒泽虎．公共政策学[M]．上海：上海人民出版社，2005，61．

第二，是将政策划分为三个层次：总政策、基本政策、具体政策。总政策是指施政的路线和方针；基本政策是指施政的原则、标尺和行为准则；具体政策是指施政的具体规划、计划、程序和例行方法。[①]

第三，从政策效力所作用的地域范围角度，可分为全局性政策和局部性政策。以一个国家范围来看，全局性政策是指在全国范围内发生效力的政策，局部性政策是指在局部地区发生效力的政策。

从本质上讲这三种划分方法是一致的，都是按照从宏观到微观，从抽象到具体对政策进行划分，只是细分的程度不同。而且由于公共政策本身的复杂性，有多少种分类标准，就会有多少种政策类型。借鉴以上分法再与我国的职业教育政策实际结合起来，我们可以把职业教育政策也划分为三个层次：职业教育总政策、职业教育基本政策和职业教育具体政策。

（1）职业教育总政策

职业教育总政策是指党和政府实施职业教育的方针、立场和总目标，它统领职教基本政策和具体政策。职教总政策的首要特点是具有相对的稳定性，有利于职业教育目标的实现，这同时也要求党和国家制定职教总政策要有科学性，符合客观规律；再者，因为制定的主体是社会公共权威，职教总政策具有一定的严肃性和权威性，体现着国家的最高利益；另外，职教总政策具有抽象性，只指明了职业教育根本性的行动方案和行为依据。

我国当前职业教育总政策包括：国家实施职业教育的方针是大力发展职业教育；实施职业教育的目标是通过提高职业教育质量和建立健全适应社会主义市场经济和社会进步需要的职业教育制度，全面提高受教育者的素质，实现职业教育的持续、健康、协调发展；对职业教育的立场是把职业教育作为国家教育事业的重要组成部分和促进经济、社会发展及劳动就业的重要途径。[②]

（2）职业教育基本政策

职业教育基本政策是国家实施职业教育的原则、依据和行为规范，是在一段相当长的时间内所必须遵循的宏观的政策原则，是制定和实施各种职业教育具体政策的依据，由立法部门制定，是政策的法律化，主要体现为《职业教育法》。职教基本政策是制定、执行和评估各项具体政策的依据，其突出特点是具有较强的宏观性、权威性、强制性和稳定性，是实现职业教育健康持续稳定发

① 刘爱青. 对职业教育政策的界定和划分[J]. 职教论坛，2005，4(20).
② 同①.

展的可靠保障。另外，职教基本政策具有不限制创造性，即具体政策可以在《职教育法》范围内作出政策判断，灵活处理职教领域的具体问题，为职业教育政策的有效实施提供了条件。

职业教育基本政策原则上规定了职业教育的地位作用、体系结构、方针原则、办学职责、管理体制和经费渠道；并就政府、部门、行业和企业等其他各方面兴办职业教育的职责、义务和权利作出了明确的规定，赋予了各级政府和行政部门很大的执法权力和空间，规定了行业企业及其他社会组织认真落实并承担履行实施职业教育的义务和责任等。

(3)职业教育具体政策

职业教育具体政策是在具体的职业教育活动领域中发挥作用的、能够为人们的行为提供具体规范的政策，包括具体规划、措施的实施以及处理具体职教问题所采取的方法和程序，具有具体的行动目标、准则、任务，能够通过实施产生具体效果，是对职教的基本政策具体化、强化、细化、变通和补充。它依靠行政部门运用行政手段来实施。一般来说，基本政策只是规定了一个大的方向，基本不能为人们提供具体的可操作规范，而具体政策有个最为突出的特点便是具有一定的灵活性，可根据不同的环境、不同的客观形势而及时调整，以可操作的方式实现基本政策所规定的基本原则和方向。

具体政策制定和实施的主体并不仅限于中下层教育行政管理部门，党和政府也可以制定和组织实施具体政策。具体政策涉及职业教育的各个方面，并具体地解决职业教育的实际问题，和基本政策强调稳定性不同，具体政策的特点是有很强的时效性，因为具体政策解决的是具体问题，而具体问题都是在特定的时空中表现出来并随着时空的变化而变化的。因此行政部门在制定具体政策时必须要依据职业教育总政策和基本政策，从大局出发，尊重事实，科学分析，全面考虑，必须特别注重时效性，以使具体政策能适应不断变化的社会实际。

3. 职业教育政策三个层次之间的关系

(1)职教总政策、职教基本政策、职教具体政策分别体现了不同的灵活性和综合程度。(2)职教总政策是制定职教基本政策的依据。对职教基本政策起着指导作用；职教基本政策是职教总政策的定型化、规范化，是保障职教总政策实现的一种强制手段。(3)职教基本政策是落实职业教育具体政策的法律保障，是制定具体政策的标尺，成熟的具体政策也可以成为职教基本政策的一部分。

二、职业教育政策与法规的历史沿革

我国职业教育经历波澜起伏，从初创到起步，再从滑坡到发展。总体来看，我国职业教育政策是符合社会要求，推动了职业教育的发展的。回顾历史，我国职业教育政策取向的变迁，对于重新认识职业教育对社会经济的突出作用、如何进一步促进职业教育发展具有重要意义。

（一）初始阶段（1867～1949 年）

我国的职业教育发轫于 1867 年清政府创办的福州马尾船政学堂，那时以学习西方技艺、培养实用人才为主要目的。1902 年颁布的《壬寅学制》规定了一套较为系统的实业教育制度。民国元年（1912 年）蔡元培任教育总长时，改革了《壬寅学制》，次年又作了部分调整，称《壬子癸丑学制》。当时除直系教育外，还有师范教育和实业教育两个系统，另设有补习班与专修科和小学教员讲习所等，为正规学校附设或特设。1917 年"中华职教社"成立，开创了与实业界联合举办职业技术教育的先河。1922 年以范源濂为总长的教育部公布了《学校系统改革令》（壬戌学制），以"职业学校"的名称取代了过去的"实业学校"，职业学校第一次名副其实地出现在我国教育史上。[①]

1928 年南京国民党政府颁布了《职业学校法》，虽然对职业技术教育发展起到了一定的推动作用，但由于工业落后而发展缓慢。

（二）起步阶段（1949～1984 年）

1949 年中华人民共和国成立后，《共同纲领》中提出"有计划、有步骤地普及教育，加强中等教育和高等教育，注重技术教育"的方针，国家接管、整顿和改造了旧有的职业学校，合理地调整了学校布局和专业设置，为发展职业技术教育奠定了基础。1952 年和 1954 年，当时的政务院先后做出了《关于整顿和发展中等技术教育的指示》和《关于改进中等专业教育的决定》，教育部也制定了《中等技术学校教育暂行实施办法》和《中等专业学校章程》。这之后，中等专业教育有了较快发展，中职生占高中阶段教育在校生的比例一度达到 53%，我国的职业技术教育处于迅速发展期，直到十年动乱被中断。

"文革"后进行教育整顿，1978 年邓小平在全国教育工作会议上指出，应该考虑扩大农业中学、各种中专、技校的比例。中专和普通高校一起最早恢复招生考试，由此，调整中等教育结构、发展职业教育被提到政策制定的日程上来。1980 年教育部、国家劳动总局《关于中等教育结构改革的报告》（以下简称《改革

---

① 姜军．中国职业技术教育体系建构研究［D］．哈尔滨：哈尔滨工业大学研究生院，2005．

报告》)提出了一系列促进中职教育的倾斜政策。《改革报告》提出，要将一部分普通高中改办为职业(技术)学校、职业中学、农业中学。之后我国开始改革中等教育体制，将一些普通高中改造成职业高中。1983年教育部、劳动人事部、财政部、国家计委联合下发的《关于改革城市中等教育结构、发展职业技术教育的意见》，进一步明确了中等教育结构的改革途径，并提出对教育部门主办的职业教育每年追加一次补助。至此，我国形成了行业企业、劳动等部委、教育部门共同举办中等职业学校的格局。《改革报告》还强调，"集体和个人也可以办各种职业(技术)学校"，并在以后的政策中得以延续。这一突破对往后的职业教育发展产生了深刻影响。这一阶段职业教育发展奠定了新时期职业教育的基础，这个基础也为我们今天职业教育取得的成就打下了基础。[①]

(三)发展阶段(1985～1996年)

1985年国务院发布《中共中央关于教育体制改革的决定》，明确提出了"初步建立起一个从初级到高级、行业配套、结构合理又能与普通教育相互沟通的职业技术教育体系"的目标，标志着包含职业教育在内的新时期教育发展的思路已经初步形成。《决定》对职业教育的定位、发展路径以及相关政策进一步系统化，提出了"调整中等教育结构，大力发展职业技术教育"的方针，肯定了"社会力量办学"，为各种形式的职业教育办学提供了政策基础。全国各地迅速规划建设了一大批中等职业学校(或中等专业学校)，各行业的大中企业也纷纷开办了一批技工学校，全国中职生占高中阶段教育在校生比例高达56%，职业教育获得了前所未有的发展。

1991年国务院出台的《关于大力发展职业技术教育的决定》，明确提出职业教育要继续扩大招生规模，使全国中职的在校生人数超过普通高中的在校生人数。推动建设一大批国家级重点中等职业学校和省级重点中等职业学校，通过扩大对职业学校的投入来提升职业教育的基础能力。此外，中职生继续教育通道宣告开通。1991年国家教委在《关于推荐应届职业高中毕业生参加高考的有关问题的通知》中明确提出："推荐报考的职业高中毕业生与普通高中会考合格的考生具有同样的资格和权利，录取时应同样对待。"这一政策打通了职业教育与普通高等教育之间的鸿沟，意义重大。[②]

---

① 和震. 我国职业教育政策三十年回顾[J]. 教育发展研究，2009(3).

② 同①.

1993 年出台的《中国教育改革和发展纲要》，继续强调职业教育的重要性，要求各级各类职业学校都要主动适应当地建设和社会主义市场经济的需要，认真实行"先培训，后就业"制度。首次提出今后职业学校要走依靠行业、企业、事业单位办学和社会各方面联合办学、产教结合的路子，并在办学体制上给予了更宽广的政策。

1996 年《职业教育法》的正式颁布，标志着中国职业教育进入了法制化、正规化发展时期。虽然该法基本属于"宣言性"立法，但它基于新时期职业教育的经验，特别规定了政府在发展职业教育中的责任，[1] 确定了职业教育的法律地位。

(四)完善阶段(1997 年至今)

1997 年开始，我国社会主义市场经济体制改革逐步深化和国家财政对职业教育投入的减少，职业教育原有的计划培养模式的基础逐渐丧失。中专和技校在计划经济体制下享受的很多优惠政策被逐步取消，招生规模出现滑坡，招生数甚至呈现负增长。进入"九五"后，国家在宏观政策层面对是否继续大力发展中等职业教育的关键问题态度尚不明确，教育部领导在 1998 年 10 月的一次座谈会上讲到："到下世纪初，我国中等职业教育的发展，要从以数量发展为主转移到以巩固提高为主。"[2]到 1999 年的《中共中央国务院关于深化教育改革全面推进素质教育的决定》及该年 6 月召开的第三次全国教育工作会议上提出"高等职业教育是高等教育的重要组成部分，要大力发展高等职业教育"、"积极发展包括普通教育和职业教育在内的高中阶段教育"。随后我国高等教育扩大招生，大学和高等职业教育受到更多重视，一批中等职业学校在政策的支持下，纷纷升格为高等职业学校。

2002～2005 年国务院连续召开了三次全国职业教育工作会议，于 2002 年发布了《国务院关于大力推进职业教育改革与发展的决定》确定了职业教育发展的新目标，并指出要构建现代化职业教育体系并提出具体要求。经国务院同意，2004 年 6 月七部委在全国职业教育工作会议后联合印发了《教育部等七部门关于进一步加强职业教育工作的若干意见》，之后国务院正式批准建立职业教育工作部际联席会议制度，教育部为牵头单位，职业教育的部际联席会议制度的建

---

① 李岚清. 李岚清教育访谈录[M]. 北京：人民教育出版社，2004，414.
② 闻友信，杨金梅. 职业教育史[M]. 海口：海南出版社，2000，356.

构，在领导制度上为职业教育的发展奠定了基础。2005 年 11 月，国务院再次召开全国职业教育工作会议，《关于大力发展职业教育的决定》就强调了要把发展职业教育作为经济社会发展的重要基础和教育工作的战略重点，要进一步完善"有中国特色的现代事业教育体系"。[①] 并引入学习型社会的理念，提出了职业教育要适应人们终身学习需要、与劳动就业密切结合、大力推行校企合作、工学结合的培养模式，提出了建立有中国特色的现代职业教育体系的设想和计划。

通过上述政策的一步步实施，在职业教育规模方面，我国高等职业教育规模已经占普通高等教育规模 50％以上，中等职业教育规模将朝着与普通高中教育规模大体相当，并实现快速健康持续发展的目标发展。我国职业教育体系进一步建立和完善，职业教育有了长足的发展。

第二节　职业教育政策与法规的制定

政策与法规手段在职业教育管理中具有十分重要的作用。政策与法规是党和国家为了贯彻、实施方针、路线或完成某一重大任务而规定的行动准则和行为规范，是统一和引导人们意志、行为的重要依据。职业教育要保持长期可持续发展，各级政府不仅要在思想上高度重视，更要制定和完善相关政策法规，为职业教育营造一个良好的发展环境。

一、确定职业教育政策与法规主题

(一)职业教育政策的确定

制定职业教育政策，必须是围绕一定的职业教育议题而进行的。议题从何而来？它是指将一定的职业教育问题纳入到政策讨论的范围内，并由此形成职业政策议案。现实中关于职业教育的问题甚多，但并不是所有的职业教育问题都应成为或应立即成为政策问题。"搁置不议有时也是一种必要的政策选择。"然而，在职业教育政策制定过程中，如果对职业教育问题认识不清、不准或议题选择不当，则容易使职业教育政策决定陷入误区。

一个准确或是良好的职业教育政策议题寓含着对职业教育问题的慎重选择。

---

① 李孔珍. 近年来我国职业教育政策发展解析[J]. 教育与职业，2006，4(12).

什么样的职业教育问题才可以纳入议题之中？这取决于下列特征：

1. 问题的性质

究竟是一种什么性质的问题？是一种无关痛痒的有关职业教育的问题，还是值得严肃讨论的问题？是昙花一现般的问题，还是影响深刻的教育问题？这对于能否纳入职业教育政策议题关系甚大。成为政策议题的职业教育问题，应该是带有本质性的、对职业教育改革与发展有重大或重要影响的问题。另外，判定问题的性质需要同时辨明导致问题的原因及问题涉及的对象，问题的确定性直接决定着政策的针对性。

2. 问题的严重程度

什么样的职业教育问题才能纳入议题？这也取决于问题的严重性。职业教育政策具有现实性的特征，它总是着眼于现实的职业教育发展并紧紧为解决现实的职业教育问题服务。而作为需要通过制定职业教育政策去解决的教育问题，又应是十分突出的且严重到非得制定政策解决不可的现实问题。严重程度取决于问题的客观性，同时又与人们对问题严重程度的主观认识相关，有时候客观上十分严重的教育问题不一定被人们广泛认识到，有时候被认为是非常严重的问题与问题本身的客观性也会有差异。所以对职业教育问题认识的准确程度，是问题的客观性与对问题认定的主观性相统一的。

3. 问题的广度

在这里指的是教育问题在多大层面上对职业教育改革与发展产生影响。或者说，也可视为问题的空间范围，即这一职业教育问题是全国性的、普遍性的问题，还是区域性、特殊性的问题。问题影响的空间范围决定着这一问题应该纳入何种层级的政策议题。

4. 解决问题的代价

代价观念是制定现代政策的思维基点之一。职业教育问题一旦纳入政策议题当中，应当是为了通过制定并实施政策以求得对问题及时有效的解决。而解决职业教育问题又需要付出一定的代价，即需要消耗人力、物力等教育资源。如果尚待解决的教育问题需要付出的代价过多，过于沉重，或者一时还无力解决，那么这样的问题能否即时纳入政策议题便值得认真考虑了。

5. 问题是否可予评估

纳入职业教育政策议题的教育问题应该是一种可予评估并应予评估的问题。这里所谓的问题评估，是指这一职业教育问题纳入政策议题之后，便应形成明确的政策目标，并有目标达成的指标，与此同时也就有明确的可供操作的实施方案。解决状况如何、程度如何，需要通过科学的评估予以检验与确认。

(二)影响成为职业教育政策议题的因素分析

职业教育政策议题取决于政策问题的认定，当认定的职业教育问题纳入政策议程时方可真实地成为政策议题。上面我们已经对能否成为政策问题的"问题性质"或"问题状态"进行了分析。下面我们对影响成为教育政策议题的因素进行分析：

1. 政治因素

职业教育政策问题的认定强烈地受到社会政治因素的影响。对职业教育问题的性质认定或对职业教育问题严重程度的认可，都必然带有鲜明的政治倾向与政治色彩。政治左右着职业教育政策问题的认定，同时也左右着整个政策的制定过程。

2. 经济因素

在社会生活中，职业教育问题各式各样、层出不穷。怎样的问题能成为政策问题加以认定？不仅有政治因素，也强烈地受到社会经济因素的制约，主要还表现为国家经济发展水平与状况，即经济实力。在很大程度上，经济实力决定着能否将甚至被认为是严重的教育问题列入政策议题。

3. 文化因素

文化因素首先指的是教育文化，即表现为教育传统与现状、教育理念或观念对职业教育政策问题认定的影响。职业教育中的问题总是现实存在的问题，而现实存在的职业教育问题既是与职业教育现状有关的，又是职业教育传统的沉积。实际上，职业教育问题由于历史的原因，相比较其他普通教育较难于纳入教育政策议题。

(三)职业教育法规议题的确定

职业教育法规议题指的是为职业教育立法的议题，即法律议题。它既可以归属于广义的职业教育议题，同时又与我们一般所称的职业教育政策议题相区别。在这里，我们主要从两者相区别的角度分析职业教育法规议题的确定。

第一，关系重大，影响广泛，深远的职业教育政策问题方可成为职业教育法规议题。并不是所有的政策议题都可以成为法规议题，只有那些事关职业教育改革与发展大计，影响较为广泛、深远的教育政策问题才能成为法规议题。

第二，经历时间考验的，具有稳定性、成熟化特点的职业教育政策议题方可成为职业教育法规议题。

第三，反映与符合教育改革发展潮流的重要的职业教育政策问题应该成为职业教育法规议题。

二、职业教育政策、法规制定程序

(一)职业教育政策制定程序

政策的制定是一个动态的行为过程，有相对规范的程序，一般包括政策问题的确认与界定、政策规划和政策合法化等步骤，每个步骤又包含一些不同的具体环节。

1. 政策问题的确认与界定

这是政策制定过程的起点。一般来说，职业教育政策总是针对特定的职业教育问题——或者已经发生，或者处于潜在状态。有关部门在发现或意识到这个问题之后，应当通过一定的方法(如调查、分析)对问题的性质、类型、影响范围、原因等进行研究，从而对问题作出明确的界定。在确定该问题需要通过政策措施加以解决后，便应当将问题纳入政策议程。

2. 政策规划

政策规划也称政策拟定，是指政府决策机关为解决某个政策问题而提出一系列备选的政策方案或计划，并在比较评价的基础上作出政策抉择的过程。

政策规划包括以下几个环节：政策目标的确定、政策方案的设计、政策方案的评价与择优、政策方案可行性论证。

3. 政策合法化

政策合法化包括政策内容的合法化和决策过程的合法化两方面。政策内容的合法化，主要指决策者所选择的政策在内容上不能与既定的宪法和法律相抵触，必须合乎有关法律的原则甚至具体规定；决策过程的合法化，主要指政策制定过程应合乎法定的程序要求。程序合法化既是政策合法化的保证，又是政策能够顺利执行的前提。政策合法化主要有三种途径：一是政策的法律化，也称为政策立法；二是权力机关的批准；三是有关部门的审查。

(二)职业教育法规制定程序

职业教育法规的制定程序按照我国《行政法规制定程序条例》执行，一般包括以下过程：

1. 立项

国务院于每年年初编制本年度的立法工作计划。有关部门认为需要制定行政法规的，向国务院报请立项。

2. 起草

行政法规由国务院组织起草。国务院年度立法工作计划确定行政法规由国务院的一个部门或者几个部门具体负责起草工作，也可以确定由国务院法制机构起草或者组织起草。

3. 审查

报送国务院的行政法规送审稿，由国务院法制机构负责审查。国务院法制机构主要从以下方面对行政法规送审稿进行审查：(1)是否符合宪法、法律的规定和国家的方针政策；(2)是否符合本条例第十一条的规定；(3)是否与有关行政法规协调、衔接；(4)是否正确处理有关机关、组织和公民对送审稿主要问题的意见；(5)其他需要审查的内容。

4. 决定与公布

行政法规草案由国务院常务会议审议，或者由国务院审批。国务院法制机构根据国务院对行政法规草案的审议意见，对行政法规草案进行修改，形成草案修改稿，报请总理签署国务院令公布施行。

5. 行政法规解释

行政法规条文本身需要进一步明确界限或者作出补充规定的，由国务院解释。行政法规的解释与行政法规具有同等效力。

第三节　职业教育政策与法规的体系和特征

随着国家大力发展职业教育，职业教育对社会经济发展的作用日益得到社会的认可。而在实际操作过程当中，由于无法可依，或是对职业政策与法规的内容和操作方法认识不够，造成诸多如以普通教育规律来对待职业教育、忽视职业教育的特殊性等问题出现。在本章节里，有必要对职业教育政策与法规的体系和内容进行了解，理清其脉络，以便在制定相关政策与法规时有章可循。

一、职业教育政策的类型与结构

（一）职业教育政策的基本类型

1. 按照国外学者的分类标准划分的类型

根据国内学者对国外政策科学研究成果的总结，可将职业教育政策具体划分为以下几种类型：[①]

一是以政策是否实际改变客观对象为标准，可将职业教育政策分为实质性政策和程序性政策；

二是以政策协调（或调控）教育活动的方式为标准，可将职业教育政策分为分配性政策、限制性政策和调节性政策；

三是以政策产生的效果为标准，可分为物质性政策和符号性政策。

2. 按国内学者的分类标准划分的类型

依照国内学者比较一致的意见，可根据现行职业教育政策制定的主体及其层次和效力范围的差异，划分出不同的类型：[②]

一是从制定政策的主体的角度，可将职业教育政策分为政党的职业教育政策、国家的职业教育政策和社会团体的职业教育政策；

二是从政策层次的角度，可将职业教育政策分为总政策、基本政策和具体政策；

三是从政策效力范围的角度，可将职业教育政策分为全局性政策和局部性政策；

四是从政策所起作用的角度，可将职业教育政策分为鼓励性政策和限制性政策。

（二）职业教育政策的体系结构

1. 职业教育政策的表现形式

所谓的职业教育政策，是指职业教育政策以怎样的文本形式出现。我国现行的职业教育政策通常以如下形式予以表现；

第一，党的政策性文件。主要是指中国共产党中央委员会和省、市、县地

---

① 陈振明. 政策科学[M]. 北京：中国人民大学出版社，1998，93－96.

② 同①.

方委员会发布的各种纲领、决议和有关职业教育的内容，以及就职业教育工作作出的决定、通知等。

第二，国家行政机关制定、发布的有关职业教育工作的政策性文件。

第三，党中央和党的地方各级领导机关所属有关部门与国务院和地方人民政府所属各部门共同制定或批准的有关职业教育的政策文件。如教育部教高〔2006〕16 号文《关于全面提高高等职业教育教学质量的若干意见》。

第四，党和国家领导人有关职业教育问题的讲话、指示。

2. 职业教育政策的纵横结构

职业教育政策的纵横结构是指职业教育政策体系是由哪些具体政策构成的，以及它们之间相互组合的纵向或横向的关系是如何确定的。在这里，我们主要从纵向和横向两个维度予以分析。

（1）职业教育政策的纵向结构，是指依照职业教育政策的某种内在逻辑关系作出的纵向排列，一般有三种划分：政策空间（总政策—基本政策—一般政策—个别政策），时间系列（过去政策—现行政策—指向未来政策）和阶段性过程（长期政策—中期政策—短期政策）。

（2）职业教育政策的横向结构，是指相互之间不存在前者派生后者、后者包含前者的不同领域的职业教育政策，按横向并列的关系加以排列形成的组织方式和程序。需要注意的是，按照横向结构形成的职业教育政策体系，也是由相互关联的各个领域的职业教育政策组成的，相应的职业教育政策之间要相互协调与沟通，而不应相互抵触与冲突。

二、职业教育法规的类型与结构

（一）职业教育法规的基本类型

我国于 1996 年颁布实施的《职业教育学》，使职业教育得到国家法律的保护，标志着职业教育开始走上依法建设的轨道。总结前人学者研究的成果，可将我国现行职业教育法按照不同的分类标准，按照不同法律规范所担负的职能和所产生的不同作用，作如下分类：

1. 概括性保障规范与具体性保障规范

概括性保障规范是指法律设定的内容抽象、概括，属于总则式、宣言式的规定。它具有决定性的意义，反映基本制度、基本原则，但不具体，缺乏可操作性。具体性保障规范和概括性规范相比，内容明确、清楚，条款详备、具体，操作性强。概括与具体是相对的，参照系不同，概括或具体的标准也就不同。

2. 直接性保障规范与间接性保障规范

这是从法规规范所调整的社会关系、所体现的立法者的立法目的和所产生的强制效力的区别上所进行的分类。直接性保障规范是指直接调整职业教育实施过程中各个活动主体之间的权利义务关系、直接保证职业教育的规范。间接性保障规范是指不直接调整法规主体因职业教育而发生的权利义务关系，而是对法规主体涉及职业教育的行为设立权利或义务的规范。

3. 惩罚性保障规范与奖励性保障规范

职业教育法规作为实施职业教育的保障手段，通过对违反职业教育法规的行为的否定、打击、处罚来保证职业教育的顺利进行，这是惩罚性保障规范的功能。与惩罚性保障规范相对应，职业教育法还制定了奖励性保障规范。对于那些为职业教育事业作出成绩和贡献的人，给予赞誉和奖赏。

如果按照其他的标准，也还可作如下分类：义务性保障规范与选择性法规保障规范；确定性保障规范与非确定性保障规范；等等。①

(二)职业教育法规的体系结构

所谓职业教育法规的体系，是指职业教育法规按照一定的原则组成的一个相互协调、完整统一的有机整体。

从狭义上来说，职业教育法规主要包括行政法规、规章、地方性职业教育法规和地方政府职业教育规章等；从广义上来说，职业教育法规包括行政法规、规章和其他具有普遍约束力的规范性文件，其形式有决议、决定、规定、规章、公告、通告、布告、命令、办法等。

职业教育法规体系的结构可以作如下设计：

第一层：法律。这里所说的法律是狭义的，是由全国人大及其常委会制定的法律。法律源于宪法，效力仅次于宪法。目前属于这一层次的职教法规只有《职业教育法》，就其所涉及的内容而言，相当于职教中的"宪法"。

第二层：行政法规。是指国家最高行政机关，即国务院制定和颁布的有关国家行政管理活动的各种规范文件。行政法规的效力仅次于宪法和法律，其立法目的在于保证宪法和法律的实施。

第三层：部门规章。是指最高行政主管部门所制定的法规性文件的法律形

---

① 蒲鹏英. 义务教育法律保障的规范类型研究[J]. 四川教育学院学报，1998，14(2).

式。部门规章的法律效力低于行政法规，其内容不得与宪法、法律及行政法规相抵触。这类法律形式主要是就国家有关法律和行政法规的实施问题制定相应的实施办法、细则等，以保证有关法律、行政法规的实施。我国这类职教法规的数量最多，而且名称没有统一，既有条例、规则、细则、办法等专用的法律名称，也有决议、决定、通知、意见、报告、纪要等政策性文件的名称。

第四层：地方性法规。这里是指省、自治区、直辖市的人民代表大会或人民政府，省、自治区的人民政府所在地的市和国务院批准的较大的市的人民代表大会或人民政府制定的规范性文件的法律形式。[①]

三、职业教育政策、法规的特征

(一)职业教育政策的基本特征

1. 利益倾向

职业教育政策的利益倾向是由职业教育政策自身的性质和特点决定的。制定政策的主体自身利益的客观存在，决定了政策的创立、实施必然带有明确的利益倾向，即服务于政策主体的利益。

2. 目标倾向

所有政策的一个共同特征是，有一个明确的待实现的目标；所有政策的执行，都是要直接促进目标的实现。正是由于有了这样一个明确的目标取向，才能规范人们的行为，从而避免政策执行中的盲目性。职业教育政策亦无例外。

3. 合法性与权威性

所谓政策的合法性，是指作为对社会、团体、个人行为的规范与指导，政策必须得到所涉及对象的认可、接受，不管自愿与否，否则政策就失去约束力。

而政策的权威性来源于政策的合法性，且某些职业教育政策的权威性还体现在政策条文中含有某些约束性、惩罚性措施的规定。

4. 功能多样性

职业教育政策指向的行动会涉及社会的方方面面，因而其功能也是多样的。既有政策制定者、推行者所期望出现的正功能，也有其不愿看到的负功能。因此，在政策的实行过程中，尽可能充分发挥其正功能而避免或减少其负功能。

---

① 谭移民. 试论我国职业教育法规体系的建构[J]. 职教通讯，1997，9.

5.价值相关性

凡政策，都要涉及行动目标是什么，采取什么行动，以及怎样行动；或支持哪些行为、反对哪些行为等。如何回答上述问题，就反映出政策制定者的价值观。政策制定者有不同价值观，就有不同的行动目标体现在政策条文上。

(二)职业教育法规的基本特征

职业教育法规是国家法规体系中的一个子系统，一般法规所就具有的基本特征自然也在职业教育法规当中得以反映。如职业教育法规也是由国家制定或认可的国家意志，是以国家强制力保证实施的行为准则，以权利义务双向规定作为其调整机制等。同时，职业教育法规还具有一些在现实条件下需要特别强调的特征，主要有：

一是遵循教育规律与顺应市场经济要求相结合；

二是系统性与独立性相结合；

三是原则性与灵活性相结合；

四是针对性与可操作性相结合；

五是立法自主与择优借鉴相结合。

第四节　职业教育政策与法规的执行与监督

职业教育政策与法规的执行将政策法规从文本规定化为人们实际行为规范的作用，实现政策法规的作用。而执法监督能最大限度地纠正有法不依、执法不严、违法不究的行为和现象，维护政策法规的权威和尊严。加强对职业教育工作的执法监督是保证职业教育政策法规有效地实施，从而有力地推动职业教育管理法制化进程的重要保障。

一、职业教育政策执行

(一)含义

根据政策执行的基本内涵，我们可以把职业教育政策执行定义为：一种将职业教育政策精神与内容转化为现实效果，从而实现职业教育政策目标的动态行动过程；它寓含着一种"合力"的作用，是一种由多种相互关联的要素所组合而成的动态行动过程。包含着以下组成要素：

1. 职业教育政策执行主体

即主要执行者，包含执行机构与执行人员。而由于执行机构与执行人员又是紧密关联的统一体，任何执行机构都是由执行人员所组成的。所以，职业教育政策执行机构的组织特质及执行人员的政策水平与素养，是影响职业教育政策执行效果的最为重要的因素。在我国，职业教育政策的执行主体是指各级政府、教育主管部门和各级各类学校。政府、部门和学校的领导者又在职业教育政策执行当中担当着特别重要的角色或处于特别重要的地位。

2. 职业教育政策执行方案

取得合法性地位的职业教育政策本身就是一种被批准的行动方案。对行动方案的实施，要求其自身有明确的实施方案。这种实施方案需要紧密契合，一个完好的职业教育政策实施方案需要清晰地回答以下问题：其一，执行者是谁？其二，实施时间和空间范围多长多大？其三，近期目标、中期目标和远期目标是什么？其四，怎样分步骤实施？其五，是否有应对措施。

3. 职业教育政策的施行对象

也叫目标群体，即受到政策影响的人群。任何教育政策，都是在特定的对象中实施并且最直接地影响着一定人群的利益的。这种人群可以是范围甚广的，也可以是受范围限制的，这依具体的政策要求而定。无论政策指向的人群范围有多大，这些人群对政策的顺从或对政策作出热切反应的程度始终是政策能否顺利执行并能否取得预期效果的重要保证。

4. 职业教育政策执行的条件与环境

政策执行的条件是指能保障政策顺利运行的社会资源。这种资源既包括物质层面的资源，也包括精神层面的资源。一个好的教育政策，其本身寓含着对政策运行条件的清晰估量与充分把握。环境因素与政策执行所需要的条件保障既相联系也相区别。这里的环境因素涉及较宽的层面，包括社会政治环境、经济环境、社会心理环境与文化教育自身的环境等。

(二)职业教育政策执行过程

一般来说，职业教育政策执行过程主要包括以下几种有内在逻辑联系的基本环节：

1. 职业教育政策宣传

这个环节是职业教育政策执行的起始环节，同时也需要贯穿于政策执行的全过程中，政策宣传是为了使政策能够深入人心，从而唤起或激发人们对于执行政策的积极性与主动性。对于政策执行者来说，只有对职业教育政策的精神、目标及实施措施有明确的认识和深刻的理解，才有可能主动积极地执行政策。宣传有多种途径，例如组织学习政策文件，利用各种新闻媒体宣传教育政策，组织宣讲队伍深入民众进行宣讲等。宣传的形式也可以多种多样。

2. 制订执行计划

也叫政策分解，是指将文本的政策方案变成具体的行动规划。制订执行计划是实现政策目标的必经之途，也是实施政策的重要步骤。一项良好的职业教育政策的执行，必须是有计划有步骤的执行，必须是分阶段有重点的执行。再好的政策方案的实施，如果不制订执行计划，如果不对执行进行"预谋"和"布置"，即必然会使执行陷入盲动或无序状态。

3. 政策实施

这是职业教育政策执行过程的中心环节，是达成目标的根本手段。职业教育政策执行计划制订之后，自然要进入实施阶段。而职业教育政策依照执行计划的实施，又需要有一种良好的组织准备。这里讲的组织准备是指合理地组合政策实施的人力、物力、财力，优化政策实施的资源配置，以力求取得政策实施的良好效果与效益。

4. 政策执行的协调

协调的必要性源于政策执行过程中各种功能要素可能会存在问题与矛盾。而要有效地克服问题、化解矛盾，保证各种功能要素于较佳的结合状态，形成真正的合力，就必须在政策执行过程当中注意及时的协调各种关系。

5. 政策执行总结

政策执行总结意味着对上一阶段政策执行状况的总体回顾与反思，同时也是为政策的持续执行或新的政策执行创设更好的基础。既可以看成是政策执行过程的终结环节，又可以看成是中继环节。虽然是对上一阶段或某一具体政策执行的终结性回顾，但更重要的却是承续一个新的政策执行的开始。

(三)职业教育政策的执行问题与对策

职业教育政策在执行的过程当中，由于受到诸多因素的影响，总会出现这样那样的问题，其中有些问题是带有共性或普遍性的问题。这些问题对执行效果的影响比较严重。在这里，我们把共性的问题提出来进行讨论并加以解决。

1. 职业教育政策执行中的问题表现

(1)执行的偏离。主要是指在执行政策的过程中，偏离政策目标，违背政策原有的精神与内容，自行其是，其结果导致政策执行的严重"变味"与"走样"。

（2）执行的缺损。在执行政策过程当中，并不是完全按照政策的指示和要求来办事，而是仅执行政策的部分内容或某些方面的内容，其余则予以搁置或遗弃，也叫做"政策缩水"或"政策折扣"。

（3）执行的表象化。是指在某种特定的职业教育政策颁布之后，当进入执行阶段时仅被宣传一通，而未被进一步转化为操作性的具体措施。

（4）执行的泛化。指将仅适宜于某一时段，某一区域或某一教育领导、部门的职业教育政策推及到更广泛的时空中实施，其结果是使政策的调控对象、范围、力度、目标超越政策原定的要求。

（5）执行的附加性。是指在执行政策过程中，执行者附加了一些原政策目标所没有的内容，即增添了一些"土政策"，并将此纳入政策执行方案中，使原政策执行融入了一些并不合适的附加条件与成分。

2. 职业教育政策执行中的问题成因

总的来看，我们认为职业教育政策执行存在问题的原因主要表现在以下几个方面。

第一，传统教育意识与观念的制约与阻碍；

第二，社会行政风气的某些不良因素也是导致职业教育政策执行存在问题的原因；

第三，执行所需的资源不足会导致执行问题的产生；

第四，职业教育政策的利益要求与政策目标群体的利益要求产生冲突时会导致执行问题的产生；

第五，政策本身存在的缺陷如缺乏科学性、完整性等，导致职业教育政策执行产生问题。

3. 减少职业教育政策执行问题的对策

（1）加强政策研究，力求政策本身的科学性与合理性

一个有问题的政策必然导致执行中问题产生。若对我国教育政策进行历史的回顾，这样的教训可谓深刻至极。所以，严格把握职业教育政策的制定过程，使制定的政策更加科学化、合理化。这是避免政策执行失误的关键。为此，需要加强政策研究，更清晰地把握职业教育政策与教育改革和发展的关系，以先进、科学的教育思想和理念，指导职业教育政策的制定。

（2）加强执行机构的作风建设和执行人员的素质建设

任何教育政策都需要执行者去执行。在政策执行过程中，执行者的作用举

足轻重。首先，要建立健全合理的执行机构，分清执行机构的责任，增强其执行功能；其次，要加强执行机构的作风建设，保证行政从严、从实，防范和克服政策执行的问题。实际上，执行机构的作风建设与执行人员的素质建设相辅相成。

（3）深入宣传，增进目标群体对政策执行的理解

只有增强目标群体对政策的了解和认同，才可能使得政策得以践行和维护。要做到这一点，就要求执行人员必须深入实际，调查研究，做耐心细致的政策宣传与解释工作。

（4）加强职业教育政策执行的监督与评估

政策执行所需的资源不能到位，有时候并不完全是因为资源匮乏，而是因为没有按照政策要求有效地调配资源，这样就需要加强政策执行监督，使应该配置又能配置到的资源及时到位。而对政策执行的强有力的监督又会使政策执行更为严肃和认真，从而能保证政策规定与要求得到真正落实。

二、职业教育法规的执行

职业教育法规的执行与政策的执行有联系也有区别。狭义来看，法规的执行指教育执法。这与一般的政策执行有所不同。

（一）职业教育法规执行的特点

1. 更强调规范性

就教育执法来看，教育法规同样以严格的准则规定着人们的教育行为，规定着什么样的教育行为是允许的，什么样的教育行为是不允许的。教育法规的规范性，还表现在它规定着人们必须履行的义务和责任。

2. 执行手段更具有强制性

教育法规的实施如同其他法规的实施一样，都是由国家强制力作保证，以国家强制力作后盾的。相对于一般的教育政策而言，教育法规更具有权威性、普遍性，一经颁布就必须从法规规定的实施之日起开始实施。这也是教育执法的体现。

3. 执法主体更具有明确性

教育法规执行有特定的执法主体。执法主体是与法规权利主体相统一的，是法规规定享有权利并承担法定义务的个人和组织。在执法过程中，执法主体在法规允许的范围内可以独立地支配自己的权利，不受他人的干涉。与此同时，

还必须独立地承担由此产生的法律责任。

4. 执法过程需要相应的监督

执法监督是法定监督主体根据法律程序对教育法规行为进行调控、纠偏、审查和监督，并能产生一定法律后果的一种制度。执法离不开监督，监督本身也是一种执法要求。

(二)职业教育执法面临的问题

1. 职业教育的有法不依

一些部门、单位和个人在职业教育执法过程中，对职业教育法规采取一种轻慢的态度，或者对职业教育法规知之甚少。实践当中，有法不依体现在两个方面：一方面，将职业教育法规束之高阁；另一方面，在执法过程当中存在着不完全依法办教育的现象。

2. 职业教育的执法不严和违法追究不力

在职业教育执法过程中存在这样一种现象：同国家民法、刑法等法律的执法情况相比，职业教育执法应有的严肃性、严格性受到减弱与损害。具体体现在：一是不能严格按照法定职权和程序正确使用职业教育法规；二是执法个体不能严格执法；三是对违法行为不追究或是不严不力。

3. 执法监督的力度不够

执法监督虽然有多种形式，但从实际来看，执法的力度还远远不够，执法的权威还没有得以真正体现出来，执法效率非常低下，从而使得执法名存实亡。

三、职业教育政策监控与职业教育法制监督

职业教育政策的实行是一个完整的过整，这一过程还需要政策监控，同样，职业教育法规的实施也离不开法制监督。在这里，将这两个内容联系起来一起讨论。

(一)职业教育政策与法制监督的主体与客体

1. 关于主体定位

"主体"一词，在政策或法律中意味着承担一定义务、享有一定权力或权利、负有一定责任的国家机关、社会团体和公民个人。我们认为，职业教育政策与法制监督的主体基本一致，都是指行使职业教育政策监控权或职业教育法制监督权的责任者和执行者，即依法独立参与监督活动，享有监督权利，履行义务，履行监督职能，负有监督义务的国家机关、社会团体和公民个人。

2. 关于客体定位

职业教育政策与法制监督的客体是指应包括一切社会关系主体，但其主要所指为运用权力的国家机关、社会团体及其公职人员。原因有多方面，首先，职业教育政策与法规的运行过程主要是通过公共权力的运作来实现；其次，职业教育政策特别是职业教育法规的实质是对权力的控制和约束，是法制监督民主、政治的基本运作机制。因而，将行使公共权力的国家机关、社会团体及其公职人员作为政策监控与法制监督的主体，与民主、法治的实质内涵相契合，也与政策监控与法制监督的外在表现相重合。[①]

(二)职业教育政策与法制监督的基本特征

1. 法律性

任何监督主体的监督资格的取得和权能的大小，都取决于法律授权，即在资格取得方面具有法律性。要求监督组织体系稳定、职责清晰、分工合理、监督有力。

2. 优越性

无论是职业教育政策监控，还是职业教育法制监督，各种监督主体监督权力的享有，监督方式的选择，监督进程的发展，监督结论的作出，均由监督主体自行决定，不以被监督者的同意与否为条件，监督主体的监督仅受法律保护。监督主体和监督对象处于享有权利和承担义务的不对等地位，即监督主体地位相对优于监督对象。

3. 外部性

通常情况下，监督主体对监督对象施加的是一种外部力量。即监督主体必须是监督对象以外的组织和个人，并相对独立于监督对象进行监督活动。即使是在行政系统内部监督中，上级行政机关根据层级制权力结构所获得的内部监督权限，对于下级职业教育行政机关来说，也具有一定的外部性。

4. 程序性

主要表明的是国家立法、司法和行政机关以国家的名义进行的职业教育政策监控与职业教育法制监督是一种制度性设置，有着较为严格的程序要求。

5. 系统性

是指政策监控与法制监督在体系、功能、结构上的统一性、协调性和整体

---

① 张文显. 法理学[M]. 北京：北京大学出版社，1999，314－315.

性。这种监控或监督应是一个目标统一、功能协调、结构完整、运作有效的有机体系。两者之间既相对独立又彼此衔接，相互补充和配合，作为有机统一体协调运作。

(三)职业教育政策与法制监督的类型与方式

根据监督主体的设置及其地位、职能、权限和责任等的不同，可将职业教育政策与法制监督的主体划分为不同的类型，由此也产生了不同的监督方式。

1. 立法机关监督

是指行使国家立法权的机关，对于行政机关、司法机关的立法和执法活动实施的监督。在我国，立法权由作为国家权力机关的一定层级的人民代表大会及其常委会行使，因此，立法机关监督可称为国家权务机关的监督，是最权威的监督。而监督的方式主要有两种：一是对职业教育政策与法规制定活动实施监督；二是对教育法律实施和教育政策执行活动进行监督。

2. 行政机关监督

是指行政机关(主要指教育行政机关)及其工作人员为实施职业教育行政执法职能和行政管理职能，在职权范围内对有管辖权的下级教育行政机关及其工作人员，以及平行的有关行政机关及其工作人员的行为，是否遵守政策与法规和其他行政管理决定进行的监督。

监督的主要方式有：改变或撤销不适当的职业教育行政规章、决定、命令和指示，以及开展日常性工作检查等。此外，教育行政机关还可以通过行政裁判权、行政复议权和行政处罚权的行使，对职业教育行政管理相对人——学校或其他教育机构、企事来单位、社会团体、公民个人参与的职业教育活动进行监督。

3. 司法机关监督

我国司法机关对职业教育政策与法规的贯彻实施情况的监督，包括检察机关与审判机关两个系统。作为一种社会保护力量的存在，司法机关对于社会成员在职业教育方面享有的法定权益，形成了一道最后的、最权威的法律保护线。

4. 政党监督

政党也是一种社会组织，是一定阶级或阶层的人们，为了共同的政治目的或特殊的意志利益而结成的特殊的社会团体。在我国，执政党为中国共产党，同时还有参政的各民主党派，他们共同形成政党监督的主体。

5．社会监督

是指由《宪法》和法律赋予国家机关以外的各种社会组织和公民个人以权利，通过一定的形式和途径，实施职业教育政策和法制监督的行为。这种监督是一种非国家权力性质的、不具有直接法律效力的监督。包括社会团体监督、社会舆论监督和社会成员监督三个方面。

第五章
职业教育人力资源管理

人是社会经济活动的主体，是生产力中最积极、最活跃的因素。人力资源的培养、开发与利用是一个国家经济增长的决定因素。对于职业教育发展来说，一个高水平的教师队伍和一支高素质的管理队伍同样起着关键的作用。因此，职业教育应该如何引入现代人力资源管理的理念开发利用好人力资源，如何合理有效地使用人才，如何激发各类人员的工作热情，都是需要我们认真探讨的。

第一节　职业教育人力资源管理概述

要做好职业教育人力资源管理工作必须首先正确理解职业教育人力资源、职业教育人力资源管理的内涵、目标及其与传统人事管理的内涵、目标的区别等内容。本节将围绕以上几个方面进行探讨。

一、什么叫人力资源管理

(一)人力资源的定义

人力资源的概念形成较晚，目前尚无统一界定。广义地说，智力正常的人都是人力资源。狭义的定义有许多种[①]：

1. 人力资源是指能够推动整个经济和社会发展的具有智力劳动能力和体力劳动能力的人们的总和，它应包括数量和质量两个指针。

2. 人力资源是指一个国家或地区有劳动能力的人口的总和。

3. 人力资源是指具有智力劳动能力和体力劳动能力的人们的总和。

4. 人力资源是指能够推动整个经济和社会发展的劳动者的能力，即在劳动

---

① 姜洪源. 浅谈人力资源管理[J]. 中国科技信息，2005(12).

年龄的已直接投入建设或尚未投入建设的人的能力。

(二)何谓人力资源管理

对"什么是人力资源管理"的问题,我国学术界从不同视角提出了各种观点。

一种认为人力资源管理是对人力这一特殊资源进行有效开发、合理利用和科学管理。

二是认为人力资源管理应从两方面去理解:一方面是对人力资源量的管理,即在生产过程中要保持人力与物力在价值量上的最佳比例和有机结合,使人和物都充分发挥出最佳效应;另一方面是对人力资源质的管理,即对人的思想、心理和行为的有效管理,充分发挥人的主观能动性,以达到组织目标。

三是认为人力资源管理主要是研究组织管理职能(规划、组织、任用、领导和控制)中的任用职能。

四是认为人力资源管理是与生产、营销、财务等管理一样,是企业的一个基本管理职能。与传统人事管理相比,人力资源管理更加强调将员工作为一种具有潜能的资源进行激励与发展,重视有效的人力资源管理对整个组织运营活动的支持和配合。

(三)人力资源管理的含义及其与人事管理的区别

人力资源管理的目标是通过有效地开发和管理人力资源,以使组织的绩效和个人的满意度达到最大化。虽然人力资源管理与人事管理都是对人的管理,但是二者还是有很大差别的。有学者从人力资源管理与传统人事管理的比较上对人力资源管理的内涵进行了分析。

在管理观念上,传统人事管理视人力为成本,人力资源管理则视人力为资源;在管理方式上,传统人事管理多为"被动反应型"的操作式管理,人力资源管理多为"主动开发型"的策略式管理;在管理重心上,传统的人事管理是以"事"为中心,人力资源管理是以"人"为中心;在管理方法上,传统人事管理是孤立的静态管理,人力资源管理是全过程的动态管理。

人力资源管理在理论上是跨多个学科的,现代人力资源管理的理论涉及管理学、法学、经济学、心理学、社会学等多个学科。它的成功运作既要依赖组织的整体性支持,又要凭借各项职能之间的一致性。

人力资源管理是一项复杂的、长期的系统工程,它侧重变革管理与人性管理，属预警式管理模式，具有行动取向、个人取向、未来与发展取向以及策略取向的特征，其管理的本质是激发调动人的潜能以实现组织的目标。人的重要性体现在人有意识、经验、精神、意志等方面的素质，人力资源管理，就是把人以及人的素质看做是资源，并将其作为组织最重要的战略资源实施管理，更多的考虑如何开发人的潜在能力，使其能在体现个人价值的欲望的驱使下不断提高集体的效益。

随着当代社会经济的发展，人力资源管理由于与人的因素内在的密切联系而变得日益重要。套用一句流行语：21世纪什么最贵？人才。将人的因素提到与科技、能源、信息等生产要素同等甚至更加重要的层面，将人力资源作为推动生产发展和社会进步的重要资源进行管理和开发，在当代市场经济全球化进程方兴未艾，以及我们坚持以人为本，构建和谐社会的时代背景下，在国家大力发展职业教育的新形势下，我们研究职业教育人力资源管理的问题，因此具有十分重要的现实意义和指导意义。

二、职业教育人力资源管理

(一)什么是职业教育人力资源

职业教育的人力资源，主要是指职业学校系统内外具有教育、教学、生产、科研、财务、行政和经营管理能力的教师、职工和管理人员的总称。

学校的资源包括两大类：一类是物理资源，主要包括物资、资金、信息、技术、环境等，即我们俗称的"硬件"；另一类是人力资源，主要包括教职员工以及各类管理人员。物理资源是学校开展教育、教学、科研和经营管理活动的基础，是学校生存、发展与合作竞争的实在力量；人力资源是学校教育、教学、科研和经营管理的主体，是学校知识的创造者、传播者、人才产品塑造者以及物理资源的开发者、掌握者和利用者。①

职业学校人力资源既具有与企业人力资源相同的特性，又具有自身的独特性。两者的共性表现为：

1. 生物性

两者都是具有劳动能力的人，其生物性存在于人体之中，是有生命的、活的资源，与教职工的自然生理特征是紧密相联的。

---

① 黄兆龙. 学校人力资源管理研究[J]. 教学与管理，2001(11).

2．能动性

不同于自然界其他生物，作为自然人，具有思想感情和意识，这种意识是一种社会意识，既对自身和外界具有清晰看法和理念，又能对自身行动作出抉择，并能有效地调节自身与外部关系。因而能够有目的、有计划地进行各自的职业活动，能动地改造客观世界。

3．动态性

两者工作的自然时间被限定在生命周期的中间一段，而且他们的工作能力是会随时间发生变化的。

4．再生性

人力资源的这种再生性是基于人口的再生产和劳动力的再生产，通过作为人口构成的员工队伍总体内个体的不断更替以及"劳动力耗费——劳动力生产——劳动力再次耗费——劳动力再次生产"的过程得以实现。这种再生性除要遵循一般生物学规律之外，还要受人类意识的支配与人类活动的影响。

5．社会性

两者都是社会人，处于一定的社会关系之中，社会关系是把社会的各种群体和分子联结在一起的一张网，作为人力资源的员工总是和这张网紧密联系的，其形成、配置、开发、使用无一不是一种社会活动。正是如此，两者的人力资源也都是一种社会资源，不仅仅归属于某个具体单位，而应属于全社会所有。

职业学校人力资源除了具有上述的一般共性外，还具有别于一般人力资源的四大特性，即知识性、智力性、教育性和职业性。这一点我们将在第三节详细加以表述。

（二）职业教育人力资源管理的地位、内容和目标

1．职业教育人力资源管理在职业教育管理中的地位

职业教育管理可以分为宏观和微观两个层面。

宏观层面的职业教育管理，指的是国家或地方教育行政部门对学校进行的计划、组织、协调和控制等活动；微观层面的职业教育管理则指各职业学校的管理，它局限于对学校内部的人（教职员工的人事安排）、财（学校教育经费的合理运用）、物（学校设备、设施的更新维护）、事（维持学校日常工作的教学、科研活动的开展）等的组织和协调。

无论是宏观还是微观的职业教育管理活动，都各有一个目标指向和需达成的要求基准。就宏观教育管理的目标而言，它要达成的基准是通过教育政策、

法律法规的颁布和实施，来促使全国各级各类的教育朝着一个健康和健全的方向发展；至于微观的职业教育管理目标，则指的是学校通过建立合理的组织、制订科学的发展规划、进行科学有效的评价、提高教育教学的管理质量，以最终达到实现培养适应现代化建设需要的高技能专门人才和高素质劳动者为目的。本章我们仅从微观层面，就职业学校内部管理中的关于对人的管理即人力资源管理进行探讨，以期在新型学校创建和学校改革研究的实践中，尝试进行新型职业教育管理理论的构建。

职业教育人力资源管理，指的是职业学校高层管理者为实现学校人力扩大再生产和合理分配使用人力而进行的人力开发、配置、使用、评价诸环节的计划、组织、调节和控制，最大限度地发挥教职员工的士气和积极性，最优达成学校整体工作目标的活动过程。学校管理，从强调财、物管理转向重视人的管理，是一个划时代的进步。把教职工视为学校最宝贵的资源，当做合作竞争中学校生存、发展，始终充满生机与活力的一种特殊资源发掘与管理，已成为当代学校管理思想的重要组成部分。在知识经济社会，谁能把握学校人力资源管理，谁就能在培养经济人的过程中处于主动和领先地位。

2. 职业教育人力资源管理的内容和目标

职业院校人力资源管理以从事教育、教学、生产、科研、财务、行政和经营管理工作的教师、职工与管理人员为主要管理对象，是职业院校管理者为实现学校人力扩大再生产和合理分配使用人力而进行的人力开发、配置、使用、评价诸环节的规划、组织、调节和控制的活动过程。

职业院校人力资源管理，具体说来，是为了通过充分发挥和合理利用学校教职工现有的知识、智能和才干，挖掘与发展其潜能，做到合理组合学校人力和科学安排学校人力，形成最佳结构与合力，最大化地提高学校管理经济效益、社会效益、教育效益、科学效益和生态效益，最大限度地发挥教职工的士气和积极性，最优质地达成学校整体工作目标。

职业院校人力资源管理重要而突出的功能，是对学校人力资源的开发和利用，其既包含对学校教职工资源的充分发掘与合理利用，又实现对教职工的培养与促进教职工个体的发展。

职业院校人力资源管理的具体内容，可以概括为人力资源规划、人力资源开发和人力资源评价三个方面。每一个方面的工作既可能是交叉的，也可能是相互影响的。

（1）职业院校人力资源规划

职业院校人力资源规划指学校根据发展战略、教育目标与管理目标以及学校环境的变化，科学的预测、分析学校在未来教育、教学、科研、经营管理和环境中的教职工等人力资源供给与需求状况，从而制定相应的政策与措施以保证学校在适当的时间和一定岗位上获得所需人才的数量与质量，并使学校与教职工的长期利益得到满足。[①]　一般可分长期（5 年以上）、中期（1～5 年）和短期（1 年内）三种。

职业院校人力资源规划包括两个层面的内容：

第一，职业院校人力资源的长期规划属于战略规划，与学校的整体战略计划紧密相关，是学校整体战略的重要组成部分，为学校整体工作目标的实现而服务。它的主要内容包括在一定的规划期内学校对教职工各种人力资源的需求、人力资源的配置以及如培训资金等相关投资的总预算、总安排、总体实施步骤、有关教职工的选拔、聘用、培训与发展、绩效评估、福利待遇、奖惩、职称评定等重大方针政策。

第二，职业院校人力资源规划是学校总体规划的展开与实施，是学校战略规划的一部分。它包括职务规划、职称评定规划、人员配置规划、继续教育规划（含教育培训规划）、工资福利（含医疗与保险、退休及养老保险）规划、职业发展规划等。每一项规划都要明确具体的目标、内容、步骤和相关政策，易于操作与落实。

职业院校人力资源规划，一是为了制定学校的战略目标和发展规划，供管理者制定战略目标与发展规划时以在校人力资源情况作为参考，有效进行目标决策；二是规划的过程强调所有人力资源管理人员全员参与，并相信所有的成员不仅能够帮助制定战略规划，而且能够帮助实施战略规划，强调的是合作完成；三是为了检查学校人力资源备选方案与政策的效果。由此，学校人力资源管理规划有五项主要任务：

①根据学校总的战略发展规划和中长期教育、教学、科研与经营管理计划，研究"买方市场"变化走向，掌握科学技术发展与教育改革方向，确定学校教职工的需求数量和质量。

②学校人力资源要研究国家、地方国民经济发展现状与计划，学校所在地区未来人口的变化状况，本地区未来学校发展布局调整及学校自身规模变更状

---

①　黄兆龙. 学校人力资源管理研究［J］. 教学与管理，2001（11）.

况，因信息化而带来学校教育与管理现代化而导致学校形态与组织结构的变化趋向，进而推定未来学校教职工需求的变动情形。

③分析学校现有教职工的素质、年龄结构与性别结构、学历结构与职称结构、流动趋向与缺勤率、工作士气与情绪的消长走势等状况，决定完成教育、教学、生产、科研、财务、行政和经营管理工作所需各种学历、类别、专业和职称等级的人才。

④调查分析人才市场的供需状况，确立学校可以从高校毕业生、社会人才供给中能够获得的各种学历、类别、专业和职称等级的人才。如果发现上述渠道不可能满足某种学历、类型、专业和职称等级的人才，还要自己制订培训计划，以培养学校所急需之人才。

⑤寻求学校人力资源规划体系中的各项具体计划的平衡，并使其与学校发展规划和教育、教学、科研、经营管理工作计划互相衔接。

不同的战略目标对人才这一战略性资源的要求不同。一个学校的办学类型定位是否准确，是一个学校办出水平、办出特色的关键，它决定着一个学校的人才培养方向。一个学校的人才培养方向决定着学校对培养人才的主体——教师这一战略性资源的战略性要求，进而决定了一个学校的人力资源战略目标。所以职业院校首先应该了解国家职业教育的发展方向以及方针政策，更要分析本地区经济社会发展走向、产业结构状况，结合地方职业教育的长远发展规划，并对其他同类院校的发展状况进行比较研究，在知己知彼的基础上确定好自身的发展方向和战略目标，然后根据总体战略目标，制定人力资源管理目标，从战略角度做出科学合理的人力资源开发规划。

（2）职业院校人力资源开发

职业院校人力资源开发是指为了实现学校组织目标，由学校管理者根据教职工的心理和特点，运用科学方法，对与一定职务或岗位相结合的教职工资源进行培训、配置和使用的过程，以提高教育、教学、科研和经营管理效率、效果与利益的活动，它具体包括选人、育人、用人和留人等内容。

①选人，即选拔聘用教职工，是学校人力资源开发的重要内容。学校选聘教职工的途径有二：

一是内部选聘。它主要根据平时绩效考评与平时工作状况择优聘任。内部选聘可以鼓舞士气，激发上进心；学校内部教职工对学校整体工作目标、发展过程与存在的问题了解充分，既能有效开展工作，又能最佳形成学校优良传统；学校内部教职工互相了解、领导对教职工了解，任用中就能扬长避短。

二是外部招聘。学校根据待聘职务的条件，采取利用媒体、人才机构、到高校和其他部门，通过笔试、情境模拟与试教、面试等程序公开招聘教职工。外部招聘可以缺什么人才招聘什么人才，补充新鲜"血液"，带来新思想、新方法。学校对外选聘教职工必须坚持计划性、公正性、科学性、平等性等基本原则，以及制订选聘计划、发布选聘信息、进行选聘测试和选聘决策等程序。

②育人，即培养教职工，这是学校人力资源开发的主要工作之一，因为育人是提高学校教育、教学、科研和经营管理工作质量，推动学校发展的基础与动力。学校育人主要通过培训等形式对教职工进行思想道德教育、基础知识教育与基本技能训练、专业知识教育与专业技能训练、学校管理知识与技术教育、教育方针政策与法规教育以及公共关系知识与人际关系技能培训等。

③用人，即合理配置和有效使用教职工，这是学校人力资源开发的主要目的，只有用人用得好，学校工作质量与产品质量才会不断提高。一要量才录用，用其所长，避其所短，充分调动人的积极性，激发潜能，以期达到事半功倍的效果；二要合理协调学校人员结构，充分发挥教职工个人优势与集体优势；三要根据教职工的身心要求，重新设计工作，尽可能使工作丰富化，不断提高工作效率；四要注重工作环境设计，为教职工创造一个舒适的工作环境。

④留人，即留住人才，这是学校人力资源开发的关键，因为留不住人才，就会导致学校教育、教学、科研和经营管理的巨大损失。要吸引教职工长期为学校效力，学校管理者在人力资源管理中要强化留人举措，可采取待遇留人、环境留人、事业留人、情感留人等措施，在学校创造有利于教职工发展的环境，使教职工认可学校的管理，并形成学校的发展目标和教职工的发展目标相一致的良好局面，实现学校人力资源开发利用的最大化。

（3）职业院校人力资源评价

教职工绩效评价是学校人力资源管理必不可少的重要组成部分。学校教职工绩效评价，就是收集、分析和评价教职工的工作态度、行为与工作结果方面的信息，以确定其工作实绩并将绩效价值判断结果反馈给本人的过程。绩效评价的目的，主要是帮助教职工认识自己的优点与不足，发扬成绩，改进不足，并针对教职工的实际需要制订培训计划，改进其未来工作行为，推动学校整体工作目标的最佳达成。同时，教职工绩效评价也是制定学校劳务报酬和奖惩制度以及职称评定、职务升迁的客观依据。

教职工绩效评价要遵循公正性、规范性、确切性、客观性和科学性原则，运用因素评法、相互比较法和查核表法等，定期或不定期的、定性或定量的对教职工的工作实绩和行为表现等方面进行评价。在程序上坚持自我考评、民主考评、绩效考评等环节。

①学校人事部门应确定教职员工的工作内容、工作责任、工作关系、工作质量标准和工作规章制度，以保证每个教职员工都能明确自己做什么、怎么做、应负什么样的责任等。

②学校人事管理部门应定期对每个教职员工（包括学校领导）进行工作绩效评定。

③制定合理、公平、富有竞争性的工资、奖励、福利政策和制度，实施时应注意民主性、公开性，避免因奖励而引起的不当竞争和内耗。

职业院校的人力资源由行政人员及教学人员组成。包括财务、总务、人事、教务、招生及各类后勤部门等在内的各部门工作人员及领导人员都属于行政人员，负责教学及学生管理工作的是教学人员。行政人员也可以同时是教学人员（即双肩挑人员）。在本节，我们从规划、开发和评价三方面阐述了职业院校人力资源管理的一般方法后，从下一节开始我们将职业院校的人力资源按教师、行政及领导分为三类，对他们在学校中的作用及管理要点，逐节进行探讨。

第二节　职业院校教师队伍的管理

教师承担着教书育人、培养社会主义事业的建设者和接班人、提高民族素质的神圣职责。我国从 1994 年起施行《中华人民共和国教师法》以来，已经实施教师资格制度。教师要出色地完成教书育人的使命，必须具有教书育人的本领。教师质量是教育的基础，实施素质教育，必须要有高素质的教师。中共中央国务院《关于大力发展职业教育的决定》指出：建设高质量的教师队伍，是全面推进素质教育的基本保证。

职业教育要在日趋激烈的市场竞争中求生存、谋发展，就需要塑造自己的核心竞争力，而教师队伍建设是职业院校核心竞争力的关键因素。在职业院校人力资源管理中，教师队伍的管理无疑是最重要的。这不单因为教师人数占学校的教职工总数的绝大部分，更重要的是，教师处在办学的核心，在教学、科研和其他工作中起主导作用。职业院校作为提供职业教育服务的利益集体，对师资力量的人力资源管理就是对其核心竞争力的经营，其产业效益的高低自然与教师队伍人力资源管理的水平紧密相关。

一、职业院校教师队伍人力资源的四大特征

教师是一种特殊的职业，具有鲜明的职业特征，教育工作者应当具备一定的特殊条件，甚至包括一些先天素质。为了在职业院校的教师队伍中有效地开展人力资源管理，我们必须先了解管理对象的特性。很显然，职业教育与基础教育和高等教育共同有机的组成了国家教育体系，它们的人力资源特征具有相当大的共性，如知识性、智力性和教育性，但是在某些方面也存在一定的差别。下面就分别述之。

(一)知识性

知识是人脑创新的成果，人类智慧的结晶，具有使用的不可消耗性、共享性、可传播性以及需要由个人吸取，需要通过学习、吸收与消化，并加以创新的特征。

知识包括易于传递与表达的"归类知识"和潜藏在人的大脑中的经验性的无规律的"沉默知识"。[①]

作为学校人力资源的教师承担的根本任务，不仅要向受教育者传播"归类知识"与"沉默知识"，提高他们的创新精神与实践能力，而且要运用个人与集体智能积极进行知识创造、扩散和运用，实现"归类知识"和"沉默知识"的共享与转换，进而不断提高知识的生产率，使知识迅速转化为生产力，转化为资本，转化为物质财富。由此在知识越来越成为知识经济发展的决定力量，其他资源的配置都将以知识为核心的当代社会，学校教师资源的知识性特征使得他们已不仅是只具有一般劳动(工作)能力的人，而是知识的拥有者、传播者和主宰者，是知识资本的使用者、运用者以及物质财富和精神财富的创造者，这就是教师所具有的知识性特征。

基础教育和高等教育对教师所传授的专业知识结构具有相对的稳定性，而对于职业院校教师的知识结构却有一定的特殊性。由于职业教育专业的设置根据社会需求变化调整较频繁，而学校又不可能有配备齐全的师资或随时更换原有教师的情况，因而教师的任课会依学校专业的调整而经常的变化，因此职业院校教师的知识还应适应多学科、多样性、综合性特点的要求。

---

① 黄兆龙. 学校人力资源管理研究[J]. 教学与管理，2001(11).

(二)智力性

智力是人脑功能的表现,是人认识客观事物并运用知识解决实际问题的能力,是观察力、注意力、记忆力、想象力、思维力和创造力的总和。其核心是想象思维能力。

作为学校重要人力资源的教师,在学校的教育、教学、科研和经营管理活动中,为了将自身知识创造与传播的功能迅速扩大,运用知识解决教育、教学、科研和经营管理中问题的能力不断提高,就需要充分发挥自身的主观能动性、创造性思维方式和对教育方法灵活运用。这些活动的完成以及完成的质量,很大程度上则有赖于教师的智力水平发挥。从另一方面来说,学校的教学活动是通过教师的个人劳动来完成的,在这个过程中,教师对教材的钻研、对教学内容的理解和掌握、对课堂教学的组织、对教学方法的运用及教育效果的把握等,主要都是在教师个人独立劳动的状态下进行的,因此,教师个体的智力水平与教学效果有一定的关联。

总的来看,学校教师人力资源的智力水平会随年龄和教学的时间增加而增长(当然,从个人来说到老年期会逐渐衰退),并具有继承性,其所具有的工作能力与创新精神随时间的推移也会不断得以积累、延续和增强。

(三)教育性

人力资源是社会生产力中最活跃的因素,其素质直接关系到生产的效率、效果和利益以及发展的进程。而人力资源知识、能力、素质的发展和提高,主要靠教育的培养与训练。教育是什么?"教育是有意识的以影响人的身心发展为直接目标的社会活动"。职业教育培养与社会主义现代化建设要求相适应、德智体美全面发展的,具有科学的世界观、人生观和爱国主义、集体主义、社会主义思想以及良好的职业道德和行为规范的,具有综合职业能力,在生产、服务、技术和管理第一线工作的高素质劳动者和专门人才。因此职业教育是全面推进素质教育,提高国民素质,增强综合国力不可或缺的重要力量。

职业院校的教师与基础教育和高等教育的教师一样,所肩负的历史责任就是根据社会的要求,有目的、有计划、有组织地对受教育者的身心施加影响,增进他们的知识和技能,提高他们的思想品德,培养他们的创新精神的实践能力,把他们塑造成一定社会所需要的知识、能力、素质和谐发展的人力资源,推动社会与经济的发展。作为职业院校最重要人力资源的教师的职责与其他性质的学校的教师是一样的，都是"向受教育者传递人类积累的文化科学知识和进行思想品德教育，把他们培养成一定社会需要的人才的专业人员"，只是在国家整个教育体系所处的位置不同，教育的方式和授教的群体有所不同而已。

由此，鲜明的教育性（或育人性）特征都是教师，同时也是学校人力资源区别于企业、机关、行政事业单位人力资源的重要标志。

(四)职业性

在教师普遍具有的上述三个特性外，职业院校教师资源还具有职业性的特性。这是由职业教育自身的本质属性决定的，"职业教育给予学生和职业人员从事某种专业所需的知识技能的教育"，"是面向人人的教育"，是就业教育。培养职业能力是职业教育的核心，也是职业教育赖以存在和发展的基础。

职业是社会生产力发展到一定阶段的产物，是社会生活互通有无的一种分工，同时又是人们谋生的手段。职业还是个人实现社会理想、创造人生价值的舞台。因此职业教育通过对学生的培养教育，使学生学会专业知识技能，掌握职业素养，为将来从事的职业奠定基础；同时，为了满足将来从事的职业所需知识技能的需要，职业教育要适时追踪新知识、新技术、新方法、新工艺，使传授的知识是实用的；职业教育还要求教育的过程贯穿职业道德与职业理想的教育，培养学生的职业道德素养。

职业教育培养学生职业能力的特点决定了职业院校专业课教师（特别在工科类学校中）比例较大，甚至有的专业课教师就是来自生产一线的师傅。对专业课教师来说，他们具有较高的专业技术技能和较强的操作能力是常见的，但在他们的群体中也许有部分教师会存在系统知识不足、表达能力和方式欠缺的特征，因此学校管理者要正确认识这一点。在对教师资源管理中贯彻职业教育就需要培养学生具备较强的技术技能和动手能力，应创造条件提供实践教学的场所和氛围，鼓励教师深入生产一线，掌握较高的职业技术技能。

二、职业教育师资队伍人力资源管理对策

(一)抓好教师思想建设，塑造高质量的师资队伍

教师的根本职责是教育好年轻的一代。要做一名合格的职业院校教师，应具备良好的综合素质。只有优秀的教师才能培养出优秀的学生，这既是教学的基本目的，又是评价教师的基础。对教师队伍资源的管理一定要重视思想建设。

首先，教师的教育性特征决定了教师应具备教高的思想政治素质。教师的思想政治素质决定着教师职业活动的方向、态度和教师的工作效益，同时也深深影响着学生思想品德的形成。因此教师要忠诚于人民的教育事业，要不断提高思想政治素质和业务素质，增强实施素质教育的自觉性，教书育人，敬业爱生。

其次，教师应具备良好的职业道德。教师要热爱教育工作，树立正确的教育观、质量观和人生观，关爱学生、诲人不倦，严于律己、为人师表，与学生平等相处，尊重学生人格，要有团结协作的精神。

再次，教师还要有宽厚的文化科学素养和业务知识，具备较高的教育、教学能力，具有终身学习的自觉性，掌握必要的现代教育技术手段，要遵循教育教学规律开展教学工作，积极参与教学科研，在工作中勇于探索创新。

此外，教师个人的言谈举止、仪容仪表也应注意，教师是学生的榜样，教师的风度仪表对学生具有示范性。

为建设一支思想过硬、业务素质高的教师队伍，学校管理者要重视教师思想的教育提高，通过学习党的教育方针、学习职业教育理论及时了解职业教育发展的要求，了解社会经济发展的动态，掌握新知识，适应职业教育教学改革的需要。对教师的开会学习、教研活动要在内容和形式上做认真的准备，通过抓教师思想素质的提高，不断强化教师育人意识，提醒教师时刻牢记职业使命，增强责任感和提高自身修养的自觉性，塑造高质量的教师团队。

(二)重视教师的培训提高，构建真正学习型组织

学校教学质量的高低，主要依赖于教师的知识能力、技能水平和工作动机，而教师的个人成功则依赖于不断有机会去学习和实践新的知识和技能。要实现学校生产率的最大化，管理者必须重视提高教师群体的质量。教师培训是提高教师群体素质的有效途径，是职业院校开发利用教师资源的主要手段，也是学校人力资源管理实现培养、促进教师个体发展目标的基础保证。

所谓教师培训是指学校为了使教师获得或改进与教育教学工作有关的知识、技能、动机、态度和行为，以利于提高教师工作的绩效和实现教育目标，学校所采用的有计划、有系统的管理措施。

对人力资本的投入实践证明，教育是形成人力资源的关键。各职业院校要把对教师队伍的培训当成一项投资，而不是普通的福利，更不是负担。学校每年要保证一定比例的培训经费用于教职工的培训。为了使教师能够胜任时代赋

予的新职能，必须使教职员工培训体系具有终身培训的性质，还要通过管理者的重视和引导，激发教师参加继续教育培训的积极性和主动性。同时学校内部的培训应实行制度化管理。通过培训、制度化和价值取向等手段向教师传递和落实学校文化的要求，塑造在理念和行为上与学校发展要求相一致的教师队伍。

培训的针对性非常重要，有效的学习实践能让教师实现"质"的飞跃，当教师开始一个基于普通知识的实践，并应用他们的知识使其实践变得有效时，教学就成为了专业。因此对教师的培训要突出针对性和参与性，学校可根据教师队伍的情况和阶段性工作的需要来设置培训的内容和方式，提高教师培训的质量，根据教师的实际问题有针对性地进行解决，促进教师开发的有效性。

教师培训的方式很多，基本类型有新教师培训和在职教师培训。新教师培训通常也称职前培训与导向教育。它有助于增进新教师之间的了解，打消对学校的一些疑虑，培养新教师对学校的归属感，使之从心理上、思想上和情感上产生对学校发展目标、办学理念和核心价值观的认同。此类培训包括：(1)学校文化培训；(2)规章制度培训。

对新教师的培训应注意：新教师没有从事职业教育工作的经验，对教学内容的把握、学生的思想状况了解不多，把握不准。因此，对他们的培训应重点放在介绍职业教育的特性上，包括专业特点、专业知识，让他们区分教学要求中的"了解"和"一般了解"的内容差别、职业岗位需求，同时还要向他们介绍对职业院校学生的一般认识规律，如何采取针对性的教学方法等。此外，更重要的是帮助他们树立自信心。

在学校发展过程中，对学校的影响更为持久和关键的则是学校对在职教师的培训。在职教师培训是学校培训体系的主体，应贯穿于教师发展的整个过程，它是针对在职教师的思想、知识、技能、能力和情操等各方面的专业素质进行"全方位、大纵深"的培训，这类培训主要致力于更新知识，拓宽知识面，提高学历层次，强化师德，进一步增强教师对学校的归属感，使教师对工作产生积极的态度，获得教育教学的新技能，掌握教育领域的最新理论和实践动态。通过培训，使教师实现知识不断地更新、思想不断地创新、理论不断地创新，成为适应时代要求的创新型人才。这类培训的形式通常包括以下几种：(1)不脱产的一般性学习教育；(2)岗位培训；(3)专题培训；(4)个人自选培训；(5)脱产培训。

根据近些年来学校实践经验证明，基于学校发展的校本培训、校本教研是职业院校人力资源开发的有效途径。校本培训模式就是指在教育行政部门和有关业务部门的规划和指导下，以教师任职学校为基本培训单位，以提高教师教育教学能力为主要目标，把技能培训、教育教学研究和科研活动紧密结合起来的继续教育形式。这种形式在当前教师非学历教育中有其独到功用。教育实践证明，在教师学历基本达标以后，课堂教学是教师历练成才的"主战场"，是教师专业发展的主渠道，教师的校本培训开始成为学校管理的重要内容。在校本培训的同时注意引导教师走上校本研究的道路，让教师的每一堂课都成为研究的课题，使教师逐步成为"在教学中研究，在研究中教学"的实践研究者。

职业教育的职业性特点要求教师的教学除了在向学生教授必要的理论知识外，要培养学生的动手能力，突出职业技能训练，因此希望更多的教师成为双师型的教师，为了这个目标，学校应建立对教师进行职业实践能力培训的制度，创造条件安排专业教师到企业、科研单位进行专业实践，可就教学中存在的问题在实践中予以解决；或者聘请具有丰富实践经验的专家、学者及专业技术人员对教师定期进行培训；鼓励青年教师积极参加各种专业技术资格考试，创造条件让青年教师深入生产、管理工作一线，积累实践工作经验，把生产中的问题转变为教学的内容，以满足职业教育培养高技能劳动者和专门人才的要求。

职业院校还要将教育信息化培训作为教师培训的内容，以教育的信息化推动教育方式的现代化，实现提高教师运用现代教育技术能力的要求。

(三)强化教师在职业教育岗位实现自我价值的意识

教师自我价值的实现最明显的特征就是培育出人才，这需在以下两方面做出努力：树立科学教育观念，正确认识教师价值；预留教师主体发展空间，拓展教师发展观。

改革开放以来，特别是国务院《关于大力推进职业教育改革与发展的决定》颁布以来，我国的职业教育事业有了较大的、持续性的发展，国家对职业教育给予了高度重视，社会逐渐在改变长期以来"重学术、轻技术、重理论、轻实践"的思想。全国职业教育工作会议提出的"大力发展中国特色的职业教育"，明确了职业教育发展和改革的方向，为广大职业院校教师带来了前所未有的施展才华的前景和舞台，职业教育教学的改革和发展需要教师在教学内容和方法方面做大量的工作，期望教师的教育教学研究、课程研究出成果、出新意，所以职业院校教师是大有作为的。

培育出大量的高技能专门人才，以满足社会各行各业对高素质的劳动力的需求，从而促进社会经济的发展，这就是职业教育工作者自我价值实现最大的意义。所以，学校人力资源管理要让教师树立科学教育观念，认清自身的价值，个人的努力对学校发展乃至对社会的发展都有着不可分割的关系。使教师们认识到从事职业教育工作不仅为了谋生，更是为了崇高的职业教育事业和个人的发展。学校在对教师的管理上要强调学校教育目标与教师个人目标的一致性，营造良好的学校文化氛围和上下一致、同心同德的价值取向，形成事业留人、感情留人、待遇留人的良性人力资源管理。做到既留人，又留心，使教师真正用情、用心、用力的工作，实现个人进步、学校发展。

职业院校教师身上体现着劳动方式的个体性和教育成果的集合性。然而，教师的教育成果又不是孤立的，它是学校全部工作的综合效应，有赖于教师集体的共同努力。由于培养人才的周期性和滞后性，教育影响所产生的社会价值，即教师的劳动成果及教师为改进教学所作出的种种尝试，往往要在学生进入社会并为社会做出贡献之后才能最终体现出来，因此对教师的价值评价呈现出复杂而不稳定的状况，对此教师要有充分的认识。

(四)运用激励效应，实现教师资源开发利用的最大化

前面谈到教师资源具有知识性和智力性的特征，教师具有潜质，如何调动、激发出来是人力资源管理的关键。

知识和智力集结于教师的脑内，工作成果凝结在学生身上，教师潜质的大小难以标准化衡量。教师的一举一动都是生动的教育实践，成果不光在课堂上，也在课堂外，教育讲究言传身教，春风化雨，润物于无声无形。人力资源管理要让教师在认识自身责任的基础上，充分发挥个人的主观能动性，创造性地使用内在的知识和智能。对教师资源的开发，不能依靠口号、说教、数字式的指针管理，教师行为的有效改变通常源于内在的激励，而不是外部的压力。

激励在调动、激发教师内在潜质上具有重要的作用。那激励是什么呢？激励就是通过物质、精神的手段刺激并满足人的需求，调动人的工作积极性和充分发挥人的聪明才智，即从体力和智力两个方面来增强人们行为的强度，对职业院校的教师而言，智力方面更为重要。激励有物质激励和精神激励。

为了更好地阐述激励机制，我们先来了解美国著名人文主义心理学家马斯洛的基本需要理论，即每个人都有五个层次的需要：生理的需要、安全的需要、社交或情感的需要、尊重的需要、自我实现的需要。马斯洛还将这五种需要划分为高低两级并说明需要有高低之分。生理的需要和安全的需要称为较低级需要，而社交或情感的需要、尊重需要与自我实现需要称为较高级的需要。高级

需要是从内部使人得到满足，低级需要则主要是从外部使人得到满足。

马斯洛的需要层次理论有两个基本出发点：一个基本论点是人是有需要的动物，其需要取决于它已经得到了什么，还缺少什么，只有尚未满足的需要能够影响行为，换言之，已经得到满足的需要不再起激励作用；另一个基本论点是人的需要有层次性，某一层需要得到满足后，另一层需要才出现，且人的需要层次是从低级向高级发展，直至人的自我实现。而自我实现是无休止的，故人的需要是永无止境的。该理论启示我们，自我实现是每个教师发展的必然。

通过对教师的能力、态度、需要等方面的激励，满足教师各种合理的需要，教师就能产生实现组织目标的行为，最终实现组织目标。组织目标的实现又可满足教师更高层次的需求，进一步产生实现下一个组织目标的行为。作为学校的管理者，应全面了解教师各方面的需要，运用动机激励理论、心理学、人性理论和方法，建立有效的激励机制，对不同对象、不同岗位的教师采用不同的激励方法，调动教师的工作积极性，发挥他们的聪明才智，最大限度地实现人尽其才，才尽其用。在此介绍几种具体的激励方法[①]：

（1）物质激励。根据现代期望理论和需求理论，适度的物质刺激会产生有效的激励作用。学校在满足教师基本工资和福利的前提下，设计公平的奖励制度，对工作中取得显著成绩的教师，根据成绩的大小给予一定的物质奖励，满足教师的物质需要。但要注意的是，应配套合理的业绩评价体系，物质奖励的量亦要和成绩的大小相一致、相平衡，尽量合理、公平。这样其他教师心服口服，使激励正向发展，使物质激励起到积极意义。

（2）表扬激励。物质奖励机制并非万能的，其作用也是有限的，所以在激励方式中主要应以表扬为主的精神激励。对教师的表扬要及时，具体得体，使教师具有荣誉感、成就感、自豪感和自我实现感。形式有口头表扬、开会表扬、文稿表扬等。对于取得较大成绩者，要通过会议公开表彰，以引起更多人的关注和赞许，这样可以树立榜样，影响更多的人。

（3）机会激励。不言而喻，机会对于每一个人都非常重要。各种机会不但需要个人把握，更需要组织创造。

给予教师岗位选择的机会。对表现突出的教师给予一定的岗位选择，或安排重要的岗位。

给予教师晋升职称的机会。学校管理者要及时清楚地了解各位教师职称晋

---

① 李波．关于中等职业学校人力资源管理的几点探讨[J]．甘肃广播电视大学学报，2004(1)．

升的情况，随时把各种信息提供给教师，并指明努力的方向，这样做会使教职员工感受到组织的关心和温暖，更加努力工作。

给予教师获得荣誉的机会。给予工作突出又有潜力的教师以荣誉，如评优、评先等。

给予教师参与决策的机会。让广大教师参与学校的决策，使教师感受到自己是学校的主人，以积极的态度去实现组织目标。

给予教师的机会还有很多，诸如进修、外出旅游等。学校应尽力提供各种合理的机会，以激励教职员工为学校更好地服务。

（4）群体氛围激励。在学校要尽心竭力建立起一种积极进取、互相尊重、心情愉快、生机盎然的氛围，形成一个凝聚力强的、有活力的、创造性的学习型团队。否则互相传闲话，背后捅刀子，纷争四起，教职员工将会士气低落，使最有成功欲望的人也变得死气沉沉。

教师个人的发展需要也是从低级向高级发展的。如果认为某个教师具有一定的职称、一定的学历或一定的工资等就可以停滞不前，这是十分错误的、是违反马斯洛的自我实现的需要的，每个教师必然会寻求更高的发展，不断地追求自我实现，这是教师发展的必然性。当教师立足于学校，解决了生活、安全等较低级的需要以后，就会追求较高级的需要。激励因素则相当于受人尊重的需要、自我实现的需要等较高级的需要。根据这一点，在教师资源管理中，管理者可以引导教师快速地、跨越式地向高级需要层次发展。

为更好地发挥激励效应，可辅以一系列的竞争机制，如①以工作业绩为标准提拔教职员工，制定一套完整的内部提拔教职员工的制度。只凭资历不能使教师争创佳绩，反而会养成坐等观望的态度。②中层领导岗位公开、公平竞争上岗。③组织教学优质课、论文竞赛，举办教师论坛等，给教师搭建施展才华的平台，展示自我的机会，并予以奖励。④举办教职员工专业技能大比武活动，对表现突出者给予奖励和表彰。⑤举行学生知识和技能竞赛，对指导老师给予奖励和表彰。⑥对各系或各专业进行评比，对各服务部门进行评比，评出最优和最劣。⑦教师竞争上岗，给表现优异的教师特别是年轻教师加担子、施压力，让他们在压力中产生动力，在激励中增强能力等。

在竞争机制实施中要特别注意竞争的目的是激励，是激发教师的上进心和潜能，是形成教师发展的内动力。教师发展的突出标志就是实现人力资源潜能的最大化，因此必须把握好竞争的力度和尺度，要保持竞争的相对稳定性，使激励机制真正起到鼓舞先进、鞭策后进，形成进取向上的团队士气，否则人人自危、时时自危，会产生竞争负向激励。

随着职业教育人事制度改革的深入，在职业院校中推行教师全员聘任制，教育管理人员实行公开选拔、竞争上岗和职务聘任的用人制度，学校在此形势下，师资队伍内部的竞争、教师间的利益关系就会凸显出来，管理者可运用合作与竞争的积极作用，并巧妙地利用竞争的激励效应，发挥人力资源管理职能。

(五)营造和谐健康、利于教师发展的学校环境

美国管理学家孔茨指出："管理就是设计和保持一种良好的环境，使人在群体里高效地完成既定目标。"

学校各项政策要得到有效的实施，就必须建立在信任的基础上，信任是对教师最好的鼓励和鞭策，这是对知识分子的管理最核心的理念之所在。教师的知识分子属性使得他们既具有容易接受知识和意见的快捷，但又具有对意见的敏感，所以管理者对教师的管理必须注意方式、方法、讲求艺术。人际关系紧张、人人自危是职业院校人力资源管理的大敌。

在职业院校教师资源管理中采用柔性管理的方式效果较好。所谓柔性管理是指在研究人的心理和行为规律的基础上，采用非强制性方式，在人的心目中产生一种潜在说服力，从而把组织意志变为个人的自觉行动的管理。柔性管理的最大特点在于它主要不是依靠组织权利的影响力，如上级的发号施令、成文的规章制度等，而是依靠人的心理过程，依赖于从每个员工内心深处激发的主动性、内在潜力和创造精神。一旦学校的要求转化为教师的自觉认识，学校的目标转变为教师的自发行动，就会产生巨大的内在驱动力和自我约束力。

柔性管理是基于被管理者对组织目标、理念、规章制度的认知、理解与内化，依靠组织的共同价值和心理文化氛围，使他们处在集体的文化道德规范和行为准则的无形约束之中，从而产生自控意识，达到内在的自我管理和自我约束，并且更进一步提高其工作热情和工作责任感。因此，柔性管理主要适用于对高层次、高知识水平对象的管理。特别是当他们的低层次需求基本得到满足，高层次需求成为优势动机，工作标准不易量化且对创造革新要求较高时，被管理者往往欢迎柔性管理，以便获得更多自治责任和发挥个人创造性的机会。职业院校的教师主要由中高级知识分子和专业技术人员组成，其人力资源特点恰好符合这一要求。

在实施柔性管理时，要善于利用情感。管理者要热心帮助教师解决工作、学习、生活等方面的困难，工作中多一些交流，少一点官僚；多一些沟通，少

一点误会；多一些热情，少一点冷酷；多一些鼓励，少一点指责，俗话说："感人心者，莫先乎情。"为了缩小与教师之间的距离，学校领导要重视与教师之间的交流与沟通。不仅要留住教师的"身"，更要留住教师的"心"，实现"柔性"留人的目的。

对人力资源的管理，美国学者赫茨伯格同他的助手在调查研究中发现，人们不满意工作时，是对工作环境不满；满意工作时，则是满意于工作本身。为此他提出了激励的两因素论：

第一，保健因素或维持因素。这种因素是维持一个合理的满意水平所需的，没有它们，职工就不会满意，但它们的存在并不构成强烈的激励。

第二，激励因素。这些因素构成对职工强烈的激励，能使职工高度满意于工作。激励理论明确指出人们的工作效率决定于人们的工作态度，而工作态度又取决于人们需要被满足的程度，而人们的需要是否能得到合理的满足，又受到工作本身和工作环境的影响。

以人文主义为导向的管理思想就是要帮助每一个教师完善自我，让教师在实现个体发展的过程中创造出良好的工作业绩，促进学校发展的实现。营造和谐健康的学校人文环境对教师的发展、成长有着十分重要的关系，教师对学校人文环境的满意，可以促使他们改变工作态度、提高工作效率，达到他们自身的充分发展。因此在职业教育人力资源管理中，学校管理者要突出"以人为本"的管理理念，全力为教师创造和谐稳定、健康有序的学校人文环境。

（六）增强管理的服务意识，培育学校核心文化

学校要发展，教师是关键。教育教学工作需要领导和教师协调努力，学校的发展需要教师群体的和谐共处，在学校发展过程中，为了促进教师专业化成长，需在了解教师资源特性的基础上，学校人力资源管理就要用人力资源管理的思想去指导工作实践。从学校管理者角度来讲，在教师队伍中培育核心文化，以教学研究带动教师队伍整体素质的提高，鼓励教师全员参与校本教研，营造有益于教师自我发展内动力和合作精神形成的教师发展的环境，使学校的发展目标和教师个人的发展目标统一起来，促进教师潜能最大化的开发，实现学校的发展。

首先，职业院校人力资源管理的职能部门应由行政权力型向服务支持型转变，淡化权力意识，增强服务功能。在结合个人发展与组织发展的基础上，对决定个人职业生涯的个人因素、组织因素和社会因素等进行分析，帮助教师制

订有关对个人长期职业发展上的设想与计划安排，虽然职业生涯规划更多的是教师个人的事情，但学校管理部门可以通过一定的辅助措施加以指导，将教师的职业生涯规划与学校未来的发展远景统一起来，使个人能按照学校的要求与规范谋求个人的成长和发展，为教师的成长和发展提供一个舞台，提供学习、培训和施展才能的机会；平时多与教师交流沟通，对他们的工作表示关心与欣赏，为教师在教学、科研工作中遇到的困难、问题提供帮助，让教师感到自己是在充满关心支持的环境中工作。

其次，作为学校人力资源管理的具体部门（各系部）的领导者应承担履行人力资源管理的具体责任，要注重教职工权益的保障，尊重教师个人发展，注重人的差异性、层次性，强调人的不同需求，突出人的主体性和能动性，充分重视高层次人才的合理使用。

再次，要创造一个有利于教师发展的、相互协调、团结互助的和谐人际氛围，需采取一系列有效措施，塑造、整合、培育和发展学校核心文化，用核心文化理念经营学校，强化学校的凝聚力。教育的本质在于"文化育人"，通过文化的传承和创新，使个体社会化。正如教育部副部长袁贵仁所说："所谓教书育人、管理育人、服务育人、环境育人，说到底，都是文化育人。"而文化育人的关键是学校自身的文化建设和文化力的形成。学校文化是学校在长期的办学实践中，经过自身努力、外部影响、历史积淀而逐步形成的独特的东西，它主要凝聚在学校所拥有的理念、制度、管理、行为、校风、教风、学风等之中，具有前瞻性和先进性，能够形成一种良好的教育氛围和综合力量。这种能够为学校和个人提供可持续发展的原动力和支持力就是学校的文化力，也是学校的核心竞争力。因此每个学校都应拥有自己的核心文化，使之融入吸引、培养、发展和留住优秀人才资源的管理实践，体现"人校合一、共同发展"[①]的战略思想。

基于职业院校发展的职业教育人力资源的开发和利用的问题研究是一个实践性很强的领域，不同的职业院校具有不同的管理模式，而不同的职业院校具有不同的教师资源开发和利用的具体措施和办法，这些都需要根据具体情况进行具体分析，同一个办法和措施可能在一所学校、一个地区是适用的，能够促进学校的发展；但有可能在其他学校和地区就会不合适、不起作用。这就需要职业院校管理者拓宽研究视野，用科学的方法和智慧去寻找有效的解决问题的措施：

---

① 刘永礼．战略视角下的高职院校人力资源管理[J].科技信息，2008(1).

第三节　职业院校行政队伍的管理

教学水平的高低是衡量一所职业院校好坏的根本，而行政管理水平的优劣，也会在很大程度上影响学校包括教学在内的各项工作的开展，因此，职业院校的管理者在重点关注教师资源管理的同时，不能忽视对行政人员的管理。管理好行政部门的人力资源，就等同于营造和谐有序的学校内部环境，形成全校一盘棋、拧成一股绳的良好氛围，团结协作、共同努力，使学校工作朝着既定目标推进。

一、用人力资源管理思想指导职业院校行政人员管理

（1）在人力资源规划上，职业院校应根据学校的发展目标，分析现有行政部门及行政人员的情况，考虑变化发展情形，制定出各部门的人员数量和质量要求。行政工作人员的配备要注意量才用人，做到定岗、定员、不留闲人，避免人浮于事，充分调动人的积极性，激发人的潜能，达到事半功倍的效果。

（2）从人力资源开发利用的角度分析行政人员的管理，各部门管理者应承担履行人力资源管理的具体责任，要突出"以人为本"的管理理念，为行政人员营造良好的工作氛围及环境；注重保障行政人员的切身权益及尊重个人发展；注重人的差异性、层次性；强调人的不同需求；突出人的主体性和能动性；充分重视高层次人才的合理使用；带领其下属由单纯的职能意识转向服务支持意识，增强服务功能。应注重让各职能部门工作人员在处理日常的事务性工作时，有意识地从学校的战略高度来审视自己的作用，并围绕学校的发展战略考虑问题、开展工作。

行政部门的管理人员和一般工作人员，日复一日地从事着服务于教学环节的事务性工作，往往找不准自身在学校长远发展战略中的角色和定位，容易囿于自身面临的短期问题、忽视本职能部门在学校的长期发展中的作用，因此必须让行政工作人员充分认识本部门工作在学校总目标实现中的价值，激励他们不断提高工作效率和水平。

（3）在人力资源评价上，学校行政部门安排什么样的管理及工作人员，实行什么样的绩效评估系统，使其工作具有全局性、战略性，这些都是在进行人力资源管理工作时应该考虑的。要创造一个相互理解、团结互助的和谐人际氛围，采取一系列有效措施，塑造、整合、培育和发展部门的核心文化，将部门文化

整合到吸引、培养、发展和留住优秀人才的实践之中，体现"人校合一、共同发展"的战略思想。对现有的优秀人才在政治上予以信任，在工作上予以重用，在生活上予以关心，在待遇上予以优惠，只有这样，才能不断发展和壮大各部门的人才队伍，从而提高学校的整体素质和综合实力，实现学校的可持续发展和全面提升。

二、职业院校行政工作人员管理措施

要做好对行政人员的人力资源管理，就要求管理者对其管理对象有新的了解和认识，转变管理理念，由过去偏重静态面和消极面的单纯人事管理转向具有动态与积极内涵的人力资源管理。

在职业院校通常设置如下行政职能部门：教务、人事、学生、总务(后勤)、保卫和招生就业等，各处(科室)名称可能不同，但应能发挥上述各项职能功效，并根据学校办学规模、办学特色、部门职能等有所侧重地设置工作人员的数量；根据各职能部门的工作内容和要求，选配能力、性格、作风适合的人员，使其在不同岗位上"物尽其才，人尽其用"。

为了做好行政工作人员的资源管理，调动各职能岗位人员的工作积极性，可考虑如下的管理措施。

(1)学校的活动应要求行政工作人员参加，包括会议、报告、评估活动、申报项目、领导视察、重要接待活动等。通过参与这些活动，了解学校的目标要求，进一步认识本岗位在学校工作中的地位、作用，置身学校全局工作、融入学校大集体之中，有益于培养主人翁意识、团队意识，增强责任感和自觉性。

(2)学校对行政部门的工作要有任务要求，各部门对每个工作人员有具体工作内容和要求，管理者要经常督促检查，以及时调整部门工作适应学校总体目标的要求。

(3)学校对行政工作人员的工作应予以关注和支持，学校的评优、评先应分配行政人员的指标；特别是对有创新的工作方法，要及时发现与肯定，好的方法还可推广，带动各部门去创造性地开展工作；对工作突出的人员应予以表扬与鼓励，营造积极向上的工作氛围。

第四节　职业院校领导班子的建设

对学校人力资源管理的探讨，必然要涉及学校领导班子——以校长、书记、

副校长等为核心构成的领导集体。在当前职业院校管理体制下，他们形成了学校的核心领导力量，在不同方面承担着主要领导责任。

人力资源管理是一个复杂、充满挑战的管理工作。要管理好整个学校的人力资源，保持集体发展的动力和信心，领导者必须具备比以往的传统管理更高的综合素质、更灵活的管理头脑。

职业院校管理是一个具体的管理团队的管理，学校领导班子只是这个团队的领导者，存在于这个团队之中、受着团队的影响并影响团队。在学校发展过程中，管理者群体的成长，不仅仅是学校管理工作发展的需要，也是学校管理"系统"更新的需要，更是学校人力资源管理的价值追求之一。

一、如何以人力资源管理思想建设领导班子

目前的职业院校大都实行校（院）长负责制，多以校（院）长兼书记的"一把手"负责全面工作，管理人事及校长办公室；数名副校长分管教学、招生就业、后勤、学生工作等的分工形式。在当前职业院校管理中，领导班子建设的状态，呈现出几种不同的类型：

（1）合作发展型。领导班子成员在共同认同和坚持的理念与目标指导下分别对各自的领域进行高质量的领导，不同领域积极互动，动态生成，共同提升学校的发展水平。

（2）个体强势型。校长或者书记等个体因为个体资历、风格、贡献等方面的独特，成为主导型的人员，对不同领域产生强势的影响，其他领导成员的个体智慧、能力被强势领导所遮蔽。

（3）分离型。不同领导之间，各自承担对个体主管领域的核心领导责任，但是相互之间并没有真正实现理念、目标、工作的具体融合，不同部门的工作处于明显的各自为政状态，不同成员之间也缺乏相应的对话。这样的结果，呈现为不同部门工作的相互分离，没有形成学校发展的合力。

（4）内斗或利益冲突型。相互之间处于相当紧张的关系状态。这一状态的出现，很大程度上来自于不同个体的思想意识、精神境界、行为方式等在个体意义上的、多方位的冲突。其结果，不仅会使学校整体工作处于崩溃的危险之中，而且，每位个体的内在成长也缺乏基本的保障，个体的注意力难以集中到个体的专业成长与事业上。

在上述不同的关系类型中，具体到一所学校会是哪种类型是受多方面因素影响的，不同领导风格的个体，以及个体的整体发展状态，都会影响到具体一

所学校领导班子关系类型的形成。而且，学校整体的发展水平、校长个人的人格特点、道德水平和能力等，也都以各自的方式产生影响作用。特别值得注意的是，在当今职业院校中较普遍的情况是"一把手"的个人能力在领导集体中发挥着至关重要的作用。因此，"一把手"对一所学校的管理和发展有着重大影响。

教育界有这样的说法，"一个好校长就是一所好学校""校长是学校的灵魂"。1916年，蔡元培上任北京大学校长后，在思想上转变教师与学生的陈旧观念，真正地做到"以研究学问为天职"，真正地做到发展学生与教师的个性，最大限度地张扬自己的生命力；在学术上提出"相容并包，思想自由"的思想，引导北大人不断奋斗，造就了一大批具有特殊精神气质的知识分子，对中国教育界乃至中国近代历史都产生了深远的影响。北大之所以为北大，蔡先生居功至伟。我们期望在我们的身边出现更多的好校长。

二、职业院校领导人员应具备的人力资源管理思想

近年来，随着我国经济改革不断推进和世界经济一体化的扩张，国内原有的产业结构发生了剧烈变化。

随着第三产业的快速膨胀和信息产业的异军突起，极大地打破了一、二、三产业的比重结构。资金重组、产业重组、技术重组催生了种类众多的技术专业。就业市场对人力资源的需求呈现技术多样化、专业化的变化趋势。而近年来众多的职业院校（或传统学校的职业教育）就是在这种就业市场的剧烈变化中应运而生。

在新的形势下，职业院校的领导人员首先，应对形成这种局面深层原因要有清醒的认识，及时领会国家经济改革方针战略，把握产业结构变革的轨迹趋势，追踪就业市场的需求走向，培养对上述种种变化的前瞻性和预见性的判断能力，充分认识人力资源管理工作的重要性，把人力资源管理工作提高到学校总体战略的高度来考虑；其次，应根据本校的特长，按短、中和长期的战略规化精心组织、打造高素质的人力资源管理队伍，实现人力资源管理的科学化、专业化。

职业院校的领导人员是学校人力资源管理队伍的最高层，因此，要求管理者不仅具备现代人力资源开发与管理的基本知识与实践技能，还应具备战略管理的核心能力（包括洞察能力、应变能力和控制能力），努力培养提高自己对职业院校人力资源发展的总体状况、内外环境及变化趋势等方面的全面把握能力。

"一把手"是领导集体的核心，其个人魅力和能力影响到集体的战斗力和凝

聚力，他对学校人力资源管理的认识和重视程度直接影响到其他领导成员，因此，"一把手"必须切实重视人力资源管理工作。

要实现学校的发展目标，必须建设一支思想统一、团结合作的学校人力资源领导集体。在这个领导集体中，校长的核心作用是毋庸质疑的，但学校作为一个有生命力的组织，在发展过程中，事实上是不可能仅由一个人的努力就能实现成功发展的。按照分布式领导力的观点，一所学校在管理工作时，同样需要校长、领导班子其他成员的共同协作。在管理一所学校的运行中，这种合作不仅来自领导班子成员间共同分担责任，而且领导力还超越了处于领导力位置上的所有个人行为所承担着的责任，并把这种责任转化为学校发展过程的领导实力。

在学校管理中，大多情况是"一把手"掌管全面，其余领导成员分工各管一块，在开展工作的过程中，当涉及对本人分管的相应职能部门的人、财、物、事的管理，容易出现多考虑本部门的利益而忽视其他部门的状况，还有可能出现矛盾冲突、意见不一的情况。因此，领导班子的所有成员必须有全局意识，清楚认识每一块工作都是在学校大目标下的分工协作，学校总体目标的实现有赖于各部分工作目标的实现，只有相互配合、协同作战，才能保证学校人力资源最优化配置组合，实现学校总目标。

能成为领导班子的成员，大都缘于自身具备较强的工作能力和业务素质。如果到达领导岗位后不思进取或工作方法不当，有可能产生惰性或过于主观地对待工作。对除了"一把手"外的领导班子成员，如何保持他们的工作热情，激发他们积极进取、不断探索、勇于创新的精神，除了制度的管理外，从人力资源的角度看，"一把手"的放手、使分管一块的领导人员能独当一面地开展工作，对强化领导班子领导实力是有积极意义的；但放手不是放任自流，可通过定期检查、听取汇报等形式，了解工作开展情况，了解其工作状态，及时调整、协调各部门工作，才能保证各项工作朝着总目标顺利开展。同理，学校各部门的管理者亦可采用这样的方式进行管理，即任务层层下放落实，及时跟踪检查调适，实现部门目标。

学校领导在进行人力资源管理时还要懂得尊重关心、知人善任、民主参与。

尊重关心。学校领导者只有真心实意地理解、尊重教职工，使教职工的需要获得满足，他们的工作热情和积极性才能充分、有效地释放。

知人善任。在管理中不但要用管理约束人、规范人，还应帮助教师不断超越自我，展示自我，成就自我；在用人上不求全能，要用其专能，扬长避短，有效地激发教职工的活力。

民主参与。教代会制度集中体现了民主、人文的管理风格。凡是决定学校前途命运、涉及教职工切身利益的制度，领导都要放手发动教职工充分酝酿、讨论。越是棘手的问题，越是要充分发扬民主，千方百计让教职工畅所欲言。重大问题和敏感问题，都坚持从教职工中来，到教职工中去，循环往复多次，力争把教职工的思想、意愿、情感凝聚在决策中。所有这些活动都贯穿了这样的管理思想：发现和尊重教职工的价值，在活动中肯定教职工的发展，在活动中让教职工体验成功，在活动中激发教职工的工作激情。

三、领导者的人力资源管理艺术

在现代学校管理中，管理者必须把教职工看做具有内在建设性的潜力因素，自觉而主动地与他们搞好关系，在提高教职工对学校及其管理者的认可度与满意度的基础上来实施人力资源的管理。这是学校人力资源管理与传统的人事管理的重大区别。学校人力资源管理艺术，就是学校管理者在长期的人力资源管理实践中总结概括出来的，具有普遍运用价值的人力资源管理工作技巧。它体现着学校管理者的作风、品格和才华。

(一)处理人际关系的艺术

学校人力资源管理的对象是教职工，管理者在处理人际关系时，要注意方式方法，日常工作中善于运用表扬、批评、交谈等来处理人际关系，努力提高学校人力资源管理效果。

表扬是对教职工中的好人好事公开赞扬。鼓舞人心的表扬是改善人际关系，调动教职工积极性的重要技巧，因此管理者要及时捕捉教职工中的好人好事，给予及时的表扬。表扬要着重于行为，不要笼统地赞美整个人，要具体、实事求是、恰如其分，不要说空话，随意拔高，表扬的方式可灵活多样，既可当众表扬、直接表扬、集体表扬、口头表扬，也可个别表扬、书面表扬等；表扬还要因人而异，不要千篇一律；表扬要及时，趁热打铁，因势利导。

在进行学校人力资源管理时，学校领导人员对教职工的谈话沟通是密切人际关系的主要技巧。恰当的批评乃至处分也是必要的。批评是对教职工的缺点与错误提出意见。由于它对教职工的行为所施加的是一种"负强化"[①]，故学校

---

① 黄兆龙．学校人力资源管理研究[J]．教育与管理，2001(1).

领导在采用批评教育时一定要端正态度，本着治病救人、以理服人、实事求是的思想，批评要点到为止、不翻旧账；还要善于承担责任、树立信心。一般来说基于领导者与被领导者的关系，大多教职工对学校领导有惧怕的心理，因此，校领导在与教职工接触和谈话时，一定要善于抓住合适的时机，过早过晚都不好，还要选择合适的话题开头，引起教职工的情感共鸣，调动其谈话的热情。在谈话过程中要耐心倾听教职工的谈话和意见，准确把握他们的思想脉搏。谈话的态度要平等亲切、以心交心，赢得教职工的信赖。

(二)同教职工交往的技巧

学校领导和教职工的合作能带来更高质量的服务，有调查显示，当教职工感觉到他们自己是团队中的一员，可以和管理者一起工作并解决问题时，工作的热情和成效往往很高，因此有人说学校人力资源管理是在交往中实现的。

学校领导应真心关爱教职工。校领导在与教职工交往的过程中，第一要与教职工交心。"人之相识，贵在相知；人之相知，贵在知心"，只有敢于与善于向教职工掏出自己的内心世界，教职工才会向领导敞开胸怀，把自己内心深处的想法毫无保留地说出来，达到相知、知心的目的。第二要真心诚意地关心教职工，把他们视为学校的主人，自己是为他们服务的，并竭尽全力帮助教职工解决工作和生活上的实际困难。如教师生活上的波折，身体上的疾病，家庭中的困难，甚至青年教师的婚恋等问题，都应该进入校领导的视界。从生活上细致入微地关心教师，是一个校领导博得教师信任的重要因素。通过校领导这些行动，使教职工对学校产生认同和归属感，树立与学校荣辱与共的信念，使教师全身心投入到工作中去。第三是学校领导要以普通教师的身份参加教职工的业余活动，如文体活动、外出游玩等。通过参与教职工活动，深入他们中间，与教职工打成一片，熟悉他们、了解他们，还可以在活动中做思想工作，解决一些正式谈话不太方便谈的问题，还会起到意想不到的作用。这些都是做好与教职工交往的不可忽视的技巧。

(三)调适矛盾的技巧

学校在选人、育人、用人、留人等人力资源开发工作中，出现矛盾是不可避免的，协调好与教职工之间的矛盾，是学校人力资源管理的关键。

协调与教职工矛盾的前提是学校管理者尊重教职工，在这种前提下，教职工才会愿意接受调适。在进行协调工作时，管理者要以身作则，公正处事，言而有信。而具有为政清廉、知识渊博、兴趣广泛、爱好多种、经验丰富、高超能力等非权力影响力的个人素质，更有助于使协调工作取得事半功倍的效果。但在解决具体意见分歧时，还必须辅之针对性的技巧。

学校领导与教职工的分歧可能是多种多样的，但归纳起来无非两大类：一是教职工提出的意见与要求学校领导不同意；二是教职工对学校领导提出的理念、目标、要求有意见。如果领导对教职工的意见与要求不同意，学校领导不宜过早表态，而应当首先让提意见者发表自己的观点、举出论据，然后指出他（们）意见中的错误之处，并据理层层剖析，这样的结果就会是：错误的实质被披露及凸显，错误的意见和要求自然就站不住脚了，这时学校领导只需正面阐述自己的意见与要求就行了，千万不要下否定教职工观点的结论，为他们留面子。另外的情况是领导虽觉得教职工的意见论据充足，结论严谨、无懈可击，但领导对此仍有自己的看法，这时可在不否定教职工观点的基础上提出自己的看法、协商讨论、兼收并蓄、求同存异，但不要急于肯定教职工的结论，留下回旋余地，待深思熟虑和听取各方面意见后再作结论。

（四）建立私交的技巧

私交就是学校管理者与教职工个人之间的私人交情。生活是一系列的人与人之间的关系，建立私人交情，有益于使学校管理者在人力资源管理过程中把自己和教职工联系起来，积极影响教职工群体，并导致教育、教学、科研和经营管理的成功。

学校领导建立适当的私交，一是有助于创造一个轻松、友好的工作环境，使教职工感受到学校领导不单是自己的上司，而且是我们的知心朋友；二要巡视有教师、职工、管理人员工作的地方，一周一轮，使教职工看到学校领导就在他们身边，关心他们的工作；三可采取邀集教职工到家里做客，或进行一些工作之余的修身养性活动，如观赏自己养的金鱼、种的花草、盆景；或有针对地邀请个别教职工打球、散步，让他们不只看到自己严肃、公事公办的脸孔，更看到自己生活中的个人一些特性，了解自己的平常心；四要坦诚待人，勇于坦露自己的人性，使教职工认定我们的管理者不是冷漠的、与下属格格不入的、不可接近的人，而是一个和蔼可亲的、有人情味的平常人，使大家感到领导在场也很自在；五要善于运用幽默感，减少紧张气氛，减少沟通的困难，显出学校领导的人情味，使教职工敢于和自己接触，形成朋友关系，增进工作乐趣。

第六章
职业教育德育管理

社会经济的发展需要各级各类人才，我国的职业教育肩负着为现代化建设培养数以千万计的高技能人才和数以亿计的高素质劳动者这一重任，既面临着巨大挑战，也迎来了前所未有的发展机遇。一方面，随着知识经济时代的到来，企业对劳动者素质提出了新的、更高的要求，即劳动者不仅要具备专业技术和创新能力，更要有优良的职业道德素养和思想政治素质。另一方面，新形势下社会道德观念、价值观念的多元化对学生思想产生了许多影响，使得以往常常被人们忽视的职业教育德育工作备受社会关注。我们应如何重新审视、认识德育工作的内容和意义，如何在目前的职业教育中进行德育管理，培养出受社会、企业欢迎的、具有良好职业岗位综合素养的学生，是需要职业教育工作者认真思考和亟待解决的现实问题。

第一节　职业教育德育管理概述

德育有着很久远的历史渊源，对德育发展历史、职业教育德育内涵、目标、特点和功能的分析和理解将为我们做好职业教育德育管理工作奠定坚实的理论基础。

一、德育的起源和发展

德育的本意是指道德教育。在西方，古希腊时期的苏格拉底、德谟克利特、亚里士多德就十分强调道德教育的重要性。德谟克利特指出："用鼓励和说服的言语来造就一个人的道德，显然是比用法律和约束更能成功。"在中国古代，儒家创始人孔子也十分重视道德教育，他在《论语》中说："道之以政，齐之以刑，民免而无耻，道之以德，齐之以礼，有耻且格。"以道德去教化约束人们，使人们都能有真正的羞耻心，而不犯错误。宋代理学家朱熹认为，道德教育是使人同动物区别开来的重要力量，如果人们不辨君臣父子兄弟夫妇朋友之血亲伦常，即是无异于禽兽。"圣贤所以教人为学之意，莫非讲明义理，以修其身，然后推己及人"。

从教育史上看，德育这一概念的出现，是起始于中国近现代教育，多半是作为道德教育的简称和同义词。对外国道德教育的中文译本，也常用德育这一简称。随着德育内容的扩展，人们常把道德教育、政治教育、人生观世界观教育并列运用。到了 20 世纪 80 年代，随着德育内容的不断丰富，人们逐渐感到作为道德教育简称的德育只是狭义的，迫切需要扩展德育的含义，将道德教育、政治教育、人生观世界观教育、法制教育等都收进德育的这一概念中来，于是便出现了广义的德育概念，即德育指的是教育者根据一定社会和受教育者的需要，遵循品德形成的规律，采用言传、身教等有效手段，通过内化和外化，发展受教育者的思想、政治、法制和道德几方面的素质的系统活动过程。

二、职业教育德育的特点和功能

(一)职业教育德育的特点

相对于初级的义务教育和学科性的高中、高校教育，职业教育除了具有教育的一般共性外，还具有职业性、应用性、岗位性等特性，因此其德育内容也必须体现这些特点，注重对学生进行职业理想、职业道德、创业教育和职业指导等方面的教育。

1. 突出职业理想教育

职业理想是个人对未来职业的向往和追求。人们往往是通过职业活动去追求社会理想的实现，在自己的职业活动中体现自己的道德理想，同时借助职业活动取得的报酬来实现物质、精神生活水平的提高，实现自己的生活理想。职业理想是人们实现职业愿望的精神支柱和力量源泉，树立了职业理想才会懂得珍惜在学校的学习生活，并为胜任即将从事的职业而自觉地去提高自身素质。这样，职业教育就必然表现为珍惜、敬重职业的教育，同时也潜在地、前瞻性地培养学生的敬业精神。

2. 加强职业道德教育

职业道德是从事一定职业的人们在职业生活中应该遵循的包括安全意识、质量意识、效率意识、环境意识等在内的道德原则和行为规范，它不仅是在职业范围内的特殊道德要求，而且还是本行业对社会所应承担的道德责任和义务。

职业道德教育是职业院校德育内容的重要组成部分，它对办出职业院校特色，促进学生全面发展，保证人才培养的规格和质量起着重要的作用。通过职业道德教育帮助学生建立正确的职业观，树立为人民服务思想和集体主义思想，增强职业责任感和纪律观念，养成良好的职业行为习惯，在行业活动中具有辨别、抵制行业不正之风的能力，具备与职业相应的职业道德素质，为形成高尚的职业道德品质打下良好基础。

3. 实施创业和职业指导教育

随着我国产业结构的优化升级，在今后的一段时间内，城市为职业院校学生提供的就业机会不可能有很大的增加，这就要求职业院校学生转变就业观念，合理定位就业目标，增强职业选择的市场意识、法制意识、竞争意识，还要有创业的意识和能力，因此职业院校德育要增加创业教育和职业指导的内容。这既符合经济社会发展的需要，也是职业院校学生自身发展的客观要求。

创业教育既包括创业知识的传授，也包括创业能力的培养，通过进行创业教育使学生的就业目标不仅仅限于找工作，而且要上升到创造工作机会的层次。学生创业水平的高低，不仅在一定程度上影响学校的声誉，而且还将影响到整个职业教育的进一步发展。

职业指导教育要引导学生了解职业、准备职业、选择职业、适应职业；学会正确分析自己，既不能自卑，也不能好高骛远；在了解职业、了解自己、了解社会的基础上选准人生目标，增强学习的自觉性、主动性，提高学生的就业竞争力。

(二)职业教育德育的功能

1. 导向功能

职业教育德育具有引导学生坚持正确的政治方向和奋斗目标的功能。它通过各种教育方式，对青年学生进行马克思主义基本理论教育，进行爱国主义、集体主义、社会主义教育，进行时事政策和形势任务教育，引导学生认清社会发展的方向和时代潮流，坚定对马克思主义的信念，树立社会主义共同理想和共产主义远大理想，使青年学生坚持党的基本路线和基本理论，坚定不移地走有中国特色的社会主义道路，拥护中国共产党的领导，坚持马列主义、毛泽东思想和邓小平理论，决心为建设社会主义现代化国家而艰苦奋斗。

2. 激励功能

职业教育德育的激励功能，是指通过一定的教育方式，以情感染人、激励人，使青年学生产生思想情感的共鸣，从而激发他们的政治热情和学习积极性。列宁说："没有'人的感情'，就从来没有也不可能有对真理的追求。"当人们对真理的认识和追求真理的真挚感情结合在一起的时候，就会迸发出巨大的热情，激励人们朝着选定的方向，坚定不移地前进。职业教育德育的激励功能，主要是通过典型教育、榜样示范、形象感化、环境熏陶等方式实现的。

3. 管理功能

职业教育德育具有管理功能。管理也是教育，教育和管理不能分离。教育和管理相结合、相统一，是提高职业教育德育水平的重要途径之一。职业教育德育的管理功能，是通过贯彻实施一系列的规章制度和政教、管理干部的教育管理行为实现的。管理是多方面的，主要有学习管理、生活管理、行为管理等。通过制度化、规范化、科学化的管理，把学生的行为纳入社会和学校要求的轨道，维护正常的教学秩序和生活秩序。管理功能中包括调节功能，通过有效的管理，调节关系，化解矛盾，指导行为，使学生与学生之间、学生与教职工之间建立起互助互谅、团结协作的人际关系，从而维护学校的安定团结和社会的稳定。

4. 抑制功能

凡属教育人、管理人的系统都具有抑制功能。职业教育德育的抑制功能，是通过有效的教育和管理，使青年学生知道什么是正当的、应当的、合法的，什么是不正当、不应当、非法的，提高辨别是非善恶的能力，从而抑制和防止违纪违法行为的发生。职业教育德育抑制功能的发挥，一靠教育引导和舆论压力；二靠纪律制度的约束；三靠惩罚处分的震慑。职业教育德育抑制功能的充分发挥，可以减少违纪，避免犯罪，从而保护学生健康成长。

5. 服务功能

职业教育德育系统具有服务功能。这一功能在过去相当长的时期内常常被人们忽视。职业院校的德育工作，不仅要严格地教育和管理学生，而且要热情地为广大学生服务，并在服务中育人。职业院校主体系统的各个部分，从学校领导、校院职能部门，到系（专业）的总支、行政、辅导员或班主任，都要有为学生服务的思想，既要从思想上学习上教育引导他们，又要在生活上热情地关心他们，为他们的学习和生活提供各种服务，帮助他们解决各种困难。

三、职业教育德育的指导思想、基本原则和主要任务

2009 年 6 月 24 日，教育部、中宣部、中央文明办、人力资源社会保障部、

共青团中央、全国妇联联合发布了《关于加强和改进中等职业学校学生思想道德教育的意见》（教职成〔2009〕11 号）（以下简称《意见》），对新形势下的中等职业学校学生思想道德教育工作的指导思想、基本原则、主要任务、实施途径做出了明确要求。

(一)职业教育德育的指导思想

《意见》指出，加强和改进中职学生思想道德教育的指导思想是：高举中国特色社会主义伟大旗帜，以邓小平理论和"三个代表"重要思想为指导，深入贯彻落实科学发展观，贯彻落实党的十七大和《中共中央国务院关于进一步加强和改进未成年人思想道德建设的若干意见》精神，坚持以人为本，以学生为主体，遵循中职学生身心发展的特点和规律，增强针对性、实效性、时代性和吸引力，努力培育有理想、有道德、有文化、有纪律的，德智体美全面发展的中国特色社会主义事业合格建设者和可靠接班人。

(二)职业教育德育的基本原则

《意见》要求加强和改进中职学生思想道德教育要遵循以下基本原则：

1. 方向性与时代性相结合的原则

既要坚持正确的政治方向和育人导向，又要紧密结合时代发展的实际和中职学生的思想状况，增强思想性和时代性。

2. 贴近实际、贴近生活、贴近未成年人的原则

既要遵循思想道德教育的普遍规律，又要适应中职学生身心成长的特点，从他们的思想实际和生活实际出发，开展富有成效的教育和引导活动，增强针对性和吸引力。

3. 知与行相统一的原则

既要重视知识传授、观念树立，又要重视情感体验和社会实践，引导中职学生自觉遵循道德规范，形成知行统一、言行一致的优良品质。

4. 教育与管理相结合的原则

既要进行深入细致的思想教育，又要加强科学严格的管理，实现自律与他律、激励与约束的有机结合。

5. 解决思想问题与解决实际问题相结合的原则

既要做到以理服人、以情感人，又要切实帮助中职学生解决学习、生活中遇到的实际困难和问题，增强教育的实际效果。

(三)职业教育德育的主要任务

《意见》指出，加强和改进中职学生思想道德教育的主要任务是：

1. 进行民族精神和时代精神教育

以爱国主义和改革创新教育为重点，开展中华民族优良传统和中国革命传统教育、民族团结教育、形势政策教育，引导中职学生树立民族自尊心、自信心和自豪感，培养改革精神和创新能力。

2. 进行理想信念教育

以马克思主义基本观点、中国特色社会主义理论体系为重点，开展中国革命、建设和改革开放的历史教育与国情教育，开展哲学与人生教育、经济政治与社会教育，引导中职学生树立中国特色社会主义共同理想，逐步确立正确的世界观、人生观和价值观。

3. 进行道德和法制教育

以职业道德教育为重点，开展公民道德教育、民主法制教育，开展集体主义精神和社会主义人道主义精神教育，引导中职学生树立社会主义荣辱观，养成良好道德品质和文明行为，提高职业道德素质和法律素质。

4. 进行热爱劳动、崇尚实践、奉献社会的教育

以就业创业教育为重点，开展职业生涯规划教育和职业指导，引导中职学生树立正确的职业观和职业理想，提高综合职业素质和能力。

5. 进行心理健康教育

以培养良好的心理品质为重点，开展心理健康基本知识和方法教育，开展职业心理素质教育，指导中职学生正确认识和处理遇到的心理行为问题，引导中职学生养成自尊、自信、自强、乐群的心理品质，提高心理健康水平和职业心理素质。

6. 进行生命健康安全教育

以珍爱生命、健全人格教育为重点，开展安全教育、预防艾滋病教育、毒品预防教育、环境教育、廉洁教育等专题教育，引导中职学生树立安全意识、环境意识、效率意识、廉洁意识。

第二节　职业教育德育管理的实施

在上一节了解了职业教育德育管理的基本理论后，本节我们将从思想认识

到具体途径，阐述德育管理在职业教育中的实施。

一、以正确的德育思想指导德育管理工作

在职业教育中实施德育管理必须考虑职业教育的特点，用正确的德育思想指导德育管理工作的开展。

较之初级的义务教育和学科性的高中、高校教育，职业教育具有职业性、应用性、岗位性、定向性等许多特点。目前大学、高中全面扩招，社会就业门槛逐年提高。在这样的形势下，职业院校入校学生素质呈整体下降趋势，就业出口通道窄小，毕业生就业工资待遇低，人们普遍存在对职业院校看不起的心理，使学校办学面临严峻挑战。这就给学校德育工作带来了新的要求，德育工作的思路、方法也都应当作出相应的变化，以适应新的形势。

现阶段的德育既要反映社会主义初级阶段的生产关系、社会主义市场经济和按劳分配制度等的现实需要，又必须注重德育的现实性，使德育目标由过去单一的政治要求转到注意学生政治思想道德素质的全面提高。德育目标不能脱离社会生活实际和职业院校学生思想品德的实际，在对学生进行思想、政治、道德、法律和心理健康的全面教育中，目标要求应有所区别，像社会公德、遵纪守法等属于最基本的社会道德规范、是对公民的最基本要求的内容，应要求所有学生遵循和切实做到。

职业教育德育由于在过去较长的一段时间里没有形成具有自身特点、相对独立的德育课程体系，德育目标一般化和趋同化现象比较突出，不能体现出职业教育特色，缺乏应有的针对性，使德育目标的具体要求产生缺失和错位，偏离职业教育基本内容，偏离职业教育需求，造成德育实效性降低。要满足职业教育德育目标的现实性和实效性要求，实现全方位指导和促进学生政治思想道德素质的全面提高，这就要求我们在开展职业教育德育工作时，必须要注重职业理想、职业道德、职业纪律、职业行为、创业能力等方面的教育和培养，搞好以敬业和诚信为重点的职业道德教育。

在开展职业教育德育工作中，我们的思想还应实现以下四个转变：

首先，实现从"小德育"向"大德育"的转变。所谓"小德育"的特征就是内容上侧重于理论教育，学校德育队伍局限于政教部门或德育课老师，范围仅是校内的思想教育，忽视社会、家庭对德育工作的影响。这种"小德育"式的工作思路，容易造成德育工作与社会生活实际相脱节，也与教学工作相分离，与社会需要相背离。而"大德育"理论认为德育应该是由社会德育、家庭德育和学校德

育共同组成的。现在我们所说的"大德育"除了以上的内容之外，还可指由道德教育、政治教育和法制教育所构成的学校德育。因此，在新的形势下，应该用"大德育"观念，充实德育内容，扩大德育工作队伍，调动广大教师的积极性，扩大德育工作范围，使德育工作深入到家庭，延伸至社会，使学校的德育工作有广泛的基础。

其次，从工作途径来说，实现从灌输型向实践型转变。灌输型指的是德育工作者在教育实践中，只注重要求，而不重视适宜德育对象的教育方法。它以"管住"学生"不出事"为目标，一味要求学生无条件地接受和认同，着眼于纠正学生的"错误行为"，忽视对德育精神内涵的把握，使德育管理工作带有明显的功利色彩。这种重视表面秩序和短期功效的德育工作方式，易导致被教育者产生逆反心理和对抗情绪。要实现道德认识水平的提高和道德行为的产生，必须要通过培养学生积极健康的行为习惯，而让学生通过体验、醒悟等途径，提升自己的人格，变"要我做"为"我要做"，使德育要求变为学生的一种主动需求。

再次，从德育工作的管理来说，应从经验型向科研型转变。经验型教育惯于说教，与实际脱离，无统一计划、无目标，往往头痛医头、脚痛医脚，达不到教育效果。实现从经验型向科研型转变，必须加强德育工作的计划性和规划性。根据不同年级、专业制定不同的德育目标，各学科制订德育工作计划使学校德育工作真正做到系统化、规范化。同时加大德育科研力度，开展德育工作学术研究，定期召开研讨会，以促进德育工作的开展。

最后，实现从软任务向硬任务的转变。学校德育工作由于受"应试"教育的影响，往往易被忽视。德育工作实效具有一定的滞后性、隐藏性，所以口头上、文字上强调得多，具体落实得少。因此，上级教育行政主管部门要有相关的机构加强对学校德育工作的督促指导，使学校党政"一把手"真正把德育工作当做头等大事抓紧抓好。同时，加强学校各类人员参与德育工作的检查评估，把教师在教学中渗透德育工作情况作为教师职评的重要依据，其他各类人员参与德育工作表现应作为年终考核的重要依据，使学校做到全员育人，全程育人，全方位育人。

我们应确立"以学生为主体"的教育思想，做到德育活动与课堂教学相结合，职业院校教育与社会、家庭教育相结合，管理工作与科研工作相结合，常规工作与重点工作相结合，引导学生学会做人、学会求知、学会生活、学会健体、学会创造；培养学生强烈的爱国主义情感、社会责任感和勇于进取、探索创新的性格，培养他们不怕困难、持之以恒的毅力、健康的审美情趣和高尚的兴趣爱好；培养他们科学分析问题的能力和自我教育、自我管理、自我控制、自我调节的能力，让"教书育人、管理育人、服务育人、环境育人"不仅只停留在口头上，更要落实到我们的实际工作当中。

二、职业教育德育管理实施途径

(一)加强学校德育工作组织领导和制度建设，规范学校德育管理

《意见》指出，要加强对中职学生思想道德教育工作的领导。健全中等职业学校思想道德教育工作领导体制和工作机制。中等职业学校要把学生思想道德教育摆在各项工作的首位，贯穿于教育教学的全过程。实行校长负责的中职学生思想道德教育工作领导体制。党组织要发挥政治核心和监督保证作用，支持和协助校长做好中职学生思想道德教育工作。校长要统一领导中职学生思想道德教育工作，把思想道德教育与学校各项工作结合起来，同时部署，同时检查，同时评估。学校要有一名副校长分管中职学生思想道德教育工作。学校各部门要明确各自责任，密切协作，切实完成相应任务。①

学校实施德育管理，首先要设立德育工作制度，明确学校各部门、组织应承担的具体任务及工作措施；其次各部门、组织要有德育工作目标和计划，制定具体可行的德育工作方案，使学校德育工作层层落实、落到实处。

德育工作制度是学校德育的规范体系，它既对学校德育工作作出具体规定，也对学生的道德发展和道德面貌作出规定；它是为完成德育目标而对相关人员进行指挥、协调、控制和监督的组织管理规范体系，是学校德育工作要求的具体化，其以管理制度的形式为实现学校德育目标提供体制保证。

学校有了德育制度，才能保证德育目标的正确性，德育内容的实用性，德育方法的针对性和德育评价的权威性，避免学校德育主客体错位、德育要求到不了位和德育工作无地位的后果，防止出现德育管理形式化，趋同化和功利化的情况。因此，职业院校必须建立规范、完整、完善的德育制度，形成针对本校学生的年龄、心理特点和职业教育的目标要求的、具有职业院校特色和适于操作的学校德育管理制度。职业院校德育制度应重视学生自律的一面，弱化制度的他律作用，减少强制性行为，注意培养学生的独立意识和自我意识。

① 教育部 中宣部 中央文明办 人力资源社会保障部 共青团中央 全国妇联. 关于加强和改进中等职业学校学生思想道德教育的意见（教职成〔2009〕11 号）〔EB/OL〕. 〔2009-06-24〕. http：//www. chinalawedu. com/new/1200_22598_/2009_7_2_ma62180141912790024780. shtml.

职业教育的德育制度还必须有监督的内容。如果缺乏监督，就会产生行为主观性和随意性，容易导致学校德育工作徒有虚名或放任自流。

(二)建设高质量的学校德育工作队伍

《意见》指出，中等职业学校党政干部和共青团干部、班主任、德育课教师是中职学生思想道德教育工作的骨干力量。学校党政干部和共青团干部负责中职学生思想道德教育的组织、协调和实施；班主任负有在思想、学习和生活等方面指导学生的职责；德育课教师根据课程内容和特点，负责对学生进行思想政治教育、道德法制教育、职业生涯和职业理想教育以及心理健康教育。学校全体教职工都负有对学生进行思想道德教育的重要责任。地方各级教育行政部门和学校要大力加强教师职业道德建设，建立和完善教师职业道德考核奖惩制度。

要加强班主任队伍建设。中等职业学校要选聘思想素质好、业务水平高、奉献精神强、身心健康的教师担任班主任，每个班级必须至少配备一名班主任。班主任工作计入教师基本工作量，学校绩效工资分配要适当向班主任倾斜，使他们有时间、有精力、有热情做好班主任工作。要将班主任工作成绩作为教师聘任、职务晋升的重要依据，教师高级岗位聘用应向优秀班主任倾斜。各级教育行政部门及人力资源社会保障行政部门和中等职业学校要将优秀班主任的表彰奖励纳入教师、教育工作者的表彰奖励体系。加强班主任培训，努力提高他们的思想水平和业务能力，建设一支高水平的班主任队伍。

要加强学校共青团组织和团干部队伍建设。各级团组织要与有关部门和学校密切配合，切实加强对中等职业学校共青团工作的领导。各级教育行政部门及人力资源社会保障行政部门和中等职业学校要充分发挥团组织和团干部在加强中职学生思想道德教育方面不可替代的作用，把团建工作纳入党建工作的总体格局，建立健全"党建带团建"工作机制，加强对共青团工作的领导。建立健全学校共青团组织，努力实现"校校有团委、班班有团支部"的目标。要配备专职团干部，加强对团干部的选拔、培养和使用，按照有关规定落实团干部待遇。

要加强德育课教师队伍建设。中等职业学校德育课教师是学校专职从事德育课教学的专业人员，是中职学生思想道德教育的专门力量。德育课教师除应具备国家法定的教师资格外，还应具有一定的马克思主义理论修养、较丰富的社会科学知识和从事思想道德教育工作的能力。学校要按照德育课设置和教学任务要求配齐配足德育课教师。各级教育行政部门和中等职业学校要高度重视德育课教师培训工作，创造条件不断提高德育课教师思想道德修养和教育教学能力，努力培养一批中等职业学校德育特级教师和高级教师。[①]

(三)提高师资队伍整体素质，充分发挥教师育人主导作用

"学校德育工作需要有许多条件，但教师是起关键作用的因素和条件。"[②]在学校德育中，教师是德育活动的组织者，同时也是德育过程中社会要求的代表者，一定社会意识、思想和道德准则的体现者，是实现德育目标的重要保证。

韩愈《师说》曰："师者，所以传道，授业，解惑也。"教师在向学生传授知识的同时，也对学生的品德情操和行为习惯有巨大影响，因此教师的德育主导作用是毫无疑问的。教师是学生人格的设计者，又是灵魂的雕塑师，是教育活动的主导者，又是教育对象的榜样。教师既是德育的教育者，又是学生人格发展的准客观环境。教师的形象是学生德育的最好教科书，是促进学生发展向上的源泉。教师与学生的关系，不仅仅是教育者与被教育者的关系，而且有指导与被指导、后生与晚辈、有知者与缺知者等多种角色关系。教师对学生具有强大的吸引力、影响力、感染力和权威性，教师在授课过程中所创造的和谐与温馨气氛，能使学生如沐春风，轻快无比，使学生在潜移默化中"信其道""学其理"，产生强烈的"亲其师"的感情，并且通过相互感染、情感交流体验到教学的愉悦和耕耘的欢欣。教师对学生品德的形成和影响是无与伦比的。

社会要发展，发展靠人才，人才须教育，培养人才是教师的天职。在职业院校中，由于工作分工不同，在不同程度上有意无意地把教师既是"经师"又是"人师"的双重身份割裂了开来。只有德育课教师、学生科、政教处、班主任等被赋予明确的德育责任，而其他课程教师则认为德育不是自己份内的事，名不正言不顺，因此不必承担德育的责任和义务。这是一种十分错误的德育观念，它将造成学校德育合力的减弱，使学生失去多方面进行德育熏陶的机会，不利于学生健康成长。学校不仅仅是传授知识的场所，而且是社会主义精神文明的培植之地，学校肩负着教书育人的双重使命，只有全体教师都具有明确的德育意识和德育责任，才能形成合力，充分发挥出学校全员育人的德育职能。

---

① 教育部 中宣部 中央文明办 人力资源社会保障部 共青团中央 全国妇联. 关于加强和改进中等职业学校学生思想道德教育的意见（教职成〔2009〕11 号）〔EB/OL〕.〔2009-06-24〕. http://www.chinalawedu.com/new/1200_22598_/2009_7_2_ma621801419127900 24780.shtml.

② 谈松华. 时期德育的若干特征[J]. 中国教育学刊，2001(1).

(四)建立科学德育评价体系，用正确教育思想和方法引导培养学生

德育评价是德育过程和德育制度的一项基本要素，它对德育工作具有监督作用、导向作用、杠杆调节作用和推动促进作用。《意见》指出要建立健全中职学生思想道德教育工作的督导检查制度和综合评价机制。长期以来，在学校德育活动中对德育评价的功能作用和意义认识不足，特别是对学生的德育评价没有充分发挥其应有的效果。过去对学生德育评价，注重的只是学生的学习成绩，评价学生好坏主要看分数，而不太注重学生身心全面协调发展。在这种传统评价方式的影响下，使教师和学生的观念都集中在学习成绩上，教师不注意促进学生德智体美的全面发展，认为只要成绩好，一切都好，以分数高低论好坏，成绩决定一切，这就造成学生身心发展不平衡，德育效果低微。

"道德评价能力的发展是道德观念形成的重要组成部分"，① 职业教育德育要取得更好的实效，必须进行德育评价的改革和探索。只有正确合理的评价才能改变长期以来德育目标只提表面要求，只看表面行为，只图表面效果和不求实效的形式主义通病，引导和激发德育在学生品德形成中的深层效应。

如何公正、客观和科学地评价学生在校表现并得出有说服力的结论，已成为当前职业院校德育能否上水平的一个现实问题。职业教育有别于其他教育类型的特殊性就是其职业性，即注重培养学生具有良好的职业道德，具有敬业精神和诚信品质，能吃苦耐劳。这一特点决定了职业院校教育应注重观察学生在个人意志品质、职业精神、职业素养方面的成长与表现，而不仅仅是以考试成绩评价。因此对职业教育德育评价一定要考虑这个特点。

在评价中应坚持以鼓励学生为主导思想，以表扬为主，采用正面积极的方法来促进学生上进和发展，要善于发现学生的优点，使学生有自信心，鼓励学生在认知、兴趣、情感、意志等方面都得到发展。同时，还要注意不能急功近利，揠苗助长。激励学生的进取精神，必须从细微处做起，小处着手，分阶段、分步骤、循序渐进，着眼于学生的长远发展，还要注意学生的个体差异，在进行评价过程中还必须考虑学生个体之间的发展不平衡性。

---

① 韩进之．教育心理学纲要［M］．北京：人民教育出版社，2005，121．

第三节 职业教育德育的实效性

前两节我们已就职业教育德育的理论及其实施展开了论述，本节我们将基于上述理论，针对职业教育的实际情况提出一些提高德育实效性的管理对策。

一、德育实效性的内涵

德育实效性是指在特定的环境条件下，德育的实际运作对德育目标的实现程度。[①] 它既是指德育的内在效果即德育能否顺利地转化为学生个体的思想道德素质，又是指外在效益即通过提高学生思想道德素质，促进社会的物质文明、政治文明和精神文明建设。

同时，德育的实效性还表现在德育的效率上，即以一定的人、财、物、时间的投入获得最佳的效果和最大的效益。

现代德育理论认为，德育的实效性就是德育的现实功能与期望功能的吻合程度，它是一种价值属性，是"应然"与"实然"之间的价值关系。"如何让'实然的'德育目的真正地反映作为主体根本需要的反映的'应然的'德育目的，如何让现行学校德育在一种正确合理的德育目的的指导下进行，是德育实效问题得以解决的关键"。

总的来说，学校德育实效性的本质有如下几个特点：

(1)学校德育实效性的实质是合目的性，即德育工作实际完成情况是否符合德育目标，或者说是否达到预期目标的程度。

(2)学校德育实效性的前提是合规律性。一方面，实效性的产生是有条件的，它要受到事物发展规律的制约；另一方面，由于它是具有主观意志的人的一种社会活动过程，学生品德发生和发展所体现出的规律性又会因人的理性认识及实践水平的影响而又具有主体性的一面。

(3)学校德育的实效性还必须符合"行动的技术性"。实质上它是一种目的和手段相互契合的行动逻辑性，它不同于客观规律性和主体目的性，而是作为人的行动规律的含义来理解的，这是因为学校德育活动仅仅合主体的目的性、合学生品德发展的规律性还不能完全保证活动的有效性。比如，有些传统型教师，尽管对德育目标和教育规律有丰富认识，但如果不了解现代青年的思想特征、

---

① 黄春兰.中等职业学校德育有效性研究[D].福州：福建师范大学，2003.

不注意方式方法的运用，缺少行动的科学性，也许难以在开展德育工作时取得很好的效果。

（4）因此，对学校德育实效性的完整理解应从有效益、有效果、有效率三个方面来进行。所谓有效益，是指学校德育目的及目标必须符合主体的真实需要；所谓有效果，是指学校德育活动的结果必须符合学校德育目的、目标；所谓有效率，是指学校德育活动过程的投入必须符合学校德育目的及目标得以实现所内在要求的最经济的投入。德育的效益、效果、效率共同组成德育实效性的基本内涵，只有在这种深刻认识和完整理解的前提下，才能使我们所进行的提高学校德育实效性对策研究做到有的放矢、胸有成竹。

二、目前职业教育德育工作状况

为了提高职业教育德育工作的针对性、实效性，我们必须首先对德育工作的现状及其对象有一个科学、全面的认识。

（一）职业院校德育工作现状

1. 教师队伍情况

这些年来职业院校德育工作取得一定成绩和经验，但也还存在许多与德育要求不相适应的问题。

相当多的职业院校没有设立专职德育机构，没有专职德育教师、心理学教师，或因专职德育教师不足由非专业德育教师从事德育课教学，学校德育的实施主要通过团委工作人员、年级辅导员和班主任完成。这些人员各自工作职责不同，在进行德育工作时很难做到统一目标、统一实施，缺乏沟通和合作。

学校缺乏组织德育工作的专题学习培训，没有把德育与"教书育人、管理育人、服务育人"的工作有机而紧密地联系起来；德育课教师参差不齐，整体水平不高，德育课教学质量存在差距，课时不保障，教学内容枯燥、联系实际不够，多数学校没有开设心理学课。

教师队伍对德育工作的特殊性和教师工作的独创性还缺乏深刻的认识，教师的育人意识、教学过程的德育渗透不够，存在德育与智育，德育教师和其他课程教师割裂的情况。还有一部分教师没有意识到自身修养和价值取向中的德育意蕴，少数教师受市场经济个人至上、拜金主义等负面影响，滋长了"一切向钱看"的倾向，导致职业信念不强，职业水准不高，敬业精神淡漠，工作责任感下降。

2. 学生的情况

近年来由于高校、高中扩招，职业教育出现招生难，生源素质下降、毕业生就业难等问题。过去职业院校招收的是大学落榜的高中生和重点高中落榜的初中生，生源素质有保证。而现在招收的是初中生，其中更多的是普高落榜的、在中学学习较差的低分生，正是这个原因，社会对职业院校存在一定的鄙视心理；而在学生心目中，这里并不是他们向往的地方，只是因为自己没有更好的选择，不得已而为之。他们成绩差、落差大，精神状况普遍不好，入校后表现出许多不适应。虽然自己的条件较差，却要求学校的条件要好；自己的功底不深，却要求老师要棒；自身涵养较差，却要求学校服务水平要高。在学习上学习目的不明确，求知欲望不强，对自己缺乏信心，大多有厌学情绪。

处在社会转型期的中国青少年，有相当一部分青少年存在着种种道德困惑，而且呈现出道德素质下降的问题。

首先，价值观念多样化使青少年学生面临多元选择的困惑。一些学生道德标准混乱，知行难以统一。有权威社会调查结果显示，近半数的青少年感到"有些事好坏难辨"，以致无所适从。不少青少年一方面对社会上的道德现状表示不满；另一方面又明确表示为了个人和小团体的利益需求，将放弃自身道德追求，采取实用主义的态度。

其次，主体意识增强的同时，诱发个人主义倾向，过分看重个人利益，社会责任感淡化。有社会调查显示，有80%左右的青少年已经把诸如"为国家作贡献"、"增强事业责任心"等排除在自己的工作动力以外，他们基本上都将与个人利益有关的因素视做工作的主要动力。随着社会现代化程度的不断提高和市场经济的不断发展，个人意识充分张扬，个人利益备受重视，这本无可非议；然而，不少青少年对个人、自我的强调，已显得不是十分健康。由于社会责任感、尊重他人、团队合作之类的现代观念，并未与个人意识同时确立，因此对个人利益的过分关注，就很容易滑向功利主义，甚至会排除道德和伦理价值，走入不择手段、唯利是图的泥潭。

再次，强调效益观念和求实精神的同时，诱发了拜金主义和重利轻义倾向，过分强调报酬高低，敬业精神严重缺失。调查反映，有近六成的青少年都把"报酬高低"作为今后择业的最主要条件，一半以上被调查者认为，现在最流行的观念是"一切向钱看"，认同"干一行、爱一行、专一行"的青少年所占的比例不到五分之一。

最后，职业院校学生心理脆弱，增加了德育难度。职业教育的学生入学年龄多在 15～18 岁，处于青年初期。这一阶段其生理发育接近成人水平，而心理发育相对稚嫩。自我意识和独立倾向急剧膨胀，认知却不成熟，存在片面性。在情感上，强烈性与敏感性、易变性与偏执性、内向性与外向性共存；在意志上，耐挫力与自制力较差，身心发展不同步，自我控制、自我设计和自我发展能力相对薄弱；在思想上对事物好坏鉴别能力较差，加之近年来由于就业竞争激烈和要求提高，使学生对自己的学习能力和就业能力产生怀疑，出现心理失衡，道德意识弱化，因此在接受德育培训时，存在许多思想障碍，如精神厌食、封闭心理、逆反心理、反复心理等，使学校德育工作难度增加。

(二)外部环境因素对学校德育工作的影响

职业教育德育是一个复杂的系统工程，校园内的德育工作在对学生进行思想政治教育，培养青少年健康的生活情趣，树立正确的道德观、荣辱观、价值观和人生观的同时，也不能忽视家庭、社会等外部环境因素的影响。

学校德育对人的思想道德素质的影响是自觉的，有计划、有步骤、有内容、有组织地在特定时间和地点系统进行的，而环境对人的道德素质的影响是广泛的、多样的。其中有积极的，也有消极的；有正面的，也有负面的。它涉及思想道德素质的各个方面，而且这种广泛性、多样性是时时处处自发地产生的。学生也是社会中人，思想文化，不良风气，各种成年人活动场所缺乏监管，无时不冲击着青少年这个防御能力较弱的群体。

随着我国的改革开放和社会主义市场经济体制的建立，利益原则在推动社会生产力发展，激发人们进取意识和创造热情的同时，也驱使一些人私欲膨胀，在经济利益驱动下，人们的思维方式、价值取向也出现了很大变化。这些变化也给职业院校德育带来很大的影响：市场经济发展过程中一些人片面追求利益观念对学生的价值取向的影响；社会不良思潮、不正之风向学校渗透和侵蚀，给学生带来的冲击和影响；全球多元化的文化形态、思想观念、价值取向对学生道德观念形成的影响。德育中的新问题已经摆在我们面前不可回避，它已对职业教育德育工作带来前所未有的冲击和挑战。

学校教育、家庭教育和社会教育在价值取向上往往存在矛盾，常常形成在德育上各取所需，导致德育目标的错乱。在这种情况下，不但德育实效低，而且也让学生感到无所适从。由此可见，在职业教育德育工作中，德育对象不仅受到来自学校的德育教育，而且要受到社会、家庭等许多其他外部环境因素的影响，德育对象的道德品质实际上就是这些因素交互作用产生德育合力的结果。

　　德育由社会德育、家庭德育和学校德育共同组成。为了使学校德育工作收到好的效果，必须把学校、家庭、社会三者的教育有机的结合起来，形成全社会都关心支持青年学生的德育氛围，共同营造青少年健康成长成才的良好舆论环境，为青少年提供更多更好的文化产品和文化服务，通过社会各界力量组建青少年校外教育社会化队伍，发挥青少年校外活动阵地的教育功能，促进青少年校外德育教育事业健康有序、持续快速发展。

　　学校应采取有效措施，妥善处理好学校内部因素与外部环境因素相互影响的关系。学生良好思想道德品质的形成，高尚情操的养成，学习动力的激发需要良好的社会风气、和谐的家庭氛围、积极向上的校风学风等因素的共同作用，这就要求我们有"大德育"观念，充实德育内容，扩大德育工作队伍和德育工作范围，使德育工作深入到家庭，延伸至社会，使学校的德育工作有广泛的基础。

三、提高职业教育德育实效性的对策

　　学校德育实现其教育内容对学生在思想、政治、法制和道德等方面的深刻、持久的影响，以及对学生的意识在判别、选择、理解等方面产生强化作用，需要通过内化和外化，使学生将学校的各种"德育信息"，内化为自己的信念，外化为自己的行为，在人生观、世界观、价值观等思想品德方面朝着学校德育工作所期望的方向发展变化，才能实现学校德育目标，为此学校德育要做大量的工作。

（一）强化教师育人意识，建设一支高素质的德育师资队伍

　　育人工作是一项由外在行为到思想内化的综合工程。我们必须坚持抓好教书育人、管理育人、服务育人的协调发展，全面有效的把学生培养成为高素质的公民。学校要以把学生培养成德智体全面发展的具有综合能力的高素质的劳动者和专门人才为教育目标，强化教师育人意识，加强师德建设，引导广大教师树立"教书育人，育人为本，德智体美，德育为先"的理念。

　　教书育人是教师自觉地、有目的的在教书过程中，向学生实行德育的过程。因此，我们的教师在教学过程中必须重视科学的渗透教育，文道结合，晓之以理，动之以情，导之以行，提高学生的思想道德素质。

　　新时期德育工作的发展对德育工作者提出了更高的要求，教师必须掌握德育发展的新动态，学习德育管理的新知识，关注德育理论的新发展以及教师自身素质的提高和完善。

教师的素质包括职业道德意识、职业道德意志、职业道德关系和职业道德活动等方面。从总体来说，教师的素质目前尚不能完全达到学校德育的要求和满意的程度。这就需要进一步加强学校德育队伍的建设，在教师的职业价值、职业理想、职业道德基本素质和精神境界等方面予以充电和提高，特别要加强师德师风的建设，增强师德信念和道德修养，树立正确的人生观、世界观和价值观，形成强烈的教书育人的责任感、义务感、使命感和光荣感，满腔热情地把自己的力量和才华无私地奉献在教书育人上。

加强德育队伍的建设要特别重视年轻教师的培养和使用。现在职业院校中青年教师占教师人数的一半以上，他们将无可替代地成为职业教育德育队伍的主要力量。因此对青年教师的使用和培养，关系到职业教育社会主义办学方向的大局，丝毫不能忽视和怠慢。青年教师在年龄和经历上与学生相近，思想感情易沟通，精力充沛，在做学生思想工作上比中老年教师更具优势，对学生影响往往更大。因而，在职业院校中要形成一个重视青年教师队伍的氛围。当然，也要看到年轻教师涉世不深、实践经验少、情绪波动性大等一些弱点和不足的地方，因此对他们的培养、教育和"传帮带"，就至关重要。

随着信息网络时代的到来，知识更新和信息增长的速度越来越快，学生掌握的信息量往往不比教师所掌握的少。教师面对众多的学生和频繁的信息，只能是信息的平等分享者，而不可能是信息的独占者。与之而来的师生关系，也不再存在师道尊严的隔阂，而是平等、民主、互敬互爱的新型师生关系。这样的师生关系不仅不会削弱教师对学生人格的影响，而恰恰相反，是对教师思想品德的感染力提出了更高的要求。教师要认识到自身的不足，提高终身学习的自觉性，跟上时代发展，不断更新观念，更新知识和技能，加快角色转换，以适应学校深入开展德育的需要。

在知识经济时代，传统教育面临根本性的挑战，教育被赋予了新的使命，具有了新的特征，我们要高度重视德育发展中教师角色的重塑和转换，必须从传统角色的束缚中解放出来，而扮演新的角色。如果教师固守于原有的角色，就无法满足时代发展提出的新要求，必将遭受无情的淘汰。因此，教师角色的转换是时代发展的必然。教师角色的转换意味着教师的真正功能将更加凸显。教师原有不适应时代的角色将不断被解构、被清除、被更换，进而整合为新的角色，即由学习的指导者转变为未来发展的设计者；由文化知识的传授者转变为知识体系的构建者；由课程教材的执行者转变为课程和教学的研究者；由教育教学的管理者转变为现代型师生交往"师生场"的参与者和引路人。

（二）把握重点和契机，开展德育教育和社会主义荣辱观的教育

以重要节日、纪念日、各民族传统节日及社会热点为契机，以班会、校级会、表彰大会等形式，在学生中开展以爱国守法、明礼诚信、团结友善、勤俭自强为主要学习内容的公民道德教育和社会主义荣辱观教育；开展以民族传统美德、革命传统、职业道德和职业理想为主要内容的民族精神和敬业诚信教育，使学生在各种知识、信息、社会思潮的相互碰撞中提高认识和鉴别能力，帮助学生树立科学的世界观、道德观、人生观和价值观，培养学生爱岗敬业的优良品质。

利用榜样教育学生。榜样的力量是无穷的，它是先进的思想、积极情感和正确行为习惯的统一体，对学生影响很大。除了学习社会公认的榜样外，学校的职能部门、班主任、教师还应该多深入调查了解，注意发现本校学生中的先进典型，及时进行表彰、推广。表扬了一面，红了一大片，这样的例子并不鲜见。

学校可以适时地开展"主旋律"教育。如规范周一升旗制度，通过升国旗、奏国歌、国旗下讲话等过程进行爱国主义教育，培养学生的国旗意识和民族自豪感；每年三月开展"学雷锋活动月"活动，培养学生艰苦朴素、乐于奉献、爱岗敬业的精神，树立科学的人生观、价值观；利用法制报告会对学生进行法制教育，使学生遵纪守法，懂得去珍惜生活；围绕"国庆"等重要节日及纪念日，开展系列活动，培养学生的爱国主义思想。

（三）充分发挥课堂教学和实训实习在学生思想道德教育中的主导作用

《意见》指出，要发挥德育课主渠道作用。德育课教学要充分反映马克思主义中国化最新成果，把中国特色社会主义理论体系的基本内容、社会主义核心价值体系的基本要求融入各门课程；充分体现"贴近实际、贴近生活、贴近未成年人"的原则，紧密联系社会实际和中职学生生活，尊重中职学生身心发展规律，注重知识学习和观念形成，更注重情感培养和行为养成；充分突出职业教育的特色，课程设置、教学安排要和职业教育培养模式、教学特点相适应，发挥学生主体作用，突出教学的实践性，注重现代教育手段在教学中的运用。推进职业院校德育课课程改革，进一步增强德育课的针对性、实效性、时代性和吸引力。

要发挥其他课程教学的思想道德教育功能。文化课、体育与健康课、艺术

课等其他公共基础课教学和专业理论课教学是进行思想道德教育的基本途径。要根据不同课程教学的特点，结合教学内容对中职学生进行爱国主义、社会主义、中国近现代史、基本国情、民族团结的教育；进行科学精神、科学方法、科学态度的教育；进行团结协作和坚韧不拔精神的教育；进行审美观念和审美情趣的教育；进行敬业、乐业和创业精神的教育。各学科教师要认真落实本学科的思想道德教育任务要求，结合各学科特点，寓思想道德教育于各学科教学内容和教学过程之中。各学科的教材、教学大纲和教学评估标准，要坚持正确的思想导向。

要发挥实训实习的思想道德教育作用。实训实习是中等职业学校教育教学的重要内容和环节，也是对中职学生实施思想道德教育的重要途径。学校要结合实训实习的特点和内容，抓住中职学生与社会实际、生产实际、岗位实际和一线劳动者密切接触的时机，进行敬业爱岗、诚实守信为重点的职业道德教育，进行职业纪律和安全生产教育，培养中职学生爱劳动、爱劳动人民的情感，增强中职学生讲安全、守纪律、重质量、求效率的意识。要切实加强实训实习管理，在实训实习特别是离校顶岗实习阶段，学校必须安排专门人员参加，与实习单位共同做好对中职学生的思想道德教育和管理工作，绝不能放任自流。

(四)注重常规管理，强化养成教育

常规管理是学校管理的核心部分，养成教育是学校德育工作的中心内容。

常规管理就是把学校大量的反复出现的日常管理事务，按其各自运动规律而制定和实施各种相对不变的规定和规则。以条令的形式使管理常规化、制度化、规范化，保证管理有条不紊，井然有序，以提高管理效率，强化学生养成文明行为习惯、良好道德品德和遵纪守法意识，培养优良的学风和校风。开展养成教育活动，科学地规范师生的行为，规范学校做好德育工作的要求和标准。

除根据学校德育的任务和内容有计划、有目的地组织学生进行各种行之有效的教育形式外，还必须依据上述职业教育德育的特点和基本内容，结合学校实际情况，进一步加强常规教育，以扎扎实实地把职业教育德育工作做到实处。具体的做法可包括：

1. 采用半军事化管理，在礼节、着装和仪容风纪、称呼和举止、生活守则、内务卫生、军训、国旗升旗仪式、各级人员职责等方面作出具体的规定，以规范学生在校学习、生活和工作，以及从早上起床到晚上熄灯一天的行为。

2. 加强辅导员班主任工作的管理，严格考勤、考核制度。制定细则督促辅

导员的常规管理，对周会、主题班会提出具体要求，不定期检查两次。坚持每周一次的辅导员会议，学习理论、总结工作、安排任务、培养德育工作的中坚力量。

3. 坚持正面教育与纪律约束相结合的原则。对学生教育必须坚持正面引导，以说服教育为主，做耐心细致的思想工作；同时辅以纪律约束，把两者结合起来。教育者要积极发现并依靠学生本身具有的积极向上的因素，即优点、长处、先进因素，限制和克服其消极因素，即缺点、短处、落后的一面。善于发现学生思想上的"闪光点"，以利用道德品质的迁移作用，促进学生思想内部的矛盾运动，推动他们的思想品德向着教育者所期望的方向发展。

建立并执行各种规章制度。学生管理部门、班主任应经常针对学生中存在的问题，有的放矢地组织学生学习《学生管理条例》等学校各种规章制度。对个别违纪情节较严重，又屡教不改的学生，给予适当的纪律约束，以强化学生养成良好品德行为。加强对班级管理的指导，制定《文明班级考评细则》。坚持对班级管理工作进行考核，做到日检查，周公布，月评比，学期小结，学年总结。通过文明班级、先进团支部、"三好"学生等评优工作的开展，推动班风的好转，学风、校风的改观。

德育的过程是组织学生的活动与交往，统一多方面教育影响的过程。学生的思想品德是在活动与交往中形成，并在活动与交往中表现出来。长期坚持上述办法，并做到措施得力、人员落实、管理到位，使之条条落实，就能强化学生的良好生活习惯、高尚思想情操、良好道德品质在学校严格的管理教育活动中的养成。

（五）发挥家庭监督教育作用，引导青年学生健康成长

长期以来我国学校德育一个十分突出的问题是重视学校德育，忽视家庭和社会德育，使学校德育形成一个封闭的系统，把学校、家庭和社会分割为各司其政的独立板块，不注意把这三种德育途径整合为一股力量，这是不对的。实际上家庭教育在青年成长中占有重要地位，家庭成员的思想品德、文化修养、生活习惯、教育经验等都对学生产生直接影响。

青年学生除了校内学习时间，其余相当多的时候是与家庭成员共处，合格的家长应该着力提高自身的素质，以良好的行为习惯和生活态度影响自己的孩子，应多与孩子沟通交流，了解孩子的性格与爱好，关心孩子的成长与需求，分担孩子的困难与烦恼，及时引导他们用积极的态度面对困难与挑战，帮助他

们解决生活和学习中出现的问题。

学校要重视与学生家长的沟通工作。通过召开家长会、成立家长委员会、发放家长通知书等形式及时将学生在学校的情况告知家长，争取家长的支持和配合；成立家长学校，引导家长关心孩子在校的表现和学校的事情，指导教育方法，使学校与家庭的教育很好地结合起来，切实增强德育工作的实效。

（六）开展德育创新，构建情境化德育新模式

要进一步加强和改善职业教育德育工作，必须进行德育创新。德育创新是增强德育实效的关键所在。在职业院校中开展德育创新，应以学生发展为本，各职业院校可联系本校学生实际，探索开发有利于本校学生思想道德教育的校本德育课程，有的放矢的开展针对性德育，同时通过构建和采取情境化德育新模式来提高学校德育工作的实效性。

道德的本质是个体问题，是个体理智的选择。真正的道德成长发生在个体的内部。品德心理学研究成果表明，个体品德的养成并不仅仅取决于道德知识的多少，而主要是来自于个体与他人交往互动中通过道德的内化而形成，它需要一个潜移默化的过程，决不是通过强制的道德说教而促成的。"道德（伦理）是可教的，品性（品德）却是不宜于（通过学校课程）来教的"，它需要自身感悟来提升。必须借助道德的认识，形成道德情境，在具体的道德实践中充分体验，再通过内化、强化而逐步建立和形成。

情境化德育模式一方面是通过优化学校育人环境，使整个校园成为德育的土壤，成为育人的场所。就像我们生存需要无处不在无处不有的空气一样，德育也需要无处不在，无处不有的文化情境、人际情境和物质情境。通过这些情境进行无声的、无形的、隐性的、非正式的而又是极为有效的教育，像春雨润物一样，默默地滋润学生的性情，一点一滴地浇灌学生的人品。另一方面是积极推行体验教育。

体验教育就是组织和引导青少年在亲身实践中，把做人和做事的基本道德变成自己的行为习惯的教育过程。常言道：一个没有承担过任何责任的人是很难树立起责任感的，而一个没有现实生活体验的人同样也很难接受道德观念和行为准则。

在复杂的社会变革和发展中，青少年的道德教育特别要重视社会体验，只有通过体验，才能帮助青少年真正接纳社会道德意识和观念，使道德发生作用，把道德规范化为个人的内在精神力量以及个人行为。只有通过体验，才能帮助

学生学会分析、选择，形成正确的价值判断。只有通过体验，才能帮助青少年学生养成良好的行为习惯，提高道德能力。因此，职业教育德育不能仅仅停留在说教、灌输和概念的解释上，社会道德生活体验是实施德育的有效方法，也是学生品德形成的必由之路。

（七）努力拓展学生思想道德教育的有效途径

1. 丰富校园文化，寓教于活动之中，优化校内育人环境

校园文化、科技、艺术、体育活动对青少年素质形成具有潜移默化与直接锻炼的作用，是课堂教育的补充、延伸和深化。通过开展文化艺术节、运动会、各类技能比赛、主题活动及主题班会科技创新等活动，培养学生的审美情趣、创新精神和实践能力，培养学生的集体主义观念，丰富校园文化生活，营造多彩的学校文化氛围，为广大青年学生提供展现自我、追求美好的成长舞台，使他们在活动中增长才干，陶冶情操。①

加强校园环境及教室环境建设，营造具有教育性、艺术性、科学性、时代性的校园文化和绿化、美化、净化校园环境。指导各班对教室进行规范化、科学化、艺术性装饰，造就良好的学习氛围；在教学楼及实训楼等教学场所的楼道张贴文明用语、市民公约，把名人名言、科学发明、经典文学艺术等人类文明的优秀成果引入校园；环境整洁、干净、优美；在校园醒目处竖立"校风"或"校训"等字牌，给学生感悟到积极向上的一种氛围，产生凝聚力和向心力，起到美化心灵、启迪智慧、规范行为、提升境界的作用。同时，充分利用校园广播站、书报栏、板报、宣传版等宣传阵地，对学生进行理论宣传和德育教育。

良好的校内育人环境需要教职工的配合。学生具有很强的模仿性，教职工的心理品质、政治立场、价值取向、言谈举止都会直接影响到学生。因此，学校必须要求教师在言谈举止上做学生的表率，要求行政、后勤服务人员优化服务，以优雅、文明、和气、谦逊的语言，良好、周到、热情的服务态度，优质的工作质量服务学生、服务教学，体现服务育人的理念，做到寓教育于言传身教之中。

2. 加强校园网络管理，发挥校园网络的育人作用

互联网正改变着人类的生活方式，青少年学生是上网主流，网络对青少年

---

① 教育部 中宣部 中央文明办 人力资源社会保障部 共青团中央 全国妇联．关于加强和改进中等职业学校学生思想道德教育的意见（教职成〔2009〕11 号）［EB/OL］．［2009-06-24］．http：//www.chinalawedu.com/new/1200_22598_/2009_7_2_ma62180141912790024780.shtml.

学生思想品德的形成将会产生越来越大的影响。

现实中，由于信息网络的各种负面影响，使得许多家长甚至教育工作者本身都把现代网络视做洪水猛兽，一味禁止和打击各类学生接触网络的行为。但如果我们换一个角度来思考，就会得到不同的答案。事实上，现代信息网络为德育工作提供了丰富的资源，而且扩大了德育工作的时间和空间。网络信息集知识与娱乐于一体，为人们所喜闻乐见。而且，从社会发展的趋势来看，网络生活几乎将成为未来社会不可缺少的一种生存方式，网民的主体地位越来越突出，其自主意识也越来越得到高度的发挥。可以说，网络的健康发展离不开德育工作，提高德育工作实效性也离不开网络。

学校德育工作包括了多方面的内容，而现代网络技术的应用则为学校德育提供了一种新的思路和手段，也丰富了学校德育工作的内容。学校德育工作管理，应建立和丰富以网络技术为途径和渠道的德育方式，开展丰富多彩的网络德育活动。具体可以从以下几个方面开展：

（1）鼓励各学科教师开展信息技术与本学科整合的教学活动，让学生在潜移默化中提高其信息素养。

（2）结合信息技术课，或由校团委、学生会等组织学生充分利用信息技术开展如下一些活动。如"网络征文超链接""电子邮件满天飞""网络探秘小论题""网络知心朋友多""网络作业开心做""网页制作小博士""教师信箱收获多"等活动，鼓励学生在网络的天空中展现自我，发表自己的文章、绘画作品等，让学生在网络中拥有更为广泛的、自主发展的空间。

（3）学校的心理咨询室开设网上心理咨询，学生在网络上提出心理问题，教师及时作出回应。网上心理咨询，对学生来说保护了自己的隐私，可以更充分地提出自己的问题，让心理教师进行诊断。网上心理咨询只能作为学生平时心理咨询的一个补充。

（4）开展网络班会、校会或者团会等。学校或班级可以就学生们最为关心的问题，在学校德育网站中开展讨论，给定一个期限，让学生们通过网络或在家或上课时都可以对这一问题发表自己的看法、意见，也可以就某一问题开展网络投票，同时也可以吸引家长和社会来参与我们的班会或校会。

（5）利用QQ群等功能来加强与学生间的联系，开展班级管理活动。现在学生都有QQ号，班主任可以组建一个QQ群，将班上所学生的QQ都加进来，使网络成为师生之间交友谈心、交流情感的场所，班主任可以利用QQ群来开展班级的管理活动，在QQ群里定期组织学生参加活动。

总之，网络既对青少年的道德教育提出了挑战，也为我们加强道德教育效果提供了先进的手段，学校在开展德育工作时，要学会运用网络技术创新德育教育，充分发挥其信息优势和双向选择的特点，将德育教育内容以学生喜闻乐见的形式表现出来，将传统的"灌输"转变为吸引学生自觉参与，增强德育的感召力和影响，学校还要引导学生有效自律、自我调节，使学生正确对待虚拟空间和现实空间的区别，塑造健康的网络人格，让今天的德育工作更富有时代气息。

3. 注重学生心理辅导，增强学生心理调控能力

学校心理辅导是辅导人员运用心理学专业知识与技能，给学生合乎需要的协助与服务，帮助学生正确认识自己，认识环境，确立有益于个人发展的生活目标，克服成长中的障碍，增强社会适应性，充分发挥自己的潜能。

心理辅导补充了德育的内容。它根据学生的最一般、最基本的心理需求，通过情绪调适、分析疏导，对学生在人际交往、应付挫折、职业选择、不良习惯的消除等方面给予帮助，实现教育，它使德育内容更加贴近学生生活，促使学生完整人格的发展。

心理辅导为德育提供了新的方法与途径。心理辅导采用疏泄、自由联想、暗示、放松训练、心理换位等方法，学生感觉到教育者是协助者，他们会从内心自觉接受教育，并学会用自己的力量来解决问题。德育工作者借鉴心理辅导的方法，会减少思想工作的阻力，使政治思想工作做得具有人情味。德育工作借助心理测验能够客观地了解学生的个性、智力、人际关系、长处、不足及发展趋势，使德育工作更具有针对性。心理辅导采用小组辅导、书信咨询、电话咨询、活动课等途径对学生进行教育，德育可以借鉴这些经验作为补充，使德育工作途径更丰富。

心理辅导有着不容忽视的德育功能，学校应配备专职心理辅导教师，最好由专业人员来承担，为做好学校心理辅导工作还应建立心理咨询（辅导）室，配备必要的设备和资料，通过多种形式对学生的心理问题进行指导，帮助学生排除心理困惑，并建立学生心理咨询档案。

职业教育德育的实效性是一个实践性很强的问题，要做好职业院校德育的管理工作，需要学校管理者认真研究、具体分析，才能收到良好的成效。

第七章
职业教育教学管理

为国家经济社会发展培养技能型人才是职业院校的根本任务，教学工作是职业院校完成这一根本任务的唯一途径。因此，教学工作是职业院校的中心工作，而教学管理毋庸置疑是职业院校管理工作的核心。本章将对职业教育教学管理所涉及的教学运行管理、课程管理和教学质量管理等重要内容进行详细地介绍。

第一节　职业教育的教学运行管理

教学运行管理是职业院校组织实施教学的最核心最重要的管理。职业教育的教学运行管理包括专业教学方案的制定、课程标准的制定、课堂教学环节的组织管理、实践教学的组织管理、学籍管理、教学设施管理和教学档案管理。

一、职业教育教学运行管理的特点

(一)复杂性

职业教育的教学大体分理论教学和实践教学两大部分，它的人才培养的目标要求理论教学与实践教学互相贯穿、相互交叉进行，让学生能够边学习理论，边实践，而不是像传统的教学安排那样"先理论、后实践"，需要在实践现场与理论课堂间交叉安排教学活动。这使得它的教学运行管理变得比普通教育的教学管理复杂，在实际操作中不能整齐划一，而是要根据职业教育的特点，针对不同专业、课程性质等具体情况，做出不同的教学安排。因此，在课堂教学、实践教学、学籍管理等教学运行管理环节情况复杂，要实现理论课与实践环节的顺利对接，必须提前做好大量的协调工作，既要协调学校内各部门的教学资源(实验室、实习基地、师资等)等的内部关系，还要建立与校外实习基地长期稳定的合作关系，才能保证教学活动的顺利进行。

（二）动态性

职业教育与经济社会发展的联系非常紧密，一些外部环境因素的变化，如区域产业行业结构和劳动力市场出现的结构性调整，都必将引起其教学运行方面的连锁反应。因此，职业教育的教学运行具有很强的动态性，其管理的模式和方法要有很强的灵活性，动态地适应教学活动形态的变化。这就要求教学管理人员要有敏锐的洞察力，对教学管理工作做前瞻性思考，对有关教学方面的制度、法规、教学计划、教学基本条件等的变化及社会、地方经济的发展，要及时获知，并追问变化与教学运行之间的本质联系，使之在工作中得以准确反映。同时，职业教育教学运行的动态性也要求学校的管理重心要下移，要善于授权，把一部分权力下放到基层教学实体，把责权有机统一起来，发挥系（部）、专业的主观能动性，形成一种全员参与、全程监控的教学运行管理局面。

二、职业教育教学运行管理的主要内容

（一）专业教学方案的制定

1. 专业教学方案的作用和基本结构

专业教学方案是指导和管理职业院校教学工作的主要依据，是保证教育教学质量和人才培养规格的纲领性教学文件。专业教学方案分专业示范性教学方案和专业实施性教学方案两类。专业示范性教学方案由国家教育部、国家部委职业教育教学指导委员会、省级教育行政部门制定和颁发；专业实施性教学方案由学校按照教育行政部门的规定，根据当地经济和社会发展对人才规格的要求组织制定。

专业教学方案包括专业名称、招生对象与学制、培养目标与规格（含人才规格、职业范围、知识结构、能力结构及要求）、教学活动时间分配表、教学内容及教学要求、课程设置与教学时间安排表、必修课教材等部分。各部分内容均采用简明扼要的文字描述或表格形式编制。各专业实施性教学方案的制定应当由学校教务部门组织拟定、教务工作会议（或专业建设委员会）讨论通过、教学

副校长和校长审定、报主管教育行政部门备案后执行。[①]

2. 专业教学方案制定的基本步骤

专业教学方案制定过程既要遵循职业教育要适应社会发展需求的规律也要遵循技能人才培养的自身规律。专业教学方案的制定一般要经过以下步骤：

(1)深入调研，准确定位，体现地方特色

职业教育的人才培养原则是以职业能力为本位，以就业为导向，将满足企业的工作需求作为课程开发的出发点。因此，职业院校应采取主动出击的战略，深入行业、企业进行调研，走访毕业生，关注当地人才市场上的招聘信息，并组织专业教师对获取的信息进行分析研究，找出中职生适合的岗位群，以及这些岗位群所要求的知识、技能和态度，最终形成调研报告。调研结果出来后，应邀请相关企业与用人单位、校企合作单位以及地方专业指导委员会一起进行审核，确保专业人才培养定位准确，据此定出的教学方案能培养出符合地方经济发展的技能型人才。

(2)以工作任务为中心，对课程进行开发与设计

职教特色的课程体系是以工作任务为中心，以岗位职业能力的形成来确定教学内容。目前，中职学校各专业所面向的行业岗位群普遍具有涵盖范围广且各具特点的特征，既有侧重操作技能的岗位又有理论和技能并重的岗位，这直接造成了知识、技能的多样性与课程的有限性矛盾。解决这一矛盾的最有效途径是对课程进行模块化设计，即把专业所面对的岗位群上的工作任务进行分类，整理成任务目录，每个子任务目录反映的是具有一定共性的岗位需求；以工作任务为中心展开对应模块课程设计，以完成岗位任务的需要来确定讲授的知识和技术，模块设计应"活"，可大可小。各子任务的工作性质决定了它会有多少、大小、简繁等不同特点，例如，"计算机网络"模块的课程，它涉及的理论及操作内容均较多，所需的课时也多，可作成一个大模块，分几门课相对集中在一段时间内开设，使学生能集中精力突破技术难关。而"办公软件的应用"模块，仅涉及办公室常用的几个软件，又有许多共性，一门课足够，此模块就可小巧些。所有模块课程都设置好后，总课时肯定会超过学生在校时间，但学生是不可能进入所有工作岗位的。因此完全可让学生根据自己的兴趣及职业生涯设计来选择针对某个专门化方向的模块来学习。

---

① 广西壮族自治区教育厅. 广西壮族自治区中等职业学校教学工作规范(试行) [EB/OL]. [2008-12-25]. http://www.ep12.com/news/04/000/a1/2008/1225/23844.html.

(3)选择具有鲜明职教特色的创新教材

教材是教师进行课堂教学的重要载体和主要依据,是学生获取知识、发展能力的重要渠道。因此,职业院校应重视选择具有鲜明职教特色的创新教材。

①看教材的组织形式。可通过目录了解教材是否以项目为主线,以完成项目需解决的各项任务为单元,来引入所需的文化基础、专业知识和操作技术的介绍。不再选用以学科为体系的教材。

②看教材的写法与呈现方式。是否顾及到职校学生的认知规律及接受能力,做到图文并茂,深入浅出,易懂好学,学生才会看。如有配套的多媒体课件、音像碟片则更好。

③看教学理念。能否注重引导学生掌握做事的方法,如让学生知道一个项目怎么开始,怎么分解、分环节,怎么跟进,怎么合作,怎么测试,会遇到哪些问题及怎么解决。

④看知识点的选取。是否突出了"新"(新技术、新工艺)、"实"(实际、重应用)、"专"(深入行业、重规范)。

⑤看技能点的选取。是否直接面向岗位的实际需求,是否适合学生实施,以提高学生的职业能力和职业素养。

(4)明确教学方案的实施保障

专业教学方案的有效实施需要有充足的教学条件作为保障。主要有以下几点:

①教学设备设施。教学设备设施主要包括教室、实验实训实习设备设施、信息化教学设备设施、图书馆(室)、体育场(馆)等。作为职业院校来说,特别要注重实验实训实习设备设施的建设。

②师资队伍。教师要具备相应的学历,具有教师资格证书,了解职业教育教学规律,掌握职业教育的教学方法和教学技能,具备教学研究能力。文化课教师应了解任教专业的培养目标和基本知识。专业课教师要跟踪了解行业、企业、专业发展态势,掌握专业技能,取得相应的职业资格证书,能进行理论和实践一体化教学。实习指导教师应取得相应的职业资格证书,掌握专业实践教学技能。

③教学内容。要采用具有企业真实背景的案例来开展教学,学生可体验完整的工作过程,在做中掌握相关必备知识、提高动手能力。企业项目案例库的建设将为教师备课提供来自企业的项目资料,有力于缩短教学过程与企业生产实际的距离。

3. 专业教学方案示例

见本书附录1：中等职业学校《商务外语专业示范性教学方案》

(二)课程标准的制定

课程标准是落实职业教育人才培养目标和实施教学工作的最基本纲领性教学文件，是编写和选用教材评估和检查教学质量的主要依据。课程标准实际上包含三个层次，即国家层面课程标准、专业大类课程标准和学校具体某门课程的课程标准。本节主要介绍的是具体某门课程的课程标准的制定工作内容。

1. 课程标准的内容

一个专业中某门课程的课程标准应该包含五个部分的内容，即前言、课程目标、课程内容和要求、实施建议以及其他说明。

(1) 课程的性质和设计思路

课程性质就是指该课程的地位和主要功能以及与其他课程的关系；设计思路则要阐明该课程的设置依据、课程目标的定位、课程内容的选择用语、项目设计思路、学习程度用语和课程学时学分。

(2) 课程目标

课程目标即对知识技能要求进行整体描述，并对职业能力培养目标进行阐述。

(3) 课程内容和要求

根据专业课程目标和涵盖的工作任务要求，确定课程内容和要求，说明学生应获得的知识技能与态度。

(4) 教学条件和实施建议

对教材编写和选用、教学条件、课程资源和教学评价等要求进行说明。

2. 制定课程标准的原则

(1) 职业性原则

针对现有的课程目标和内容与行业对人才能力要求的不相适应的问题进行改革，与企业、行业紧密合作，将职业标准要求的基本知识与技能以及行业科技发展前沿的新知识与新技术整合进课程内容，以适应培养贴近职业实际要求的应用型人才的需要，使课程目标和内容不是被动地适应职业的要求而是具有主动性和超越性，体现职业教育的职业性。

(2) 实用性原则

制定职业课程标准应以我国职业教育法律、法规为依据，从职业教育的实际情况出发，客观反映现阶段职业教育课程发展水平和教育目标对课程的要求。在充分考虑经济发展、科技进步和产业结构调整变化对职业教育课程影响的基础上，对课程的目标、课程内容、基本要求和考核标准作出明确规定，使课程标准更具实用性。

（3）灵活性原则

制定课程标准是为了规范教学，使教学有章可循，促进教学质量的提高。但是，职业教育课程与区域社会经济、政治、科技发展及其所带来的劳动力市场变化即时相关，因此，职业院校制定课程标准要与时俱进，及时更新调整。

（4）创新性原则

贯彻现代职业教育理念，注重基础，发展能力。满足受教育者就业、谋职、职业发展、个体职业生涯的需求，提高他们的社会适应性和创造性。按照教育规律，将国家职业标准和相关行业标准进行创新性有机整合，形成具有职教特色的高职课程标准。

3. 课程标准制定的组织

（1）充分认识课程标准的重要性

学校对课程标准制定与实施态度是各职业院校能否启动课程标准工程、从教学大纲走向课程标准的关键。因此，要通过培训、学习等途径转变学校领导层、教学管理层和教师的思想观念，组织有关人员学习课程标准的基本知识，充分认识职业教育从教学大纲走向课程标准的必要性和必然性，从而将课程标准的制定与实施作为一项重要的质量工程纳入学校的工作计划。

（2）出台课程标准制定的指导性意见

教学管理部门是课程标准制定工作能否顺利启动并完成的关键。首先在学习课程标准基本知识的基础上，研究课程标准制定的原则意见，经讨论修改和完善后下发各系部和教研室，教务处组织教师学习，督促系部落实课程标准的制定与实施。

（3）深入企业调研确定课程定位、目标与任务

系部和教研室是课程标准制定和实施的关键，因此，系部和教研室应深入企业进行调研，了解企业生产过程对知识与技能、过程与方法、情感态度与价值观等方面的要求，将职业标准有机地融入课程标准中，为课程目标、课程内容的确定提供第一手资料，并进行分析、总结和归纳，根据课程承担培养的某个核心能力或核心能力的一部分，确定课程的定位、任务与目标，再确定课程的知识点、能力点和技能点。

（4）组织带头人和骨干教师制定课程标准

专业带头人和骨干教师是课程标准的具体制定者，教研室主任组织专业带头人和骨干教师讨论确定课程标准的制定计划，启动课程标准的具体制定工作。组织教师研究课程的性质、课程的基本理念和课程设计思路、课程目标、教学内容、教学方法、教学手段，教学检查和教学评价；研究教科书的编写、课程资源的利用与开发等方面问题。在此基础上，落实具体制定任务，在制定过程中，应加强指导，不断完善，形成课程标准的初稿。

（5）进行课程标准的论证

形成课程标准的初稿后，学校应组织或聘请校内外专家进行多次论证，并邀请企业和行业专家参与，听取专家意见，反复进行修改才能定稿，经学校主管领导审定后方可执行。①

4. 课程标准示例

见本书附录 2：中等职业学校《国际商务》专业《国际商务实用英语》课程标准。

（三）课堂教学环节的组织管理

职业教育的教学大体可分为理论教学与实践教学两大类，其中理论教学以传授文化和专业理论知识为主，一般通过课堂教学形式来进行。因此，课堂教学环节的组织管理是职业教育教学运行管理的最基本的环节。它主要涉及以下内容：

1. 教学任务的下达

教务处按照教学计划确定教学任务并下达给专业教研室，由教研室确定任课教师，填写课程安排表。此项工作要注意统筹安排，科学规划，优化分配教学任务，保证教学质量。

2. 教师授课计划的制订

授课计划是根据课程标准，结合课程计划学时和学期周学时，对课程授课内容的进程和学时分配进行规划的一种教学文件，是保证课堂教学有序教学的重要依据。任课教师要根据课程内容的特点和学生认知规律填写授课计划，一般要在学期开学前完成，并交教务处、课程所在系部和授课班级留存。

---

① 杨凤翔. 浅谈高等职业教育的教学大纲和课程标准[J]. 黑龙江农业工程职业学院学报，2008(6)

3.教师教学过程的管理

在课程教学实施过程中，课程所在系部负责对任课教师的备课、授课、答疑辅导、考核等环节的管理。教务处或督导处要通过抽查学生作业和试卷、听课、学生座谈会等形式对教师教学工作进行经常性检查、督导；组织期初、期中、期末阶段教学检查，了解、收集、整理、分析各类教学信息，形成改进意见，督促、指导教师提高教学水平。

4.教学效果的考核和分析

教务处要提出课程考核的指导性意见，制定课程考核管理办法，确保考核的真实性和权威性，同时又要允许任课教师根据所授课程的特点，选择不同的考核方式，提高考核的实效性，真正发挥考核结果对学生学习效果的鉴定作用和对学生今后学习的促进作用。

［实例］

课堂教学环节的组织管理程序①

教务处按专业将教学任务下达至相应的教研室，教研室确定任课教师，填写教学任务书，见表 7-1。填好的任务书应反馈给教务处，教务处确认每位教师的教学任务，发给每位教师教学任务书，见表 7-2。教师依照教务部门提供的课程表确定授课计划（教学进度），见表 7-3。

表 7-1　教研室填写的教学任务书

教研室主任签名：　　　　　　　　　教务处负责人签名：

授课班级	课程名称	学分	本学期学时				周学时	起止周	考试/考查	合班班级		任课教师
			合计	理论教学	上机	实验实习实训						

①　中华人民共和国教育部高等教育司 全国高职高专校长联席会．高等职业教育教学与科研管理工作指南［M］．北京：高等教育出版社，2005，73.

表 7-2　教务处用教学任务书的形式确认每位教师的教学任务

_____老师：

请在 2007～2008 学年第 1 学期担任下列教学任务：

教学任务	课程名称	学分	本学期学时				周学时	起止周	考试/考查	授课班级	合班班级	
			合计	理论教学	上机	实验实习实训						
课堂教学												
实践教学												

表 7-3　教师依照教务部门提供的课程表确定授课计划(教学进度)

授课计划表

(2007～2008 学年度上学期)

课　程　名　称：_____　课程所属系(部)：_____

教　材　名　称：_____　班级名称：_____

编者、出版日期：_____

任课教师(签字)：_____　　　　年　　月　　日

教研室主任(签字)：_____　　　年　　月　　日

总学时_____理论教学_____实践教学_____其他_____

考核方式：考试 □　　考查 □

周次	日期	节次	教 学 内 容	学时数		作业次数	备注
				理论	实践		
1							
2							
3							

注：本表一式两份，一份交课程所属系(部)，一份任课教师本人保存。教研室主任本人的授课计划表由系主任审签。

(四)实践教学的组织管理

实践教学不仅是学生加深对理论知识理解、运用理论知识解决实际问题、培养学生创新能力的重要途径,同时也是学生接触社会、了解实际工作需要和掌握岗位工作技能,实现高技能型人才培养目标所必需的教学环节,它在教学过程中占有十分重要的地位。

1.实践教学组织管理的基本环节

(1)实践教学计划和教学大纲的制订

实践教学计划是根据各专业职业岗位、职业岗位群的培养目标组织实践教学工作并保证实践教学质量的基本教学文件,它规定了实践教学应承担的任务和要求、实施完成职业岗位技术技能各阶段、模块的划分、实践项目的选定、学时分配和实践教学的组织实施等环节的要求,是组织实践教学过程、安排教学任务的基本依据。实践教学大纲是落实培养目标和实施实践教学计划最基本的教学文件,是各门实践课程进行教学的依据。因此,职业院校要高度重视实践教学计划和教学大纲的制订工作,特别要确立校企合作,贴近行业企业生产实际的指导思想,将职业技能标准纳入教学计划和教学大纲中,并聘请在生产、服务、管理一线的工作人员共同论证实践教学计划和教学大纲的科学性和可行性。

(2)实践教学过程的组织管理

实践教学过程的管理包括对实践教学前的准备、实践教学组织与实施、实践报告(总结)的批改、实践课程考核等环节的管理。实践教学过程管理是为了完成实践教学大纲中提出的教学目标和实现教学大纲所要求的各项内容而设计和维持的一种组织结构,是一个动态的过程,它的每一阶段都是相互关联、相互影响的,其中指导教师是实践教学过程管理的最基层管理者,实践教学过程也就是教师的指导和引导、学生按计划执行的过程,所以,指导教师是规范实践教学过程管理的重要因素,发挥着决定性的作用。因此,职业院校要努力提高实践教学指导教师的专业技能和教育教学能力,以促进实践教学质量的提高。

(3)实践教学质量监控的组织管理

教学质量监控就是根据预定的标准,对教学过程进行监测和调控,确保教学过程的各个阶段以及最终结果都能达到预期的目标,并且向好的方向发展。实践教学系统是一个多要素、多环节组成的复杂系统,对实践教学质量的监控,必须有组织、有计划、有步骤地进行,要建立实践教学质量监控的有效机制。

职业院校可建立在主管院长直接领导下以教务处为核心的校系两级质量监控体系。教务处对实践教学过程有计划地进行监测、分析、调节、控制。通过评价教师教学水平，对教学秩序、教学管理、教学改革落实情况提出意见和建议，收集、分析、整理教学质量信息，供领导和有关部门决策参考。通过开展教学评估，在科学的指标体系要求下，使各教学单位严格按评估指标体系进行规范管理，保证教学质量的逐步提高。除了建立科学的监控体系外，要努力实现实践教学质量监控的全员参与，由学校各部门和所有成员共同努力去实现质量管理目标。

2. 实践教学组织管理的主要内容

职业教育实践教学的组织管理主要包括对实验、实训、实习、毕业设计（论文）等实践教学环节的组织管理。

（1）实验的组织管理

实验是指在实验室通过设计来检验一个理论或证实一种假设而进行的一系列操作或活动，包括课程实验和独立开设的实验课程。实验对学生树立实事求是的科学思想、严谨认真的科学态度、追求真理的科学精神、一丝不苟的工作作风和工作方法等有着极其重要的作用。① 实验指导教师应根据课程标准编制实验教学大纲，编写实验指导书，制订实验安排表，并按照实验指导书先进行预备实验，然后再进行实验教学。实验结束后，指导教师要考核学生实验成绩并进行实验总结。②

（2）实训的组织管理

实训是为了熟练掌握某种技术或技能而在真实或仿真的环境中进行反复训练的活动过程，包括课程实训（含一体化教学）和独立开设的实训课程。实训是职业教育实践教学的特色所在，是专业关键技术集成和强化训练的重要环节，③对培养、提高学生的专业技能和职业素养有着不可替代的作用。实训环节应根据专业教学计划制订实训大纲，确定实训项目；要落实实训经费、场地及实训过程的组织；在实训后期对学生进行实训考核，评定成绩；实训结束后应进行总结，并鼓励学生参加相关职业技能鉴定，努力考取相应证书。

① 何向彤. 高等职业教育实践教学管理特质初探[J]. 教育与职业，2007(17).

② 中华人民共和国教育部高等教育司 全国高职高专校长联席会. 高等职业教育教学与科研管理工作指南[M]. 北京：高等教育出版社，2005，76.

③ 何向彤. 高等职业教育实践教学管理特质初探[J]. 教育与职业，2007(17).

（3）实习的组织管理

实习是指把学到的理论知识拿到实际工作中去应用，以锻炼工作能力的活动过程，包括认识实习、课程实习、顶岗实习、毕业（预就业学期）实习等方式。实习对学生认知工作实际，巩固专业知识，提高专业技能和形成良好的综合素质具有非常重要的作用。职业院校要加强与企业的合作，尽量将学生放到企业生产现场去实习，并建立健全的机制和制度，明确学校和企业在学生实习过程中的权利与责任，加强实习管理，提高实习效果。

（4）毕业设计（论文）的组织管理

毕业设计（论文）是职业教育教学工作的重要组成部分，是培养学生综合运用所学知识，分析和解决实际问题，锻炼创造能力、分析能力、管理能力、科研能力及独立工作能力的实践环节，是实践检验理论的过程。学校应根据培养目标和培养计划出台毕业设计（论文）的指导性意见；要做好毕业设计（论文）过程的指导、答辩和成绩考核。

3. 职业院校实习教学管理办法示例

见本书附录 3：××职业技术学校实习教学管理办法

（五）学籍管理

学籍管理是教学运行管理的重要环节，是维护良好教学秩序，保证人才培养质量的重要手段。

1. 学籍管理的内容

学籍管理主要涉及入学与注册、考核与成绩记载、转专业与转学、休学与复学、退学、毕业、结业与肄业等环节。职业院校应充分考虑职业教育本身的特点，制定出本校的学籍管理制度，努力提高学籍管理的科学性和实效性。

2. 学分制下做好学籍管理的建议

《教育部关于进一步深化中等职业教育教学改革的若干意见》（教职成〔2008〕8 号）指出中等职业教育要"深化教学管理、教学组织和学籍管理等制度改革。积极推行弹性学习制度，继续推动以学分制为核心的教学制度改革，建立'学分银行'，鼓励工学交替，允许学生分阶段完成学业，为实行工学结合、校企合作、顶岗实习提供制度保障。要进一步扩大中等职业学校在招生注册、学籍管理、考试考核、转专业、转校、毕业和培训证书发放等方面的自主权，建立更加灵活的学籍管理和教学管理制度。"中等职业学校在学分制下要做好学籍管理

应注意以下几点：①

(1)保证学籍管理制度的科学性和可行性

学籍管理应符合教育规律，要针对学分制的特点，将其内在的本质内容衔接起来，便于实施，易于操作。这是学分制下学籍管理的基础。随着学分制的实施，学籍管理工作变得越来越复杂，学分制下的学籍管理就显得尤为重要。作好学籍管理工作，除了提高管理人员素质，实行科学管理外，还应充分利用计算机等现代化手段来提高学籍管理的效率和准确性以及公平公正性，为顺利实施学分制和提高教学质量提供了可靠的保障。

(2)坚持学籍管理中的原则性与灵活性

学分制下的学籍管理办法应充分体现出原则性与灵活性。例如关于国家规定不能免修、免听的课程，就一律不得免修或免听；如果学生通过自学掌握了课程内容，课程考核成绩合格并办理了免修、免听手续，即可取得该课程学分；如果学生在选课时出现听课时间相互冲突的情况，经本人申请，按程序审批后可以免听或部分免听，但每学期免听课程总的不得超过规定学分。此外，为鼓励学生参加科研活动，可规定参加省级以上科技及人文艺术等大赛获奖的学生，均可向所在系申报学分，该学分可代替任意选修课程学分，也可作为第二课堂学分。

(3)处理好学籍管理中的奖与惩

学分制下学籍管理的实施，并不意味着放松对学生的管理和降低教学质量的标准。学生纪律松懈就不会有好的学风，学校也就培养不出高质量的人才。对违反学籍管理规定的学生必须处分，但不能采用以前那种处分有余、激励不足的管、卡、压模式。因此，我院在学分制中引入竞争机制并采用科学合理的奖惩措施，如鼓励学习能力特别强的学生修读双学位、辅修第二专业，而对成绩差的学生则坚持质量标准。

(六)教学设施管理

教学设施主要包括教室、实验实训实习设备设施、信息化教学设备设施、图书馆(室)、体育场(馆)等。

教学设施管理要做好两个工作：

一是建好，即根据学校人才培养目标和总体发展规划，研究制定教学设施

---

① 孙希瑾，王启志．学分制下的高校教学运行管理[J]．交通高等教育，2001(3).

建设的专项规划，做好教室、实训室、实训基地等教学设施的设计和建设；

二是用好，即建立健全教学设施管理的机制和制度，明确校与系部之间的职权划分，实现教学设施的合理配置，提高使用效益并做好教学设施的维护与维修，为教学提供良好物质条件。

此外，学分制的推行对学校教学设施管理工作提出了更高的要求，需要丰富的教学资源和便捷、灵活和高效的管理方式，学校要将先进实用的信息化管理手段引入到教学设施管理中去。

(七)教学档案管理

教学档案是指学校在教学管理、教学实践和教学研究等活动中直接形成的具有保存价值的各种文字、图表、声像等不同形式、不同载体的文件材料。教学档案管理工作是教学管理的重要组成部分，科学、系统、规范的教学档案是教学规律的基本要求，教学档案管理的好坏也是衡量学校教育管理水平和教育质量的重要标志之一[①]，因此，职业院校必须做好教学档案的管理工作。

1. 教学档案管理的范围与要求

各级教学管理部门都要建立教学档案。根据我国学校教学档案管理的相关规定和职业院校的实际，职业院校教务处和各系部教学档案管理的范围分别如下：

(1)教务处

①上级教育主管部门下达的指令性、指导性文件、计划、规定及各种规章制度、办法等。

②综合性教学文件材料。本部门产生与制定的各种教学制度、规定、办法、条例，教师与实训(实验)技术人员基本情况及工作量和教学工作的各种统计表等。

③专业建设、课程建设等方面的材料。包括：有关专业设置、规划、建设、评估、教改方案、总结等；人才培养方案、教学计划、教学大纲、课程标准、教师任课安排，各类课程表，各系各专业教材(含自编教材)使用目录；教材征订申请表、征订材料，教材清单，教材建设材料；各系(部)课程的试题库、试卷库等。

---

① 中华人民共和国教育部高等教育司 全国高职高专校长联席会. 高等职业教育教学与科研管理工作指南[M]. 北京：高等教育出版社，2005，93.

④学籍管理方面的材料。有关学生名册、成绩、学籍及有关变更材料等。

⑤教学质量监控材料。评教评学等教学信息反馈材料及分析、总结材料，教学检查资料，教学座谈会记录、教学纪律、教学调度方面的材料等。

⑥教育教学研究方面的材料。有关教学质量及教学改革的研讨、经验、计划、总结及调查表等材料；教育科研课题和教学改革项目立项、验收等有关材料；优秀教学成果奖评定的有关材料等。

⑦实践教学方面的材料。包括：实训(实验)教学大纲、计划、课表、实训(实验)指导书；实习(包括基础训练、认识实习、生产实习、专业训练、毕业实习)计划、大纲、实习指导书、实习讲义；院外实习协议书、课程设计、毕业设计的题目、计划；实训(实验)室及实习基地建设规划、论证、评估及各实践教学环节的总结和各类统计表等。

⑧教学设备管理及维修方面的材料。包括：设备购置计划、批复、合同、论证材料、设备账目、清单、卡片，报废计划、账目、清单，大型精密仪器及大中小型计算机档案；设备维修计划、账目；有关设备管理等方面的总结和统计报表等。

⑨教学经费及教学设备购置费方面的材料。经费预算、决算、计划执行过程中产生的各种统计报表、总结等。

(2)专业系(部)

①上级与本系(部)有关的各种文件。如计划、规定、办法等。

②本系(部)产生的各种文件、计划、规定、办法、总结及统计报表、人员考核等。

③教研室(教学团队)产生的各类教学材料。包括：人才培养方案、大纲或课程标准；教学改革方案；教学与实训(实验)授课计划、教案、试题库、试卷库；有关实践教学(包括实习、课程设计、毕业设计)计划、大纲、指导书、讲义、学生毕业设计论文；自编教材；教研活动记录；有关教学的各种计划、经验总结、考核、质量分析、情况调查及统计表等。

④实训(实验)室产生的各类教学材料。实训(实验)教学计划、课表、教学或实训(实验)大纲、教材或实训(实验)指导书。实训(实验)卡片、实训(实验)报告、设备运行记录、维修记录；实训(实验)室建设规划、实训(实验)日志；有关实训(实验)教学的各种考核、质量分析、总结、统计报表等。

⑤仪器设备的固定资产账、物、卡，档案；低值耐用品及低值易耗品账目管理；仪器设备维修记录等。

教学档案应实行分级管理，档案的分类、编号、装订、保管期限，以及查阅、摘录、复制等要按国家和学校的档案工作有关管理规定执行。此外，教学档案管理应实现计算机规范化管理，充分发挥教学档案的作用。

2. 教学档案管理的方法与建议

各学校应根据国家学校教学档案管理的总体要求，逐渐建立健全适用于本校的教学档案工作管理制度，使档案管理能够做到按章办事、按规操作。

教学档案必须做到"三纳入""四同步"的管理原则。"三纳入"：即纳入教学计划和规划；纳入教学管理制度；纳入有关人员的职责范围，作为考核教学质量和管理水平。"四同步"：即下达教学任务与提出教学文件材料的归档同步；检查教学工作与检查教学文件材料形成积累情况同步；评审、鉴定教学质量、教材、毕业论文、优秀教学成果与审查、验收档案材料同步；毕业分配、上报评审材料、教师考核晋升与档案部门出具档案证明同步。[①]

此外，学校还应当建立、健全教学档案管理的检查、考核与评估制度，定期布置、检查、总结、验收档案工作，明确岗位职责，强化责任意识，提高教学档案管理水平。

3. 教学档案的档号编制方法与保存期限

档号是存取档案的代号，是档案排架的依据，必须反映学校档案的分类体系和存放位置。档号的编制必须遵循唯一性、合理性和稳定性的原则，学校档案不能出现重号的现象，有充分扩展的余地，方便插卷，能适应计算机管理的需要，能发挥排架、检索、存取的功能。

按《中国档案分类法——教育档案分类表》进行分类标引，档号＝年度号＋分类号＋案卷号。年度号由四位阿拉伯数字组成。分类号是档号的主体，一般由一、二级类目代号组成。教学档案的一级类目用 JX 表示，二级类目采用"双位制"，例如 11 综合、12 学科与实验室建设、13 招生、14 学籍管理、15 课堂教学与教学实践、16 毕业生、17 教材、18 教学等。案卷号按顺序编码，由于案卷数量不同，案卷号可不限级数。利用以上方法，例如 2008 年的学科与实验室建设的第 30 号卷档案，可标为 2008－JX12－30。

不同教学档案有不同的保存期限，保存期限可分为永久、长期（存放 15～

①　中华人民共和国教育部高等教育司 全国高职高专校长联席会. 高等职业教育教学与科研管理工作指南［M］. 北京：高等教育出版社，2005，94.

20 年)和短期(存放 10 年)。各类档案的保存期限详见表 7-4[①]:

表 7-4　教学档案归档范围和保存期限表

JX11　综合(教务科、各系部)		
序号	类　目　名　称	保管期限
1	上级下达的有关教学工作的文件材料	长期
2	教学改革、培养目标、培养规格、学制等方面的指示、规定、办法	永久
3	学院规划、实施计划、有关教学的规章制度、会议记录、调研报告、简报、总结	永久
4	教学检查、评估和各级优秀教学质量评奖材料	长期
5	统计报表	永久
6	学生运动会材料	长期
JX12　实验室建设(教务科、各系部)		
序号	类　目　名　称	保管期限
1	专业设置及实验室建设的文件材料	长期
2	实验室论证、评估、申报、审批材料	永久
3	实验室建设材料	永久
4	实验室建设计划、简报、总结材料	长期
5	实验室建设统计报表	永久
JX13　招生(招生就业科、教务科)		
序号	类　目　名　称	保管期限
1	上级有关招生工作的文件材料	长期
2	招生计划、规定、生源计划	长期
3	新生录取材料及新生名单	长期
4	招生宣传、招生工作总结	长期

①　中华人民共和国教育部高等教育司 全国高职高专校长联席会．高等职业教育教学与科研管理工作指南[M]．北京：高等教育出版社，2005，95.

续表

JX14　学籍管理（招生就业科、教务科、学生科）		
序号	类　目　名　称	保管期限
1	新生入学登记表	永久
2	学生学籍卡片	永久
3	学生成绩总册	永久
4	在院学生名册	永久
5	学生学籍变更材料（升级、留级、休学、复学、转学、退学）	长期
6	学生奖励材料（奖学金、优秀学生、先进班级）	长期
7	学生处分材料	长期

JX15　课堂教学与教学实践（教务科、各系部）		
序号	类　目　名　称	保管期限
1	各专业教学计划、教学大纲	永久
2	课程建设要求及安排、院历表、课表	长期
3	各系、科、专业课程试题库	长期
4	典型教案、重要备课记录	长期
5	教学实习计划、总结及有关材料	长期
6	社会调查、社会实践计划、总结及有关材料	长期

JX16　毕业生（学生科、招生就业科、教务科）		
序号	类　目　名　称	保管期限
1	毕业生工作计划、简报、总结	长期
2	毕业生就业方案、就业协议、就业名册	永久
3	毕业证、报到证存根领取签收册	长期
4	毕业生质量跟踪调查和信息反馈材料	长期

JX17　教材（教务处、各系部）		
序号	类　目　名　称	保管期限
1	自编、主编教材	长期
2	各系、各专业使用教材目录	长期

续表

	JX17　教材（教务处、各系部）	
3	自编、主编教学指导书、实习指导书和习题集	长期
4	其他有保存价值的自编参考资料	长期

	JX18　教学（教务处、各系部）	
序号	类　目　名　称	保管期限
1	教师：个人档案（登记表、学历证、职称证书、双师证、奖惩）；教师业务档案（工作量、担任工作统计、论文、著作及成果等）；教师工作量核算、登记材料	永久
2	计划、总结：教学基本建设的各种规划和学期工作计划；教务处、系、教研室学期工作总结、教学总结、考试总结、教学检查总结等；会议纪要、调查报告、座谈会纪要、问卷调查等	永久
3	教研：教学软件、包括电化教学资料、CAI软件及课件；教师教学质量评估资料数据、听课记录精品课程建设、重点课程建设资料	长期
4	其他：按办学水平评估标准要求的其他材料；教师、学生等基础数据资料；师生考勤记载表；职业技能鉴定表格	长期

第二节　职业教育的课程管理

课程是职业院校进行人才培养的最终载体，课程本身的质量直接决定着人才培养质量的高低。因此，课程管理是职业教育教学管理中的一个核心内容。

一、课程管理的内涵

课程管理是课程管理组织及其人员运用一定的管理手段，对课程编制、课程实施、课程评价等活动以及与这些活动有关的课程文件和课程资料进行规划、组织、协调、指挥和控制的活动。它是教育行政管理的一个重要组成部分，也是学校管理的一个重要组成部分。其基本任务在于有效地组织、协调课程系统中人流、物流、信息流与课程建设的关系，正确的领导、指挥课程编制、课程实施、课程评价，并通过部署、组织、督促、检查等一系列管理活动达到预定的课程目标。[①]

二、课程管理的基本环节

(一)课程编制的管理

课程编制指依据一定课程理论，对学校课程进行的分析、选择、设计、实验、评价的过程。课程的各组成部分如课程计划、课程标准和教材，都是经课程编制而产生的。课程编制是一项复杂的工作，它要受到多种因素的影响和制约。因此，做好课程管理工作对保证课程编制的质量具有重要意义。

1. 做好课程计划制订工作的管理

课程计划主要由课程目标、课程设置及说明、课时安排、课程开设顺序和时间分配、考试考查制度和实施要求几部分构成。在我国当前全面推进素质教育的时代背景下，管理者要使课程计划编制者在指导思想上以学生的创新精神和实践能力的培养为根本目标，增强课程设置的灵活性，把过程与结果考评结合起来，给学生更多的时间和空间，让他们自主地参与学习。

2. 做好课程标准制定工作的管理

课程标准又称教学大纲，是单科课程的总体规划。它既是教师教学的指南，也是编写教科书、测量和评价教学质量的基本标准。管理者要促使课程标准制定者注意以下几个方面：(1)深入用人单位调研，了解岗位能力需求，确定本课程的基础知识和基本技能以及有关的思想价值观念、情感态度等。(2)要研究学生学习本课程的心理准备和心理特点，探寻本课程知识结构与学生认知结构结合的最佳方式。(3)根据培养目标，分析本课程与其他课程的关系，摆正本课程在课程体系中的地位。(4)确定工学结合的基本途径、实施条件和保障机制，确保学生学习过程理论联系实际，切实提高职业素养和技能水平。

3. 做好教材编写工作的管理

教材是使学生掌握各种科学概念、原理和法则等所必需的事实、现象和素材，是学生发展的媒介。教材编写的好坏直接影响到师生的使用和学生的发展水平。因此教材编写管理中要明确，教材必须坚持科学性和思想性的统一，科学性使教材中的知识具有真理性，思想性保证教材对学生有良好的道德教育和思想政治教育价值；坚持趣味性与启发性的统一，趣味性有助于学生主动学习，

---

① 赵中建，李敏. 美国三级课程管理模式研究[J]. 全球教育展望，2005(10).

启发性有助于学生创造性精神的培养；坚持统一性与多样性的统一；统一性可使教材有基本的质量保证以及各种配套材料，多样性是要求教材类型、教材编写形式多样化，适合不同学科、不同教学内容、不同学生的使用。

(二)课程实施的管理

课程计划、课程标准、教材只是预期的或理想的课程。只有通过课程的实施才能变成现实的课程，才能促进学生的发展。具体地说就是根据选定的课程计划、课程标准，选定教材，把课程中蕴涵的知识、态度、情感、方法、价值观等传递给学生。在这个过程中教育行政人员、教师、学生、家长等都是重要的能动因素，其中教师、学生是最重要的因素。

在课程实施管理过程中，要考虑以下七个方面：(1)安排课程表，明确各门课程的开设顺序和课时分配；(2)确定并分析教学任务；(3)研究学生的学习活动和个性特征，了解学生的学习风格；(4)选择并确定与学生的学习风格和教学任务相适应的教学模式；(5)对具体的教学单元和课的类型与结构进行规划；(6)组织并开展教学活动；(7)评价教学活动的过程与结果，为下一轮的课程实施提供反馈性信息，以便做出改进。

(三)课程评价的管理

课程评价就是对整个课程系统即课程计划、课程标准、教材及其实施过程、结果所进行的评价活动，以期对已有的课程编制、实施过程进行反馈，从而为新一轮的课程编制、实施提供修正和完善的事实依据。

课程评价包括对课程计划及其结果的评价、课程实施过程及其结果的评价、课程整个系统的评价。对课程计划及其结果的评价主要是进行下面几项工作：对确定的课程计划是否依照了科学的原理、原则，是否有正确的课程理论作指导，是否遵循了合理的程序，参加人员是否合适，制定好的课程计划、课程标准、教材和各种活动指导书与最初确定的教育目标、课程目标是否吻合；对课程实施过程及其结果的评价工作主要包括课程表、教学任务、学习方法、学习风格、教学组织形式、师生关系、教风、学风、教学设备等是否适应课程规划的要求，学生的学习结果和发展水平是否达到了预期的教育效果，又有哪些非预期的教育效果等；对课程整个系统的评价是对整个学校的课程系统进行全面的评价，其着眼点在于确定学校课程是否符合教育目的和办学方针，是否适应国家和地区社会发展的需要。课程管理者要对以上课程评价的内容进行指导、监督，并做好评价信息的收集、整理、分析和反馈工作。

三、建立职业教育课程管理的"三级"管理体制

职业教育课程管理应建立"三级"管理体制并明确各级的管理范围、权限、责任。[①]

(一)国家层面的职业教育课程管理

主要在制定职业教育课程政策、课程框架、大类专业课程的指导方案、课程标准、主干专业课的教材等宏观方面的指导和监督。职业教育的国家课程由教育部牵头，组织全国最优秀的专家，在充分听取经济界、企业界建议和借鉴国内外职业教育优秀课程的基础上编制而成，并通过相关的法规向全国颁布。其主要内容应包括：在教育计划中的比例、课程数量、课程名称和相应知识点以及考试大纲。

(二)地方层面的职业教育课程管理

主要由省级教育行政部门和市、县级教育行政部门实施。根据职业教育专业变化快、地域性强等特点，职业教育的课程管理和开发应该强调以省为主。职业教育专业课程标准与专业设备配备标准等应主要由各省制定。省级教育行政部门的主要权限与职责是：依据国家职业教育课程管理政策和本地实际情况，制订本省职业教育课程实施计划。根据需要，单独制订本省(自治区、直辖市)范围内使用的职业教育课程计划和课程标准；制定职业教育课程管理和开发的法规、政策和制度等；组织审定和批准、推荐本省范围内使用的职业教育教材；组织职业教育课程开发与实施的研究、试验、总结与推广。地(市)、县(市、区)教育行政部门，对本地区职业教育课程管理与开发的主要权限与职责是：根据国家和省的课程计划，制定具体的职业教育课程实施方案；经省级教育行政部门批准，独立规划和开发本地区的地方课程；组织和指导本地区和学校的课程实施，并进行检查和评价；组织职业院校校本课程的规划，指导学校开发与实施；指导学校根据国家和本省职业教育教学用书目录，选用教材。

(三)学校层面的职业教育课程管理

主要指职业院校根据上级教育行政部门有关规定，对国家课程和地方课程

---

① 袁丽英. 职业教育课程管理，问题与对策[J]. 江苏技术师范学院学报，2008(1).

进行二次开发，按照用人单位要求和学生需求自主开发校本课程。确定选修教材的编写、选用；进行职业教育课程实施的管理等。与普通教育的"三级课程管理"制度相比，由于国家和地方的职业教育课程管理制度尚不完善，而且职业教育的特殊性也决定了国家和地方教育部门不宜制定过于详细的课程管理制度，因此，职业院校应更多地实行自主的课程管理与开发。

四、职业教育课程管理的策略

(一)课程管理理念科学化

职业院校为什么要进行课程管理？其实，课程管理理念的提出是伴随着教学论概念系统向课程论概念系统的转换而出现的。在教学论概念系统下，教学管理的目的是为了保证预设的课程有效的实施，它更多的是关注微观教学层面，如教师的教案设计、教学方法的选择、课堂组织模式等。但是在课程论概念系统下，课程管理的目的不仅仅局限在课程实施的层面。对于课程管理目的的思考，必须站在职业院校的视角和维度来回答。一方面，学校参与课程管理可以保障学校课程编制、实施、评价等整个过程的有序运行；另一方面，学校课程管理理念的树立说明学校在追求自身发展的特色。因为，学校的特色最为重要的是课程特色，学校参与课程管理说明学校在摆脱预设的课程发展模式，并依据学校自身的实际、学生的需要等建设自身需要的课程发展模式，这一理念的提出也是职业院校走向自主发展的必由之路。

(二)课程管理计划具体化

对于职业院校课程管理行为的研究如果仅仅停留在宏观理念的层面上，则很难在学校课程建设中发挥作用。学校必须明确课程管理要管什么，具体应该做哪些事情，这样才能深入到实际层面切实指导学校的课程建设。首先，从课程开发活动层面来看，职业院校课程管理涉及如下几个层面，即学校课程理念的管理、学校课程开发审议方案的管理、学校课程开发机制和程序的管理、课程设置的管理以及教师在各个环节参与课程开发活动的管理。其次，从课程运行活动层面来看，包括学校课程实施资源的管理、教师实施新课程的理念管理以及教师实施新课程的方案管理等。最后，从课程评价活动层面来看，包括参与课程评价的主体是否全面，学校课程评价对象是否正确(课程评价是评学生、教师还是评课程)，课程评价的目的是为了什么等。只有将课程管理具体化为可以操作的任务才能真正在学校课程建设中切实发挥作用。

(三)课程管理主体多元化

首先，应该吸收企业专家和课程专家参与课程管理。企业专家的参与能够保证课程内容和编排贴近生产实际；课程专家在课程管理中的一个重要作用就是保证学校和教师领会课程改革的理念。要想将课程改革理念转化为学校和教师的课程理念，课程专家发挥着及其重要的作用。同时，职业院校课程管理过程也需要课程专家的指导。比如，课程开发过程中课程计划制订是否可行等。其次，学校领导是课程管理的领导者。学校领导要制定学校总的课程管理的宏观方案，特别是学校课程资源的管理。再次，学校教师是课程管理的主体。无论是课程开发活动中课程的设置、教材的编写环节，还是课程运行活动中新课程模式的实施，以及对于课程的评价都需要教师的参与，毕竟教师和课程是教育过程中两个关系最密切、最基本的要素。最后，课程管理还要吸收学生和家长的参与，因为他们是学校课程实施的直接对象。

(四)课程管理手段多样化

首先，要改变单一的行政指令式管理模式。要将行政领导与专业引领相结合，增加课程管理的民主性与科学性。其次，要凸显课程管理的服务功能。充分利用现代信息技术，开发"课程改革信息与服务平台"，为课程决策及课程改革服务。职业院校还应有计划地研制一系列对学校课程改革具有指导意义的课程文件(如"课程管理与开发指南""课程资源开发指南""课程开发人员培训手册"等)。再次，要恰当运用经济和市场手段。如通过经费资助引导系部进行新课程改革和新课程开发等。

第三节 职业教育的教学质量管理

为国家经济社会发展培养高素质的技术应用型人才是职业院校的最根本任务，人才培养的质量关系到职业院校的生存发展，也关系到国家经济社会发展能否得到有力的技术人才支持，而教学质量是决定职业院校人才培养质量的最关键因素。因此，在职业院校人才培养工作中，教学质量管理工作具有非常重要的意义。

那么职业教育教学质量管理应该以怎样的教学质量观为指导？具有哪些原

则和内容？职业院校如何开展教学质量管理工作？本节将对这些问题进行阐述。

一、确立具有职业教育特色的教学质量观

质量问题实质上是一个价值判断的问题，不同的评价主体根据的评价标准不同就会对评价对象作出不同的评价。教学质量观是人们判断教学过程和结果质量所持的准则或观点。在教学质量管理工作中，管理者所持的教学质量观将决定质量管理工作的方向。职业教育作为一种教育类型，在人才培养目标、办学条件、教学内容和方法上与普通教育有着质的区别。因此，在职业教育的教学质量管理工作中应该坚持以就业为导向、以能力为本位的教学质量评价观为指导，重点把握好以下几点：

(一)能力本位

我国职业教育人才培养的目标是为生产、建设、管理、服务一线输送技能型人才，此类人才的本质特征是具有很强的实际操作能力，而实际操作能力的养成主要是通过实践教学。因此，职业教育"要高度重视实践和实训教学环节，突出'做中学、做中教'的职业教育教学特色"[①]，要通过工学结合如生产性实训等方式提高学生的实际操作能力。理论教学应该以"必需"和"够用"为度，不能与实践教学相脱节，要为实践教学服务，即理论教学与实践教学有机结合，突出实践教学，使学生既掌握高超的实际操作能力，又养成良好的职业道德和较强的可持续发展能力。可见，对职业教育的教学活动的最终目标是培养学生的实际操作能力，因此，评价职业教育的教学质量的根本标准应该是是否促进了学生实际操作能力的提高，即以能力为本位。

(二)特色鲜明

特色是某一事物与其他事物区别开来的本质特征。以地方经济发展为依托，根据地方产业行业发展的人才需求培养技能型人才，为地方经济发展服务是职业教育发展的必由之路。因此，职业教育有很强的地方性和行业性，这是职业教育区别于普通教育的本质特征。职业教育的教学活动的特色也必然是体现在其地方性和行业性特征上。职业院校要根据所处地方的产业行业发展的对技能

[①] 中国教育和科研计算机网．教育部关于进一步深化中等职业教育教学改革的若干意见[EB/OL]．[2009-01-14]．http，//www.edu.cn/zhi_jiao_news_295/20090114/t20090114_354993.shtml.

型人才的规模和规格要求，根据本校的师资、实训等办学条件，调整专业结构，优化人才培养模式，开展课程体系与教学内容改革，有所为而有所不为，凸显本校教学的特色，才能为地方经济发展培养适用的技能型人才。可见，职业教育的教学与地方经济发展联系越紧密，所培养的人才越符合地方经济发展的要求，其特色也会更加鲜明，说明教学的质量也更高。可以说，特色就是质量，特色就是生命。

（三）多元

1998 年联合国科教文组织通过的《21 世纪高等教育展望和行动宣言》指出："高等教育质量是一个多层面的概念"，应"考虑多样性和避免用一个统一的尺度来衡量高等教育质量"。各职业院校由于具体的人才培养目标、办学条件和师资力量、生源质量的不同，必然在办学主体、培养模式、学制和专业及课程设置上存在差异。因此，不能用统计的标准去评价不同职业院校的教学质量，我们要以多元的观念审视职业教育的教学质量。当然，多元并不是完全否定共性，可以确定的是，不论是哪种职业院校，评价其教学质量的根本标准都是其教学活动实现其人才培养目标的程度。

（四）动态

进入 21 世纪，突飞猛进的科技变革推动人类社会的产业结构、行业结构和技术结构不断变化。作为为社会经济发展培养技能型人才的一种教育类型，职业教育与经济发展联系非常紧密，其人才培养的目标和规格必将随产业结构、行业结构和技术结构的变化而变化。人才培养的目标和规格的变化也将使职业教育的人才培养模式、课程设置、教学内容和方法进行相应的调整。因此，职业教育的教学质量是一个动态的观念，不是静止、僵化的。这就要求我们不能以旧有的职业教育教学质量观来判断新的职业教育教学形态，而必须要与时俱进，树立新的职业教育教学质量观。

二、职业教育教学质量管理的原则

（一）内外结合

实践已经表明，仅仅依靠职业院校的师资、实训等办学资源，依靠书本知识学习，是难以培养职教学生的实用技能和技术应用能力的。要实现职业教育的培养目标，职业院校必须实行开门办学，开展校企合作，将企业的人力资源和设备资源充分利用到人才培养的过程之中。教学不仅局限在学校的教室，也可以到企业的车间去；教学的老师不单是学校的专任教师，还应该有企业生产一线的技术能手。同时，职业教育教学质量的提高离不开学生包括毕业生对教学工作的建议和意见，离不开家长和社会各界的积极配合。可见，只有学校、在校学生和用人单位、毕业生、家长、社会各界内外两方面一起努力，我们才能造就一大批具有良好职业道德、创新精神和实践能力的高素质技能型人才。因此，职业教育的教学质量管理应该建立以学校和在校学生为主体的内部管理系统，同时还应建立以用人单位、毕业生为主体，家长和社会各界参与的外部支持系统。双管齐下，推动职业教育教学质量的不断提高。

(二)持续创新

职业教育是与社会经济发展联系最为紧密的一种教育类型，而在现代社会产业行业结构和技术结构的调整速度之快可谓空前。社会经济结构的变化必然使职业教育的政策环境、劳动力市场和办学条件发生变化，这必将带来职业教育专业结构、人才培养模式和目标、教学内容等方面的变化。相应的教学质量管理的模式和方法就需要改革创新。如柳州职业技术学院电气自动化专业根据行业发展对专业人才的新要求，探索出特色鲜明的"343"人才培养模式。此模式的关键环节就是要开展学生的顶岗实习。为保证实习效果，该专业制定并实施了《学生顶岗实习课程考核管理办法》《学生工学实习责任书》《工学实习管理规定》《学生顶岗实习情况鉴定表》等制度，学生顶岗实习质量管理基本上形成了完善的制度体系和成熟的管理机制，使该专业的教学质量明显提高，保证了毕业生的高质量。

(三)全员参与

教学过程是一种复杂而系统的过程，需要学校的教学部门、教师、教学管理部门和后勤保障部门等通力合作才能保证教学目标的实现。因此，教学质量管理部门必须充分调动相关部门和人员的积极性和创造性，并将质量责任落实到每一位教师和员工，使大家都参与到人才培养和教学质量管理中来，才能有效提高教学质量。全员参与是所有为提高教学质量所涉及的学校内部、外部人员和学校各级管理组织都要参与到教学质量管理过程。学校要通过加强宣传，建立健全制度使各个部门、教学的各个环节，以及每个成员都增强质量意识，围绕着培养高素质专门技能型人才这个共同目标，积极参与，严格把好各自的质量关，才能提高教学质量，提高人才培养质量。

(四)注重过程控制

首先，教学质量形成于过程，从专业计划的制订、课程体系和课程内容的设计到理论教学及实践教学的实施，以及考核、检查等教学情况反馈，最后到社会的综合反馈，这些环节构成了一个教学管理过程，教育质量就是在这个过程中逐步形成的。控制好每一个环节，就能最终保证教学质量。其次，注重过程控制可以提高教学效益。相同的教学成果的成本可能是不同的。因此，教学质量管理要注重教学过程的最优化和教学资源配置的最优化，不断降低教学成本。可以说，教学质量管理过程中探索所形成的科学先进的制度和机制比结果的意义要深远得多。

(五)以就业为导向

以服务为宗旨，以就业为导向是我国职业教育发展的大方向。职业教育在很大程度上就是一种就业教育，"使无业者有业，使有业者乐业"应该是职业教育的最终目标。毕业生就业率是职业教育教学质量的最终体现。因此，职业院校在教学质量管理中，要关注区域经济发展的要求，根据各专业人才培养规模变化、就业状况和供求情况，主动适应区域、行业经济和社会发展的需要，根据学校的办学条件，调控与优化专业结构布局，创新培养模式；要积极与行业企业合作开发课程，根据技术领域和职业岗位(群)的任职要求，参照相关的职业资格标准，改革课程体系和教学内容。建立突出职业能力培养的课程标准，规范课程教学的基本要求，提高课程教学质量。改革教学方法和手段，融"教、学、做"为一体，强化学生能力的培养，提高毕业生质量，努力实现高就业率。

三、职业教育教学质量管理的对象

(一)教师教学工作质量

包括师德师风、职业教育观念、教学效果、教研能力等方面的状况。

(二)学生学习质量

包括思想道德水平、公共文化基础、专业知识和技能以及自我学习、与人交往、心理调适等方面的状况。

(三)教学资源质量

包括教室、实训场地和设备、教材、图书资料等满足教学需要的状况。

(四)教学组织和管理质量

包括人才培养方案、课程标准、课程安排表的科学性；课堂教学和实践教学环节的组织和管理的科学性；教学评价的组织和管理的科学性、有效性等。

四、职业院校教学质量管理的组织架构

从学校这一层面看，职业教育教学质量管理应该建立学校-专业系部二级组织架构。

(一)校级教学质量管理委员会

该委员会是学校教学质量管理工作的最高决策机构，负责审议并发布教学质量管理的相关规章制度和专项计划，并对执行情况进行监督；负责重大奖惩事项的决策等。该委员会的人员构成应该具有广泛的代表性，要由学校领导、一线教师、教学管理人员、用人单位的技术工人或管理者等人员组成。委员会要有章程和工作制度，确定例会和各项工作程序等，以确保科学高效地发挥其职能。各学校也可以根据实际情况不单独设立该委员会，将其职能纳入学校教学工作委员会的职能中。

(二)学校教学质量管理办公室

该办公室是校级教学质量管理委员会的执行机构，负责执行校级教学质量管理委员会审议通过的相关规章制度和专项计划，负责教学质量信息的收集、整理、分析和反馈。该办公室的建制各学校可按具体情况设定，有的学校以中层机构独立设置，有的设为教务处的一个科室，有的列为高教研究室的一项职能。但要明确的是该办公室必须是一个常设机构，独立工作，有专人负责，以保证教学质量管理的常态化、制度化和规范化。

(三)专业(部)教学质量管理机构

专业(部)可建立教学质量管理小组来负责本专业(部)的教学质量管理工作。

组长由专业（部）主任或分管教科研的副主任担任，或由具有高级职称和具有丰富教学经验的教师担任；成员由专业（部）领导、教研室主任和具有丰富教学经验的教师（含专职外聘教师）组成。专业（部）教学质量管理小组的主要职责是负责本专业（部）教学质量管理的具体工作；负责收集、整理、反馈本专业（部）教学质量的有关信息；及时向学校教学质量管理办公室反馈教学质量管理工作的意见、建议等。

五、职业教育教学质量管理的制度建设

职业教育教学质量管理工作要走向规范化、科学化，各职业院校就要根据本校的实际制订并不断完善相关的管理制度。实践证明，教学质量高、人才培养工作成果突出的职业院校，其教学质量管理的制度都是比较健全和科学的，并得到较好地执行。如国家示范性高职学校柳州职业技术学院的教学质量管理制度体系就包括听课制度、教学督导制度、学生教学质量信息员制度、教学检查制度和教学质量评估制度等。[①]

(一)听课制度

主要是规定学院负责教学工作的各级领导定期深入课堂听课，包括实验、实训和实习课，从而了解教师与学生学习的情况，及时解决存在的问题。

(二)教学督导员制度

选聘若干名热爱教育事业、有丰富教学经验、工作认真负责并具有副高以上职称的教师担任学校的教学督导员，进行日常的教学督导工作。包括听课、抽查、评估、调研、研究分析、提出意见和建议、总结与反馈等工作。

(三)学生教学质量信息员制度

主要是学生信息员协助教学督导组和系（部）进行课堂教学信息的收集、整理、汇总，及时填写教学信息员反馈信息表，能及时、客观地向教学督导组和系（部）反馈教学信息，遇有重大情况或突发事件的信息能立即向系（部）领导和督导处反映，以便及时向主管校领导反映和进行处理。

---

① 鞠红霞．高职教学质量"双控体系"的构建与实践[J]．职教论坛，2009(5)．

(四)教学检查制度

规定学院每学期按时进行学期初、期中、期末教学检查；教学检查工作由学校、系(部)两级同时进行，以系(部)检查为主。

(五)教学质量评估制度

通过建立教学质量评估系统执行，主要包括三项工作：教学管理工作质量评估、教师教学质量评估、学生学业质量评估。

1. 教学管理工作质量评估

主要包括五个评估：校级教学管理水平评估、教学职能与业务部门的教学管理水平评估、系(部)教学工作评估、教研室组织管理水平评估、实验室评估等。其中，校级教学管理水平评估，主要按照教育部有关规定，对全校的教学水平进行自我评估；教学职能与业务部门的教学管理水平评估，每五年进行一次，在评估周期内分期完成；系(部)教学工作评估主要包括专业评估和课程评估，每三年进行一次，作为评选精品专业、精品课程的重要参考依据；教研室组织管理水平评估，每三年进行一次，评估结果作为评选优秀教研室和教研室主任工作绩效评价的重要参考依据。

2. 教师教学质量评估

由学生评价、教研室同行评价、系(部)领导评价、教务处及教学督导组的评价等方面组成。每学期进行一次，由各系(部)参照学院制定的评估指标体系，结合本专业特点具体组织实施，将评估结果报教务处，并归入教师业务档案。

3. 学生学业质量评估

由教务处与有关系(部)组织完成，主要包括：建立考试题库(试题的科学化和规范化、试题分析)；课程结业考试；平时考查(测验、平时作业等)；实践教学环节的考核，包括实验、实训实习、课程设计、毕业设计(论文)等。

(六)毕业生跟踪调查制度

毕业生质量是职业院校人才培养质量的最终体现。毕业生跟踪调查可以准确了解毕业生走上工作岗位之后的表现，从而反映学校教学质量的高低，从中获取毕业生和用人单位对学校教学工作的意见和建议，这对职业院校改进教学工作，提高人才培养质量有着深远意义。因此，制定毕业生跟踪调查制度，以实现此项工作的规范化和制度化是非常必要的。

　　毕业生跟踪调查制度要规定跟踪调查工作的负责部门及其职责、调查工作的内容及各环节工作要求等。此项工作一般由学生工作部门或毕业生就业指导中心负责。调查内容主要有：用人单位对毕业生的总体评价包括思想政治素质、心理与文化素质、专业素质和综合能力等；毕业生自评；用人单位和毕业生对学校教学工作的意见和建议等。调查的方法一般为问卷调查法和实地访谈法。需要强调的是调查结果的分析、反馈和落实工作。调查部门要组织人员对调查获取的信息进行统计分析和总结，将意见和建议反馈给教学管理部门、相关专业和教师，确保意见和建议得以落实。

第八章
职业教育科研管理

    学校是培养人的场所，同时更是开展科学研究的一支生力军，其得天独厚的优势如雄厚的师资队伍、先进的实验设备、丰富的图书资料等，都为承担和推动科学技术的发展提供了良好的基础。然而，由于职业教育以培养技术型人才为目标，把主要管理精力放在了如何提高学生的职业技能上，科研工作没有引起职业教育学校的足够重视，导致职业教育学校的科研基础比较薄弱，一种重教学轻科研的倾向正在逐渐形成。

    尽管职业教育的主要任务是培养技能型人才，但是科学研究却不能忽视。科学研究是提高教师素质、提高教育教学质量、提高学生声誉的有效途径，是职业院校开展课程建设和改革、促进专业建设和发展的动力保障，是职业院校增加市场竞争力的良好基础。因此，加强职业教育的科研管理尤为重要。

第一节　职业教育科研管理概述

    科研管理，从宏观上看，包括了国家组织和管理科学技术的一套机构、制度、方法和方式；从微观上看，仅指部门或单位的科研管理。职业教育科研管理，其微观含义为在职业院校内进行的，遵循科学技术和职业教育发展规律和管理学原理，为实现既定目标，通过科研过程的各个环节对科研活动中的人、财、物、时间、信息和效果进行计划、组织、控制、总结的一种组织活动。它既肩负着宣传科学研究意识，组织新项目立项和实施的任务，又为建设具有创造力的科研队伍、科研机构提供各种支持。因此，科研管理工作直接影响着学校的科研水平。

一、职业教育科研管理现状

    近年来，在国家政策的积极引导下，职业教育步入了发展的快车道，为社会建设与发展培养了很多优秀人才。然而，由于种种因素影响，职业教育的科研管理仍存在着一些弊端，阻碍了职业教育科研工作的顺利开展和发展。

(一)职业教育科研基础相对薄弱

长期以来，中等职业学校的主要精力放在了招生和就业上，对科研和教研工作的重要性认识不足[①]，缺乏教学研究的自觉性和积极性；高等职业院校虽将教学改革、教学质量摆在了重要的位置上，也充分认识到科研的重要性。但是，由中专学校升格而来的大部分高等职业院校，老教师过去几乎将全部时间用于教学，缺乏科研实践，更没有受过专业的科研训练[②]；新教师学历高、科研能力较强，但却承担起了主要的教学任务，无暇顾及科研工作。

(二)职业教育科研条件缺乏保障

由于大多数职业教育学校科研基础薄弱，加上大量资金投入到学校基础建设中，科研经费投入不足，造成科研平台狭窄。近年来，随着职业教育的大力发展，随之而产生的教室、实践场所、运动场所、宿舍、设备仪器不足等问题，使得大量资金都投入了学校基础设施的建设中，尤其是新校区的建设，相对减少了对软件条件的投入。受此影响，图书馆的建设首当其冲。藏书量不够、科研方面的工具书较少、数字图书馆建设不够健全，甚至少数学校还没有开通学术期刊网，不能充分利用网络的期刊数据库和优化的科研信息资源，科研条件缺乏保障。

(三)职业教育科研管理制度建设不够完善

职业院校对科研工作的忽视，直接影响了科研管理制度的建设。在中等职业学校中，更多的是对教学、学生的管理制度，而缺乏相应的科研管理制度；高等职业院校则制定有相应的科研管理制度，如《科研管理办法》《教育教学研究立项管理办法》等，但能真正落到实处的少。尤其是缺乏有效地科研管理激励机制，使得职业教育的科研管理整体水平不高，教研活动流于形式。

---

① 杨榆昭，王斌．对中等职业教育科研工作的几点思考[J]．曲靖师范学院学报，2006，25(6)．
② 凌双英．高等职业教育科研工作的现状分析及应对策略[J]．安徽职业技术学院学报，2009，8(1)．

(四)职业教育科研管理机构不够健全

长期以来职业教育科研工作"先天不足"的影响，导致职业教育科研力量薄弱，多数职业院校不仅没有专门的职业教育研究机构，而且几乎没有专职职业教育教研员。中等职业学校缺乏独立的科研管理机构；高等职业院校设置有科研管理机构，但较多的夹杂着教务管理、科研管理两项工作，甚至还要兼顾《学报》的工作，由于人手有限，科研职能部门对课题的管理无法达到全面管理的要求，对课题只注重立项和结题而忽视过程管理，对论文只追求发表数量而忽视质量要求，对纵向课题只起到公示发布的作用而忽视对院内科研力量必要的整合，对科研的类型只注重院内教育教学课题而忽视横向课题的承接。因此，也没有能够有效地发挥职业教育改革、发展提供人才和智力支持，不能有效地发挥服务决策、指导实践的作用。

(五)职业教育科研管理人员素质有待提高

中等职业学校的科研管理人员大部分由轮岗、专岗而担任，缺乏科研能力和科研管理经验，从事科研管理工作积极性不高；高等职业院校科研管理人员较多由教育管理专业人员担任，有较强的理论功底和研究能力，但却缺乏所在学校主要涉及领域的专业知识。

(六)职业教育科研方法指导欠缺

中等职业学校和高等职业院校都存在一个普遍的问题，就是相当一部分教师不知道什么是科研，分不清科研与教研、教学的关系。有的教师不知道如何填写课题申报书，不知道怎样从事研究，不知道调查法、文献法、实验法、实证法等科研方法。大部分的科研管理机构在这方面给予的指导少之又少。

二、科研管理的内涵

导致职业教育科研管理相对滞后的重要原因就是对科研管理的内涵把握不准确，片面的理解了科研管理的主要职责。科研管理是一项综合性管理，利用理、工、人文、管理学科的知识对科学研究能力进行计划与开发，以形成和实现一个组织的目标。具体的说，它包括了以下几个方面的内涵①：

(一)设计与规划学校科研工作的整体发展方向与目标

科研管理是相对于学校管理中一项独立的管理体系，同时科研管理又是依托整个学校，学校与主管政府部门之间、学校与其他科研机构之间、学校与学校之间、学校内各部门之间以及学校与企业之间等的密切合作而得以开展的。由此可见，科研管理需要支持这样一个庞大的体系保持平稳、有序、健康的运行，因此，科学、合理的设计与规划学校科研工作的整体发展方向与目标，无疑是保证学校科研稳步开展的重要前提。

(二)研究与起草开展科研工作所必须的管理、引导、处罚以及奖励等制度与政策

研究与制订科学、规范、公正、公平的科研管理制度，是学校科研工作不可或缺的重要维系。任何科研工作最后都是分配到具体的人员手中，只有通过制订建设，才能确保研究任务、经费、设施等实现最合理的分配，充分保证资源的有效、规范利用；也只有通过制订建设，方能对科研人员进行一定程度上的激励与约束，保证科研工作的顺利进行。

(三)及时、准确地公布科研项目信息，积极联系、推荐与其他学校、科研机构以及企业等之间的项目合作

科研管理部门是学校科研工作的窗口，及时、准确地公布国家、省市及各部门发布的科研项目信息，确保学校教职工能够在第一时间获悉这些重要信息。同时，积极联系、推荐学校的科研项目与其他学校、科研机构以及企业之间的合作，提高科研成果的高效转化以及产业化。

(四)积极组织科研项目的申报，指导、协调科研项目的顺利进行

科研管理是整个学校科研工作的维系，要做好学校的科研工作，一定要协调好各方关系，最大程度地利用资源，组织申报，确保科研项目能够"对口"分配。同时要注重科研方法的指导，定时与不定时的检查科研项目进展情况，及时协调研究过程中遇到的困难。

---

① 成玉梁．浅谈高校科研管理工作的内涵及如何做好高校科研管理工作[J]．科技创新导报，2008
(13)．

(五)认真做好科研过程的档案收集与管理

认真做好从提交项目申报书、立项、申请结题、专业鉴定或验收等整个科研过程的档案收集与管理，及时、准确掌握本校、部门甚至具体科研人员已经从事或正在开展的科研项目，为结题奖励、新项目申报、中期项目管理等工作提供备查资料。

三、职业教育科研管理的特点

根据职业教育自身的特性，针对职业教育科研管理存在的问题，职业教育科研管理工作具有以下几个特点。

(一)中介性

职业院校的科研管理是在学校行政管理的领导下，承担科研工作的管理与统筹。这决定了职业教育科研管理既要下涉微观，直接服务于科研项目、科研人员；又要上承宏观，担负着本校科研工作的宏观规划和发展方向的把握；同时，还起着贯彻落实各项管理制度、各项研究任务的中心环境作用。

(二)阶层性

职业教育专业设置繁杂，专业教学内容繁多，教师专业知识与科研水平不一，各级各类科研工作及目标不可能统一开展与实现。这就要求科研管理能够分层次、分阶段、分步骤的加以实施，做好不同层次间的纵向联系、同一层次间的横向联系和内外之间三个方面的衔接和管理工作。纵向上，加强与省市、地区政府管理部门的衔接；横向上，做好各个部门、科研人员的协调配合工作；在内外之间要加强科研机构、企业单位的联系。

(三)灵活性

职业教育科研管理的对象更为复杂，研究方法更为多样，加之职业教育科研工作的主体又具有鲜明的群众性特点，其科研管理必须具有高度的灵活性。灵活的科研管理，避免统一刻板的管理模式对人、财、物等资源进行刚性和封闭的管理，而是通过目标导向、宏观调控、激励诱导等多种灵活的管理方式，使组织目标、群体目标、个体目标充分协调。

(四)激励性

职业教育参与科研工作的主体是工作在教育第一线的广大教育工作者，他们参与和加入科研的程度直接关系到职业教育科研事业的发展与兴衰。由于广大教师都是在承担着繁重的教学与管理任务的同时，利用工作之余的时间进行研究。因此，适当的激励措施是组织他们自愿参与科研工作的有效手段。

四、职业教育科研管理的方法

根据职业教育的鲜明特点，在传统的管理方法基础上渗透现代管理的意识和方法，能够高效的完成管理任务，达到管理目标。

(一)学术管理

学术管理是科研管理的重要手段之一，指通过各种学术活动来约束参与科研工作的主体以达到管理目标的措施与方法。如通过学术研讨、专家评议和论证、学术交流活动等形式的活动，引导参与科研工作的主体能够自觉开展科学研究。这种开放式的管理方法，坚持民主与争鸣，是科研管理的一种内在驱动力。

(二)行政管理

依靠科研管理部门的权利，通过行政命令、指令和规定，对参与科研工作的主体施加影响的一种刚性管理方法。科研管理一般不适合采用刚性的管理方法，但由于职业教育的特殊性，需多种方法并用。行政管理方法主要是利用其权威性、强制性、垂直性的特点，对参与科研工作的人员在时间、任务、经费等方面的规定，从而保证科研计划得以实施，经费、人员得以落实，避免出现随意、无序、分散等科研管理的不良现象，提高科研工作的严肃性。

五、职业教育科研管理的目标

(一)建设一支专业化的科研管理队伍

科研管理队伍的专业化建设是职业教育科研发展的基础工作。管理队伍应由具有较高的综合素质、创新能力和团队意识的管理型人才组成，他们首先要能熟练掌握并运用管理的理论、原则和方法，并对其中的知识进行不断更新，并且要具有较高的政策水平，对各种规范有较好的了解和把握的能力，对申报材料所涉及的学术问题具有一定的理解能力，对相关背景资料有一定的了解与掌握，才能为科研人员准确答疑解惑，并从根本上对科研人员的材料进行正确把关。

（二）促进科研与教学的融合，提高教育质量

教学与科研是相互依赖、相互促进的，本着"教学带科研、科研促教学"的原则进行科研管理，是提高职业教育质量的关键之举。教师从教学中发现问题，通过科研解决问题，形成良性互动，不断提高学术水平和教学水平；同时，教师对教材、教法的研究，也有效地促进了教学质量的提高；通过科研解决企业生产过程中出现的技术难题，也是职业教育科研的重要内容。通过从生产实际产生的问题进行研究，推广科研成果，将成果转化为现实的生产力，为企业创造经济效益，为学校创造社会效益，还能将从生产一线最先进、最前沿、最实际的科研成果整合进教材及课程内容中，为教改注入新的活力。

第二节　职业教育科研过程的管理

职业教育科研过程的管理，包括科研管理观念、管理运行机制、科研经费管理、科研课题管理、科研成果管理等几个主要方面的内容。对科研过程的管理，是科研管理工作的重点。

一、职业教育科研管理观念

职业教育科研管理的目的是通过科学的管理手段，使科研工作得到高效运行，资源合理配置，科研成果优质高产，科技社会服务能力进一步提升。科研管理观念直接作用于科研管理成效，是科研管理成败的指挥官。

（一）效益观念

树立市场观念，在科研管理工作中，把市场管理作为研究开发的出发点和归宿，将市场需求作为确定研究开发项目的前提，建立面向需求的科研管理机制。鼓励科研工作者从科研选题到成果都面向社会、面向市场、面向生产，避免出现科研成果闲置，无法转化为生产力的现象。

(二)知识产权保护意识

改变职业教育科研管理中重科研成果鉴定而轻知识产权保护的观念，树立、强化知识产权保护意识，防止科研成果流失。加强知识产权保护、强化科研活动各环节的知识产权管理，加快确立以专利等知识产权保护方式为主、多种形式并存的新的科研成果管理及评价体系。

(三)管理信息化

科研管理部门是开展科研活动、发展科研事业、进行软件服务和柔性管理的部门。目前，科研界来自国家、各级政府部门的纵向课题立项方式已经形成了基金制、合同制、招标制等各种方式共存的格局；同时市场竞争机制促使企业、事业单位增强了依靠科研进步的需求，来自企业的横向课题大量增多。信息时代的今天，信息对科研管理起着决定性作用。这就要求科研管理部门必须树立信息观念，扩大信息来源，加强信息管理，提供信息服务。

二、职业教育科研管理运行机制

建立多样化的科研管理运行机制，力求适合职业教育的科研特点，以便对科研过程进行调控，使职业教育科研工作充满活力并实现可持续发展。

(一)竞争机制

建立合作型竞争机制，提倡群体竞争、团队竞争。这种以合作为基础的新型竞争机制，能较好的处理竞争与合作的关系，在倡导竞争的同时强调合作，保证科研人员能加强联系与合作，促进其在相互联系的动态过程中形成合力，产生最大效能。

(二)激励机制

通过目标激励、政策激励、经济激励、情感激励等方式，使激励成为促进科研可持续发展的有力依托。同时，通过"度"的把握，合理使用精神激励与物质激励的作用，真正将激励机制纳入科研管理的有机整体之中，促进职业教育科研工作的全面发展[①]。

---

① 候苏红. 激励理论与高职院校科研管理初探[J]. 中国科教创新导刊，2008(12).

(三)约束机制

约束机制的作用在于对科研行为的规范，无论是纵向课题、横向课题，还是论文质量衡量上都必须进行约束，否则将给科研工作带来负面影响，甚至带来损失。约束机制是保证职业教育科研不偏离科学研究轨道的重要保障[①]。

(四)评价机制

评价机制的作用主要体现其对科研工作实际意义和效果的评价。必须建立科研工作业绩和科研成果的科研评价体系，调动科研人员的工作积极性和激发科研人员的创造性。

上述四个机制，应贯彻科研过程管理的始终，是科研过程管理遵循的有效途径。

三、科研经费管理

随着教育事业的蓬勃发展，国家、地方教育行政主管部门均加大了科研经费的投入，科研经费在一定程度上成为众多学校的资金来源之一，其使用和管理也成为学校科研管理工作的重要组成部分。

(一)经费管理原则

科研经费不同于其他经费，它主要用于支持实践性强、创新性高的科研课题的研究，因此必须坚持择优支持的原则。克服经费分配上的平均主义倾向，通过经费分配，促进科研人员之间有学术上的竞争，建立起有效的竞争机制。因此，职业教育科研经费的管理应坚持择优支持、集中高效的原则，积极支持具有一定优势的特色学科、具有一定潜力能够形成优势的学科、具有发展前途的优秀中青年科研人员、重大或重要的科研课题。通过经费的合理分配和有效使用，培养一批科研骨干，争取在某些有自己特色的学科领域内形成优势。

(二)经费管理制度建设

加强管理，制度先行。建立一整套科学、可操作性强、行之有效的科研经

---

① 向燕子. 高职院校科研管理激励与约束机制构建探析[J]. 当代教育论坛，2008(4).

费管理办法和制度[①]。

（1）明确与科研有关的所有收入都要纳入学校统一的财务管理，禁止任何个人、课题组利用学校的设备、资金和技术等条件私自收取横向收入，防止国有资产流失。

（2）明确科研经费的开支范围、开支标准和经费审批权限，建立审批制度，减少科研人员报账的盲目性、随意性，做到管而不死，活而不乱。

（3）在实际工作中要根据课题经费的来源和项目性质分纵向课题、横向课题和学校资助，每个课题设经费本专项管理，充分利用会计电算化等手段进行科研项目资金的管理和分析，推广使用 IC 卡管理和校园内部查询系统。

（4）结题时经费使用情况，需结合财务收支的有关数字，必须经财务部门审核确认后才能出具报告，对不符合要求的上报材料不予盖章。

（5）财务部门应严格按照科研经费的使用范围监督经费使用情况，禁止挪用科研拨款。

（6）调整科研经费管理的重心，切实加强对无形资产的管理，注重对无形资产评价与核算，建立普通高校科研创业基金，支持科研成果转化为生产力。

根据科研经费的特点，结合职业教育自身科研经费的具体情况，按照既灵活又规范的原则，制定出一系列既不呆板僵化又不放任自流的科研经费管理办法，如《科研管理办法》《纵向科研课题管理办法》《横向科研课题管理办法》《科研课题经费管理办法》等，明确规定不同性质、不同类别的科研经费的开支范围和开支标准、经费审批权限和审批程序等，使得科研经费管理工作有章可循、有据可依。

（三）经费投入管理

发达国家的实践经验表明，加大对高等学校科研经费的投入是提高国家科学技术水平，将高新科研产品和技术引入企业、提高企业的竞争能力以及提高国家和地区的科研创新能力的有效途径。目前，国家、地方教育行政主管部门及相关部门均加大了科研经费投入，因此职业教育科研工作经费管理应走出过去"等"经费的局面，主动拓宽科研经费投入渠道，争取科研经费。

一般来说，经费投入渠道主要有以下几个方面：一是基础研究，以国家投入为主，投入方式为通过有关的基金会，如国家自然科学基金会等，在公开、

---

① 周英，蒋东华.高校科研经费管理探究[J].高教研究与实践，2009(2).

公正、公平竞争下确定是否资助。职业院校要加强国家各类科学基金、国家教委各类基金及地方各类基金的申报工作，积极争取纵向科研经费。二是技术研究及开发，主要由企业投入，国家通过设立技术开发研究的引导基金，吸引企业资金并通过企业投入教育，项目运行中由企业与国家共同评价、监督，以专利授权或实际用于生产作为最终目标。职业院校则应充分发挥其社会服务功能来开展应用发展研究，为社会服务来取得科研经费。

(四)经费核算管理

科研经费核算是提高科研经费使用效果的有效途径，其中最关键的是加强课题经费的经济核算[①]。

1. 统一科研经费会计核算科目

针对科研经费来源渠道多、各单位核算口径不统一的问题，应统一规范会计科目的设置和核算内容，指定不同渠道经费收入及支出的核算科目。

2. 科研经费的日常报销核算

在课堂经费到位后，应由课题组向科研管理部门提供合同中规定的经费预算的详细情况，科研管理部门根据经费预算情况下达具有项目分项预算及三级账的经费下达表。科研人员每报销一笔账，财务系统可自动显示分项余额，项目分项资金超支时提示不能支付此项费用，以保证经费的合理使用性和规范性。

3. 科研经费的有形资产和材料购买的管理

合理采购科研资产，本着节约使用和效率优先的原则，仪器设备零星采购计划要有预算，并通过资产管理部门进行购买。如果进行大额采购，则要进行论证，列入预算，然后通过政府部门采购。

四、科研规划管理

科研规划是学校长远的奋斗目标。是国家科研方针、政策和科学技术发展规划的具体体现，是一种战略性的全局布置方案。职业教育科研管理往往重成果而忽视了长远的科研规划。对职业教育而言，要改变过去"科研先天不足"的局面，首要工作就是从科研规划入手。

---

① 王蓉、王浩、李锐．浅谈完善高校科研经费管理[J]．中国教育导刊，2009(6)．

(一)科研规划制定的原则

职业院校科研规划的制定应遵循以下原则：

1. 目标一致性原则

职业院校的科研规划要充分体现党的科技政策，要与我国国民经济和科学技术的发展规划的目标一致。

2. 基础性原则

职业院校的科研规划要充分考虑学校原有的工作基础，考虑学校的特长，发挥优势，体现特色。

3. 全局性原则

职业院校的科研规划要考虑全局观点，尤其注意重点与一般的关系、应用研究与基础研究的关系、当前需要与长远需要的关系、教学与科研的关系以及研究的连续性的问题等。

(二)科研规划制定的人员

职业教育科研规划的制定，除有关领导参加外，必须组织科研人员参加，在大量调查研究的基础上开展。科研管理部门人员，把握国家相关政策与制度，总体上把握学校科研发展方向；若干学科带头人，了解本学科发展的历史、现在和前沿，了解相关学科的相互联系，提出科研工作的中心及发展方向；党院办工作人员，了解国家经济发展的需要及对社会的影响等。

(三)科研规划制定的注意事项

1. 职业院校的科研工作，既要重视长期的、储备性质的基础研究，更要加强企业行业急需的、与生产实践密切相关的应用研究和发展研究。要充分体现党的科学技术工作要面向经济建设这一指导思想，正确处理好基础研究、应用研究和发展研究这三类课题的比例。

2. 科研规划的制定必须慎重确定。部分职业院校制定的五年或十年规划朝订夕改，主要原因是事先调查研究不够，预测不准，不符合生产实践或经济发展的实际情况或超出了力所能及的范围。因此，职业院校的科研规划必须在广泛调查研究的基础上慎重制定。

五、科研课题管理

科研课题是科研规划的具体化，是科学研究的重要载体，同时也是科学研究的最基本单元。科研课题的研究目标比较集中、明确，内容也比较具体，可以解决一个相对单一而独立的问题，在科研管理的全过程中，科研课题的管理是中心环节[①]。

(一)动员

在科研课题申请前，发动教师及科研人员积极申报。为做好申报动员，科研管理部门应在动员时讲明申报课题的意义，并帮助申报者认真阅读、理解"申报指南"，掌握相关信息，以使选题符合计划资助的选题范围。同时，要强调研究方向尽可能地结合本学科的发展，应坚持在实践中确定课题，以增强成果的原创性和实际价值。

(二)选题

科研课题的选题是解决"做什么"的问题，是开展科研课题研究的战略起点，如选题有误，可能导致人、财、物的严重浪费，如选题不当，目标混乱或困难估计不足，条件预测不周，将使课题旷日持久或者陷入"食之无味、弃之可惜"的局面。

1. 选题的原则

职业院校的科研课题要达到适时、准确且具有竞争力，可以要求管理部门工作人员在协助科研人员选题时应遵循以下原则：

(1)目的性原则。职业院校科研课题要以社会需要和科学技术发展为目的，不能脱离国家和科技发展的需要而无目标地进行。科研管理部门工作人员要注意检查课题的选题目的性是否明确，不能似是而非、含糊不清。

(2)创新性原则。科学研究是要解决千人没有解决或未完全解决的问题，因此，创新性是科学研究的灵魂。科研管理部门工作人员应立足生产技术发展的前沿，审视课题的选题是否具有先进性、新颖性。

(3)可行性原则。根据实际具备的和经过努力可以具备的条件进行选题。一般需要考虑研究者的学术水平、研究经验、能力素质、研究文献资料的占有量、试验手段、资金和时间等因素。

2. 选题的要求

(1)必须具备广博的知识，对所研究的课题及其有关方面有深刻的了解。

科学研究的领域非常广阔，只有熟悉生产过程，了解科学发展的历史和现

---

① 广西建设职业技术学院科研管理暂行办法(桂建院字〔2003〕156号).

状，并且经过深思熟虑，才能对问题有深刻的了解，才能切中要害，选题适当。此外，还要熟悉本学科发展的历史、特点、趋势及主要研究手段。只有这样，才能从众多的可能实现的选题中找出最切合自己实际的选题。

（2）要进行周密的调查研究，切实掌握科技动态。

随着科学技术的突飞猛进，几乎每天都有新理论、新概念、新技术、新工艺、新产品的涌现。在这种形式下，多人同时研究同一个问题的情况十分常见。为了避免重复的劳动，必须收集、了解国内外同行的工作情况，切实掌握科技动态。

（3）在充分准备的基础上做出选题报告，请有关专家、权威审查，以确认其必要性和可行性。

在调研的基础上，确定研究方案和步骤，请业内专家对确定的研究方法和步骤进行分析，研究方案是否可行方法和步骤是否正确，并根据专家意见及时调整选题内容和研究方案。

3. 选题的工作流程

为了使选题准确、可行，保证科研课题研究质量，可遵循如下流程开展选题工作：

（1）立题，即确定研究方向；

（2）初步估计技术经济价值，即初步估计所确定的研究方向是否具有技术经济价值，以及经济技术价值的大小；

（3）课题检索，即为了进一步了解国内外目前有关课题研究内容的发展状况及其发展趋势，避免盲目选题；

（4）调研，调查和预测所选的研究方向是否满足本地和国民经济、生产实践的需要，而又能把解决科学技术难题放在优先地位，能否充分发挥职业教育的优势；

（5）查阅相关文献，为所选的科研方向寻找理论依据，从理论上论证其可行性；

（6）确定研究课题，在上述工作的基础上，调整研究内容并确定研究课题。

（三）立项

在认真选题的基础上，各系部、教研室及教职工个人申请的科研课题，必须填写课题申请书。科研管理部门对申报课题认真审议并提出意见，上交学术委员会评议，分管领导批准后方能上报主管部门。获得批准立项的申报课题，要及时填写课题任务书，方视为正式立项。

(四)管理

1. 签订课题合同，实现目标管理

课题立项之后，质量保证的首要工作是确定课题合同书，详细地确定进度和质量要求。合同书是目标控制的依据，科研管理部门对每个课题要严格按计划进行跟踪服务管理，并进行必要的阶段质量评价。完成的课题要及时按课题合同的目标组织鉴定验收，确保科研课题按时保质完成。

课题目标的过程环节控制，是在整体化原则上实现的质量控制。各功能环节不是孤立的，要根据总目标的需要，把几个相关环节综合起来，集中实现某一专门的目的。这样就要求课题合同的条款首先要符合系统原则，既预测总体目标，又要在总目标的控制下分解分目标，避免研究内容的"拼盘"现象。可实现原则要求合同的条款应细化，将创新点在理论性描述的基础上设计出操作性、实现性较强的技术路线实施方案和手段等。

2. 对科研课题的监督与检查

在课题的立项通知书及首期科研经费下达后，应督促课题组负责人启动和开展研究工作，制订出较为周详的阶段性研究计划。科研管理部门应制定课题查促规定，以保证预期目标的达到。查促时，要严格履行科研课题合同书所规定的条款，按合同书所规定的研究进度和阶段性指标检测督促其完成情况。科研管理部门在对每个课题进行中期检查时，要检查原研究方案的变动情况、下一步工作安排、研究进展、是否需要科研管理人员协调解决问题等情况，重点了解其研究的工作进度、阶段性成果、经费开支情况及存在的主要问题，并要求各院系协助项目负责人做好纠偏补漏的工作，切实保证每个课题组都有足够的人力和充裕的时间。由于计划与实践并不一定完全相符，在原定计划实施过程中常会出现某些意外的问题，这些问题如不及时解决就会影响课题按计划进行。所以，对课题实行阶段性检查，及时发现并解决项目实施中的问题，显得尤其重要。因此，需要掌握课题进展情况，及时发现并解决问题，以使课题顺利进行。

3. 重点重大课题的协调

很多重大和重点课题往往由多学科或多单位共同参与进行，学科间和单位间的配合非常重要，如果出现小团体利益，势必会影响团结，妨碍课题顺利进行。除了强化本单位课题组的管理外，对多方协调负有较大责任，并能在其中起到较重要作用。作为职能科研管理部门需要定期召开课题组会议，检查课题

进展，及时协调和解决在计划实施和协作过程中出现的问题，使项目按期得到圆满完成。

4. 终止课题

(1)正常终止课题。正常终止课题是指课题的研究达到了预期的目的，经过鉴定或评审，并经过主管部门批准，课题即可终止。对于正常终止的课题，其科研成果是科研效益的最终体现，也是衡量科研管理工作质量的重要标志。做好结题验收是鉴定项目完成质量，维护普通高校信誉的重要工作，也是人才培养和发挥成果效益的重要环节。在课题结束时，科研管理部门要与课题负责人联系，商讨结题工作，一则提醒他们将已完成工作的资料先进行统计分析；二则能根据已做的工作提出新的目标。对正在研究项目的后期管理，主要是抓好研究计划的完成及成果的鉴定。

(2)非正常终止课题。非正常终止结题通常有两种情况，一种是因发生了计划没有估计到的困难，而且目前又无法解决，被迫终止课题；另一种情况是国内外同行已经就同一课题取得了研究成果，失去了原先计划的研究意义，课题也因此终止。

六、科研成果评价与管理

科研成果，一般是指对某一学科技术研究课题，经过试验研究、调查、考察而取得的具有一定学术意义或实用价值的创新成果。对科研成果的评价和应用是科研管理工作的重要组成部分[①]。

(一)科研成果的评价

对科研成果的评价，一般对分为基础研究成果、应用研究成果及发展性研究成果三类进行评价。

1. 基础研究成果的评价

基础研究成果的评价，应注重在科学上、学术上是否有新的发现、新的创造，是否提供了关于自然现象和自然规律的新知识以及新知识的广度和深度。

基础研究成果的评价，一般采用延时评价法。由于基础研究成果的价值体现在认识世界的广度和深度及改造世界的效用上。前者可以用成果的真理性标准检验，后者可以用成果的效益性标准检验。由于成果研究出来后其价值经实

---

① 广西建设职业技术学院科研管理暂行办法(桂建院字〔2003〕156 号).

践检验还需要时间，其效益不能立即显现，因此，对基础研究成果价值的客观评价通常在成果发表后一定时期或验证后进行，即延时评价。这样可以避免过早评价而出现误差。

2. 应用研究成果的评价

对于应用研究成果的评价，应注重检查在应用方面是否有创造性，是否为应用新理论、新知识开辟了新的途径，其应用价值如何，对社会的影响程度如何，是否为基础研究提出了新课题等。

应用研究成果的评价，一般采用同类相比和同行评议的方式来进行评价。同类相比，是按学科内容、形式、研究方向对成果进行分类，分类越细，可比性就越强，标准越容易确定，评价结果越准确、公正；同行评议，即由研究方向相同或相近的学科工作者运用相近知识进行判断成果客观价值的过程。同行对成果内容的理解、认识能力较强，便于做出符合实际、准确、公正的评价。

3. 发展研究成果的评价

发展性研究成果的评价，注重评价成果对于生产应用所必须的工程技术问题的解决情况。既要考虑其可操作性和适用性，又要考察其是否有发明和创造等。

(二)科研成果的应用推广

(1)利用电视、广播、报纸、互联网以及科研成果信息平台公报学校的科研成果，同时参加各种展览、展览会发放宣传资料直接推广。

(2)完善科研中介机构，提高中介机构的服务质量，保证成果信息的充分扩散。科研管理部门应积极参与成果转化，收集社会需求，有的放矢，在社会上形成一个成果相互交流广泛宣传的网络。同时利用社会关系组织教师深入到相关专业的企业，实地了解企业需求，帮助企业解决实际问题，使企业和教师能近距离接触，在相互的交流中尝到甜头，各取所需，教师能很好地发挥自己的专业特长为企业的生产发展作贡献，企业可以获得教师在科研方面的帮助，使企业更上一层楼，可谓双赢。

(3)建立科研成果有偿转让制度。由学校与拟采用成果的企业部门签订《科研成果转让合同》，明确双方应承担的责任和应得的经济利益，限定时间完成推广任务。

(三)科研成果的申报与专利

知识产权作为驱动经济利益的一个杠杆，它能涉及产权拥有者当前和今后长期的经济利益。通过对产权拥有权的明确激励科研成果转化工作，使教师在经济上得到实惠。成果是教师通过不断的艰苦研究取得的，是教师的心血，同时科研成果的转化面临着市场的考验，转化过程中投入的人力、物力和财力都很大，承担的风险较大，因此成果一旦转化成功，研究者理应得到丰厚的回报，从而体现研究者通过艰苦的研究得到收获，同时还具有很好的榜样作用，促使其他教师积极投身于成果转化工作中去。

一般而言，一项科技成果经过评价后，需经过"三性"（新颖性、先进性、实用性）的复查，符合条件方可填写发明申报书，进入专利审批环节。专利审批一般采用审查制，即由国家专利局及其分局，接受发明人或单位的申请，根据专利法对申请专利的发明进行审查，对符合专利条件的发明，由专利局批准专利，并授予申请人或单位专利证书。取得专利的个人或单位在专利法规定的期限内，享有专利权。

（四）科研成果的奖励

科研成果的奖励是一种精神激励和经济手段。奖励得当，就能充分利用激励机制，鼓励广大教师在科研工作方面的探索，否则，适得其反。

科研成果的奖励，一般分为国家级、省部级、厅局级和校级。目前，经国务院批准的科研成果奖励有三种，即发明奖、自然科学奖和科学技术进步奖，另外还有针对科研单位的综合奖和成果奖。省部级的奖励，包含有国务院各级主管业务部门的奖励、各个省直辖市自行设立科研成果奖。厅局级的科研成果奖则由地方政府及各业务部门设立奖励。校级的科研成果奖励则由各学校根据自身情况设立各种奖励。

职业院校科研管理部门的工作人员，要熟悉上级各科研成果归口部门成果奖励条例，掌握奖励标准和时间，以便及时地将本校符合奖励条件的成果报送参加评奖。

第三节　职业教育科研管理队伍的建设

建设好管理机构与管理队伍，是职业教育完成出人才、出成果两项任务的保证，是科研水平实现质的飞跃的有效途径。

一、职业教育科研管理机构建设

加强职业教育科研管理工作，提高管理水平，其管理结构的建设是一个重要的内容①。

(一)职业院校科研管理结构的设置

按传统的学校管理体制、中等职业学校不设专门从事教育科研的机构。学校教育研究室也只是一种学术组织，没有任何管理职能，其成员基本是兼职的或退休的教师。他们的主要工作是听课和评课，起到教学督导作用。要加强教育科研，中等职业学校必须重视教育研究室的作用，应根据学校办学规模的大小，确定教育研究室成员的数量和职责范围，设专人管理，享受与同等部门职务一样的待遇。同时聘请一些科研能力较强的教师组建各种学术、科研团体。如学术委员会、校刊编辑部、软件开发室、课题研究小组、各种竞赛评比组。这些组织是在教育研究室的管理下，协助教育研究室开展工作，并形成学校教育科研环境。加强对教育研究室的管理和领导，选拔思想素质和科研素养高的教师到教育研究室工作，关心和调动他们的积极性，是中等职业学校开展教育科研不可忽视的一个重要的工作。

(二)任务

中等职业教育科研管理机构的首要任务是加强对中等职业教育体制机制和政策的研究及中等职业教育人才培养模式的研究，研究"集团化、连锁化""园校互动、校企融合"的办学模式，研究"三段式"的培养模式的具体实施和管理办法，以科研促教学。同时，加强课题申报的宣传力度，为教师提供有效地科研指导。此外，要加强重大项目成果的推广研究。

二、职业教育科研管理队伍建设

科研管理工作是一个复杂的系统，需要有一支高素质的、稳定的、创新型的科研管理队伍，这样才能对不同层次、不同类型的科研项目、科研成果进行科学有效的管理。科研管理队伍是适应科学技术事业的内部结构和运动规律而建立起来的一支有组织的队伍。

(一)职业院校科研管理队伍的职能

校级科研管理队伍的主要职能大致包括：科研项目管理，即组织项目的申

---

① 王大莺，铁晓峰. 高职院校科研机构建设的研究与实践[J]. 职业教育研究，2004(10).

报和项目经费的管理等；科技成果专利管理，即各级科技成果的鉴定、验收、专利管理、奖励的申报、技术的转让和科技开发、产学研合作等；日常管理，即科技处日常工作、各类学术学会的管理和学术交流中学术会议的组织与承办等。

(二)科研管理人员具备的管理素质

1. 政策解读能力

国家的各项科技法规、政策是科研管理工作的依据，科研管理人员必须熟悉和掌握国家、国家各个部门、省和市的有关政策和科研项目、科研经费、成果转化项目招投标等方面的管理办法以及相关的配套规定等。这些政策及有关规定在具体执行过程中，还要同本单位、本部门、具体科研申报人员的实际情况结合起来，充分发挥自己的主动性和创造性。另外，科研管理工作还大量涉及签订科研合同、成果申报专利、知识产权保护、科技成果转化等内容，需要科管人员具有一定的知识产权、科技法规等方面知识，以便依法保护学校和科研人员的权利。在日常的科研管理工作中，很多课题项目都属于保密范畴，因此要求科研管理人员在项目管理过程中也要熟悉保密管理政策，做好管理过程中的保密工作。只有在了解和熟悉各项政策规定的前提下，才能够为科研人员提供参谋并加以指导，进而全面、高效地组织好相关科研人员做好相关管理工作。[①]

2. 沟通协调能力

在管理工作中，协调是一项十分重要的工作，大部分工作有一半以上是在协调各方面的关系。在日常管理中，科研管理人员需要和不同的科研人员打交道，也需要同上级科管部门、校内相关管理部门打交道。只有协调好各个部门、人员之间的关系才能够保障科研项目工作顺利、高效地完成，而不只是充当"上传下达"的传话筒角色。管理人员需要在科研主管部门和广大科研工作者之间建立起有效的信息交流平台，充分调动科研人员的积极性、主动性和创造性。不论对外还是对内开展工作中，沟通与协调能力在科研管理中都起着重要的作用。协调工作中应该遵从几项原则，包括目标一致原则、互惠互利原则、共驻共建原则、打造品牌原则等。每位科研人员的科研实力和目的都不可能一致，在工作中，科研管理人员必须结合自己的实际工作，协调好各个科研人员之间的关

---

①　林婷. 提高高校科研管理人员的管理水平[J]. 实验技术与管理，2009(5).

系、矛盾和利益，为科研人员创造出最大化的利益而服务。协调工作是保证本单位科研工作顺利发展的前提。[①]

3. 丰富的专业知识

科研管理者要有丰富的专业知识，对科研工作有真实的体验。没有专业知识，管理就会脱离实际，不得要领，这就要求现代科研管理者要有专业研究领域，有从事科研的经历和对学科或科研动态的知识积累等。科研管理人员只有具备全面的知识系统和有直接进行学术研究的能力，才能抓住管理工作的要领，才能进行最有效、最直接的管理。科研管理人员应该有一定的专业研究能力，必要时，可以直接投入其中，摸索出科研工作的一般规律。科管人员最好有一定的科研经历或自己正在从事科研工作，通过自身参与科研实际工作，才会充分了解整个科研工作的客观规律和实际操作流程，才会在具体的管理工作中做好组织工作。此外，科管人员从事一定的科研活动能够掌握科研人员的想法和工作方式，也就能够保证更好地为科研人员做好服务工作。[②]

4. 创新意识

创新的本质是进取，创新就要淘汰旧观念、旧技术、旧体制，培育新观念、新技术、新体制。科学研究的生命力在于不断创新，如果职业院校的科研管理人员缺乏创新素质，就不可能使科研管理工作与科研人员的创新精神融为一体，就永远不能改变当前科研管理滞后于科学技术发展的局面。[③]

(三)科研管理队伍建设途径

1. 终身学习，不断提高修养

由于聘用制的推行，这就要求每一位科研管理人员必需认清形势，树立竞争意识、风险意识和责任意识。积极查找自身在管理观念、管理能力、知识水平等方面存在的与现今职业教育发展对管理工作的要求之间的差距，始终保持有意识的学习行为，进行科学有效的学习，掌握科研管理知识，广泛涉猎多学科领域，熟悉现代化信息网络技术，提高自身业务理论水平，成为有真才实学、丰富工作经验的高水平管理人才。

2. 更新观念，牢固树立创新意识

科学技术普及发展及其广泛应用，离不开管理人员的服务工作。这种服务

---

① 林婷．提高高校科研管理人员的管理水平[J]．实验技术与管理，2009(5)．
② 同①．
③ 同①．

意味着科研部门更快、更好地产出优秀产品，产出良好的社会效益、经济效益。面对知识经济创新管理的要求，科研管理人员应当顺应知识管理的内在要求，进一步解放思想、更新观念，树立教学科研互促共进观念，以创新的意识研究当前高校科研管理工作的新特点、新规律，创造性地开展自己所从事的工作。只有这样，才能用创新思维指导科研工作实践环节，以达到科研管理创新的目的。

3. 提高获取信息、处理信息的能力

信息成为重要的商品和竞争要素。美国著名未来学家托夫勒认为"谁掌握了信息，控制了网络，谁就拥有整个世界"，这就意味着信息将是国家生存发展的关键，哪个国家掌握了信息，特别是高科技信息，哪个国家就会取得经济发展的主动权和国际竞争的优先权。当前世界不少国家建设或计划建设各种类型的"信息高速公路"，全都是旨在提高获取各种信息的能力。这就要求科研管理人员首先要广开信息源，不断吸收最新的信息，充实研究工作；其次要依托现代的手段和工具转换、处理信息，提高获取信息和处理信息的能力①。

---

① 徐芳，李文亮. 加强高校科研管理队伍建设 创新科研管理水平[J]. 科技信息，2008(11).

第九章
职业教育评价

教育评价是对教育活动满足社会与个体需要的程度做出判断的活动，是对教育活动现实的(已经取得的)或者潜在的(还未取得但有可能取得的)价值做出判断，以期达到教育增值的过程。[①] 由此可见，评价是教育管理的一个重要手段，是教育宏观管理的重要职能。

第一节 职业教育评价概述

一、职业教育评价的含义

教育评价的思想源远流长。自从产生了学校，有了学校管理，就逐步产生了教育评价的思想与活动。古今中外的学者对教育评价的内涵进行了探讨，由于理论流派不通，评价模式不同，看问题的立场观点不同，探讨的角度不同，实验的方法不同，于是形成了不同的评价观，对教育评价给出了不同的定义。

以美国学者泰勒(R. W. Tyler)为代表的流派，认为教育评价就是衡量教育目标在实际上达到教育程度的过程。他们把侧重点放在了教育目标上，认为教育评价就是衡量教育活动达到教育目标程度的一种活动。

以克龙巴赫(L. J. Crombach)为代表的观点，认为教育评价就是为教育决策提供信息和依据的过程。他们认为评价者不但应当关心规定的目标，检验这些目标达到的程度，而且更应当关心谁是决策人，他们做了什么决策，根据什么样的准则做决策等。

以豪斯(E. R. House)和斯克里芬(M. Scriven)为代表的观点，认为教育评价就是对教育现象进行描述和价值判断。他们主张对教育现象及其效用进行价

---

① 陈玉琨. 教育评价学[M]. 北京：人民教育出版社，1999，12.

值判断，即对教育活动过程所产生的效益和结果进行判断，看其是否具有价值。

在我国，有学者认为，教育评价是对教育的社会价值做出判断的过程；也有学者认为教育评价是指按照一定的价值标准对受教育者的发展变化及构成其变化的诸种原因所进行的判断；还有学者认为教育评价是按照一定社会的教育性质、教育方针和政策所确立的教育目标，对所实施的各种教育活动的效果、完成教育任务的情况以及学生学习成绩和发展水平进行科学判定的过程。

分析上述国内外专家学者对教育评价的描述，不难发现教育评价具有的特点，即教育评价是一个过程，是一个价值判断活动，以一定的教育目标或教育价值观为依据，以科学的评价方法为手段，为个体或单位的自我完善和教育管理、教育决策提供有用的信息和依据。

据此，可以将职业教育评价定义为：以职业教育系统为对象，从既定的目的出发，确定相应的目标，建立科学的指标体系，通过系统的信息收集和定性定量分析，依据客观的价值标准，对该系统做出的价值判断。

二、职业教育评价的目的与意义

(一)目的

教育评价能够有效地控制教育过程的行为，并为教育决策服务。科学的教育评价是保证教育质量、提高办学效益的有效措施，是实现教育管理科学化的重要手段。职业教育评价的目的，可以归纳为以下三个方面。

1. 促进职业院校的办学水平不断提高

通过教育评价，直接推动职业院校对教育质量、办学条件、管理水平等方面的重视，积极加强自身建设，促进学校将更多的精力投入到提高办学水平上来，把工作重点放到专门人才的质量培养上来。通过评价过程中对办学指导思想、办学条件、教育教学过程和质量的全面检查，总结办学经验，分析存在的问题及原因，促进办学水平不断提高。

2. 为教育决策提供重要依据

通过教育评价，使教育行政部门、政府以及相关管理部门全面了解职业院校在贯彻党的教育方针、教育质量以及管理工作等方面的实际情况，从而发挥市场机制与宏观调控手段相结合的作用，采取有效措施，为进一步提高职业教育质量提供人力、物力、财力资源和方针政策的保证。

3. 为社会各界参与职业教育提供了解的机会

通过教育评价，使各办学行业、企业增加了对学校办学条件、办学水平、人才培养质量等方面的了解。真正以高水平办学、高质量教育的职业院校，能够吸引社会各界加强对学校建设的关心和支持，增加对职业教育的资金投入、政策支持及优化办学环境，进一步提高职业教育的社会地位。

(二)意义

评价就像一个强有力的杠杆，推动了整个职业教育的改革与建设，对职业教育的发展起着指挥导向的作用。实施评价，有着极其重要的意义。

1. 有利于职业教育办出特色

当前我国的职业教育仍处于探索阶段，职业教育评价体系体现了党的教育方针和社会对职业教育的要求，不仅规定了办学的必要条件和重要指标，更指导和促进职业院校尽快培育办学特色，为学校的办学方向起着"指挥棒"的作用。

2. 有利于管理和监督办学质量

质量是教育的生命线。通过评价指标体系明确的标准，不仅可以客观的区分和鉴定评价对象，更可以在指出不足的同时，找出产生问题的原因，并提出改进建议，为从宏观上管理职业院校办学情况提供了有效的途径，也为办学质量提供了有效的监督途径。

3. 有利于促进职业教育与市场的融合

通过评价区分出不同水平的办学质量等级，为职业教育的招生和就业引进市场机制提供了依据，为广大人民群众提供了选择的依据。同时也激励着职业院校加快建设与改革以优质的办学质量赢取市场。

三、职业教育评价的原则

职业教育评价的原则，是开展评价工作的主要依据，是评价人员在评价活动中必须遵守的准则。遵循评价原则，对制定评价指标体系，开展评价工作，提高评价质量，发挥评价的作用，都有着积极的作用。

(一)定性与定量相结合的原则

在评价理论中，定性评价与定量评价是涉及评价方法的问题。定量评价是采用数学的方法，收集和处理数据资料，对评价对象做出定量结果的价值判断。定量评价强调数量计算，以教育测量为基础。它具有客观化、标准化、精确化、量化、简便化等鲜明的特征。它在一定程序上满足了以选拔、甄别为主要目的的教育需求。但定量评价往往只关注可测性的品质与行为，处处、事事都要求量化，强调共性、稳定性和统一性，有些内容勉强量化后，只会流于形式，并不能对评价结果作出恰如其分的反映。定性评价是不采用数学的方法，而是根据评价者对评价对象平时的表现、现实和状态或文献资料的观察和分析，直接对评价对象做出定性结论的价值判断。定性评价强调观察、分析、归纳与描述，更关注"质"方面的发展，关注教育结果与教育之间的一致性。因此，职业教育评价要坚持定性与定量相结合的原则，充分利用不同评价方式的优点，根据评价目的开展评价活动。

(二)过程与结果相结合的原则

过程性评价与结果性评价是相对于评价目的而言的。过程性评价，也称为形成性评价，形成性评价不以区分评价对象的优良程度为目的，不重视对被评对象进行分等鉴定；结果性评价，也称为总结性评价，它是在教育活动发生后关于教育效果的判断。一般地，结果性与分等鉴定、作出关于受教育者和教育者个体的决策、作出教育资源分配的决策相联系。职业教育评价既要注重实施的过程是否科学合理，是否符合国家法律或者政策标准，又要关注职业教育的最终结果，如人才培养质量、社会影响以及发展情况等。因此，要坚持过程性评价与结果性评价相结合的原则开展职业教育评价。

(三)规模与质量相结合的原则

规模与质量是涉及评价标准的问题。过去的评价多以质量为首要的评价目的，内在质量的评价虽是职业教育评价的核心内容，与职业教育目的的实现程度相关，但随着职业教育的迅速发展，如不考虑其发展规模，则难以在办学规模、师资队伍、经费等生均数值上做比较，使得评价无法通过师生比、资金投入产出等进行内在质量的评价。

(四)实力与潜力相结合的原则

实力评价就是对现阶段完全实际的客观结果进行全有或全无标准的评价，评价包含预测，还要注重潜在实力。职业教育评价不仅要看现存实力，更要看潜在实力，注重内部团结合作程度以及外部协调、配合、沟通程度，这些潜在的软实力能够为职业院校的发展提供动力。

（五）方向性、科学性和可行性原则

把握方向就是指教育评价要对职业院校的办学方向起到引导的作用，使职业教育适应经济建设和发展的需要。因此，在制定评价指标体系中，要坚持方向性原则。

注重科学，即科学性原则，这是教育评价的生命力所在。注重科学，首先要体现在评价组织、评价标准以及评价实施过程中，不能只凭经验，更不能主观臆造，应以科学的理论、客观的依据为基础；其次体现在评价人员的态度上，要坚持实事求是的科学态度，从实际出发，防止弄虚作假，克服主观随意性，避免掺杂个人感情，保证评价准确可靠，符合实际。

切实可行，即可行性原则，这是评价取得实际效果的保障。切实可行，要求在评价的实施过程中，评价方法要易于掌握，便于操作；评价指标体系具有可测性等；同时要考虑到各地区、各行业职业教育发展的不平衡，做到因地制宜、因行业制宜。

四、职业教育评价的分类

教育评价是一个多因素、多变量的复杂系统，同时职业教育也是一个多类别、多层次的复杂系统。要在职业教育系统中开展教育评价，以获取全面的信息是难以做到的。因此，实施分类，将评价中的复杂问题分解为若干简单的问题再逐一解决，是有效的评价方式。

评价的分类，一般从便于实施的角度出发，按评价目的、对象、主体的不同进行分类。

（一）按评价目的，可分为合格评价、水平评价和选优评价

1. 合格评价

合格评价是国家和教育行政主管部门对新建学校和新建专业所进行的评价。内容是评价它们的基本办学条件和基本办学质量，按照设置的标准来对新学校、新专业进行评价，以判断其是否符合开办条件、开办要求，决定其能否继续开办和发展。这类评价侧重对条件的评价，同时具有行政管理的强制性。如教育部对新办中等职业学校和新办（升格）高等职业院校进行的评价便属此类评价。

2. 水平评价

水平评价是在合格评价的基础上，对办学条件、过程和目标进行更为全面

的评价，以促进其进一步提高水平。这类评价又可分为学校综合办学水平评价、专业教育质量等其他单项工作的评价。如教育部开展的高等职业院校人才培养工作水平评价便属此类评价。

3. 选优评价

选优评价是在水平评价的基础上遴选优秀的评价，以确定一些骨干示范学校和重点发展的学校或者专业。这类评价更侧重于目标评价，其一般在国家和省（部）两级进行。如针对中等职业学校开展的重点中专评价、针对高等职业院校开展的示范性院校评价以及重点专业、精品课程等单项工作的评价都属此类评价。

（二）按评价对象，可分为学校评价、专业评价、课程评价或其他单项工作评价

根据评价对象的不同、范围的大小、内容的多少，可以分为学校评价、专业评价、课程评价或其他单项工作评价。其中，每一类评价根据不同的评价目的也可分为合格、水平和选优三类分别进行。

以学校为对象的评价，如针对中等职业学校开展的重点中专评价，针对高等职业院校开展的示范性院校评价以及高等职业院校人才培养工作水平评价等。其中，前二者为选优评价，后者为水平评价。

以专业为对象的评价，如针对高等职业教育的重点专业评价等。

以课程为对象的评价，如针对高等职业教育的精品课程评价等。

其他单项工作的评价，如针对就业情况的评价、针对大学生思想政治教育情况的评价等。

（三）按评价主体，可分为自我评价、行政主管部门评价和社会评价

1. 自我评价

自我评价是指由学校组织的、在学校内部进行的评价。自我评价是评价工作开展的基础，但自我评价如未经过评价机构的复评，仅能作为学校自我调节、自我完善的借鉴，不具有权威性。如高等职业院校在参评示范性院校前进行的摸底评价就属于自我评价。

2. 行政主管部门评价

行政主管部门评价通常是指国家教育部和教育委员会直接主持或由国家委托各省、市、各部委主持开展的教育评价。通过国家评价并被认可的各类评价结果具有权威性。如被评为重点中专的学校、被评为示范性高等职业技术学院

的院校、拥有国家精品课程的院校等，其拥有良好的社会声誉。

3. 社会评价

社会评价是指非政府组织和非受国家或教育主管部门委托的社会团体，独立地对学校进行的教育评价。这类评价虽不具有行政强制力，但可为教育决策和社会的人才需求提供信息，起着社会舆论作用，对学校的声誉也有一定的影响。但我国目前针对职业教育的社会评价仍不多。

第二节　职业教育评价的组织与程序

教育评价涉及评价主体、评价客体、评价目的、评价方案及评价方法技术等诸多方面的内容，是一个有严密组织、有明确目的、评价标准、评价程序的有机的集团活动。因此，要通过评价使其功能得以实现，必须从评价的组织和程序入手，规划评价活动，实现评价目标。

一、职业教育评价的组织

(一)学校自我评价的组织

学校自我评价是教育评价的有机组成部分，同时也是学校教育工作的重要组成部分。职业院校要有效地开展校内的自我评价，必须有严密的评价组织做保证。

学校自我评价组织一般可分为两个层次，一是领导层，二是操作层。领导层就是学校成立的有关开展校内评价的领导小组，它的职责是设计或选择评价方案，制订评价工作计划，选择评价方法，对评价人员的培训，对各专题评价小组的工作进行指导、检查、审定，作出最后的评价结论并编写自我评价报告等。领导层的成员一般为党、政、工、团各方面的负责人及教育评价的专家、学者，同时还要吸纳行业企业的人员参与评价。操作层是指各项专题评价的小组，它的职责是根据评价方案对本专题小组所担负的任务和评价指标内容开展全面的调查研究，广泛地收集有关的信息、资料、数据，对照评价标准对本专题小组的有关评价内容进行价值判断，得出初步的评价结论，写出本专题的自我评价报告。

(二)行政主管部门评价的组织

我国教育评价多数是由国家行政机构来领导、组织和监督的。设立由中央到地方的不同层次的教育评价领导小组。各级评价机构有不同的分工和不同的职责。一般分为国家、部委和省(自治区、直辖市)三级评价领导小组。

二、职业教育评价的程序

教育评价是一项系统工程，是一项技术性很强的工作，也是一个有序的活动过程。一般而言，评价过程可分为准备、实施和结果处理三个阶段。

(一)教育评价的准备工作

1. 组织准备

一般而言，评价组织阶段可以划分为以下三项工作：建立评价组织机构；成立评价领导小组；制订评价活动实施计划；组织培训参评人员。评价领导小组的工作要点是确定评价对象和评价重点，设计或选择评价方案，制订评价工作计划，组织培训参与评价的有关人员，掌握、调控评价工作进程，协调各方面的关系，把握评价的方向；在制订评价活动实施计划工作中要求是明确实施评价的目的，明确评价对象和评价重点，明确评价活动的行为准则和整体要求，确定评价实施的步骤和具体日程安排；在组织培训参评人员工作中，培训的内容应当包括教育评价的概念和实施教育评价的现实意义，教育评价的本质、功能和作用，教育评价的基本方法技术，有关评价方案的若干理论问题，特别要熟悉和研究本次评价活动所使用的评价方案，要逐项逐条加以研究，深刻理解方案中所设立指标的含义和评价标准，以便统一思想，统一标准，统一行动，以保证评价结果的客观性和一致性。最后还应对参评人员进行评价人员的行为准则的培训。

2. 方案准备

一般而言，在方案的准备阶段，主要工作是在评价活动实施之前拟定有关评价目的、内容、范围、方法、手段、程序和预期结果的规范性文件。评价的方案应当具有区别于其他方案的特性，如目的性、规范性、可行性等；方案应当涵括以下几个方面的内容：规定评价的目的及目标、确定评价内容及其形式、设计指标体系、规定评价标准、确定评价手段和方法、规定实施程序等。

(二)教育评价的实施

教育评价的实施是一个有计划、有程序、有步骤的实施过程，是具体实施教育评价的中心环节，大体上分以下几个步骤进行：宣传动员；自我评价；评价专家组开展调研，收集信息、资料、数据；评价专家组依据评价指标和评价标准，对所获取的信息、资料、数据进行核实筛选、分析综合，得出初步的评价结论；评价领导小组召开全体参评人员会议，对评价专家组的初步评价结论及工作情况进行审核、论证，形成最后的评价结论。

1. 宣传动员

为了把与教育评价工作有关的各类人员都发动起来，使他们都积极参与教育评价工作，可利用一切宣传工具，如校刊、学生报、通报、幻灯、广播、电视、网络等，用大型标语、歌咏、戏曲、短剧等形式进行宣传动员；聘请专家作有关教育评价的专题报告；公布教育评价方案，使之了解教育评价的目的、目标、内容、形式、标准、方法手段、实施程序等。

2. 自我评价

自我评价是评价实施阶段不可缺少的重要环节之一。自我评价有利于全面收集信息，形成准确的判断；有利于被评者自己诊断问题，找出差距，改进工作；能锻炼和提高被评者自我评价的能力；有利于减轻评价组织者的工作量，减少评审经费的开支，提高教育评价的质量。特别是在选优评价，自评可以使一些自己感到不具备选优条件的单位不参加评选活动，有利于评价质量的提高。当然，自我评价要求被评者在自评过程中本着实事求是的态度，如实反映自己的情况，避免出于防卫心理而报喜不报忧。被评者进行自我评价之后，应按要求写出评价报告，提供充分的有关资料，被评者的自我评价结果及其有依据的定性及定量分析的评价资料等。

3. 评价专家组根据自评结果，有针对性的收集信息、资料、数据

这个步骤是进行正式评价的开始。评价专家组应由教育界和社会知识界，学术水平高、专业知识渊博、实践经验丰富、有崇高威望的专家组成。他们在评价理论及实际方面有一定的水平，评价结果质量比较高，具有一定的科学性和权威性；此外，要求专家与被评者没有什么牵连，以保证评价的公证性和客观性。专家组根据被评者的自我评价结果，收集信息、资料、数据，是一项基础性、关键性的工作，信息、资料、数据是否丰富、全面、真实、可靠直接关系到评价的依据是否客观，关系到评价结论的真伪，从而关系到教育评价的成功与失败。

4. 评价专家评审，形成评价结论

专家组通过大量的调查访问、发放评价量表、召开各种形式的座谈会、查阅文献档案等各种形式和手段，获得了丰富的信息、资料、数据，接下来就要

依据有关的评价指标和评价标准的要求逐项核实，筛选出真实可靠的有用资料，进行综合分析，对照各项指标的评价标准对被评对象的现状作出初步的评价结论。

(三)教育评价的结果处理

评价结论的分析与处理阶段是评价活动的最后一个阶段，它的质量关系到评价的作用能否充分发挥。因此，这也是一个很重要的阶段。评价活动的这一个阶段主要有以下几项任务：形成综合判断；分析诊断问题；估计本次评价活动的质量；撰写评价报告，向有关方面反馈信息。

形成综合判断就是从总体上对被评对象作出关于其工作的定性或定量的综合意见。通常，综合判断是在各个参评专业自评的基础上，专家进行评审评议后得出的总评定值，形成以定量为主的综合性判断，并对参评专业是否达到目标，以及达到目标的程度作出了优劣程度的等级区分。

为了充分解释、说明综合评判的结论，使被评者顺利地接受评价结论并更好地帮助被评对象改进工作，还需要对评价过程得到的信息进行细致的分析，对被评对象的工作的优缺点和长短得失进行系统的评论，以帮助被评对象能认清存在的问题和问题的症结所在，提出有针对性的改进工作的途径和建议。

估计本次评价的质量是指根据评价过程中出现的问题，利用对被评者的评价分数，对此次评价工作质量进行检查、分析、鉴定，也就是对此次评价工作进行评价。

撰写评价报告是指将评价结论写出书面报告。内容主要包括此次评价的任务及其经历的过程、对参评专业的评价结论、评价结论的统计分析、本次评价存在的问题和改进的建议。

第三节　职业教育评价案例分析

——以广西中等职业学校教学水平评估为例

为贯彻落实全国、全区职业教育工作会议精神，促进全区中等职业学校教学工作规范和教学质量的提高，推动中等职业学校内涵建设，增强中等职业教育的可持续发展能力，广西壮族自治区教育厅于 2007 年组织开展全区中等职业学校教学水平评估工作，建立了全区中等职业学校教学水平评估督查工作机制。

中等职业学校教学水平评估工作由自治区教育厅和各市教育局共同组织实

施。评估工作依据《广西壮族自治区中等职业学校教学工作规范》《广西壮族自治区中等职业学校教学水平评估标准》开展。评估内容包括教学条件与师资队伍、教学组织与教学管理、教学实施与教学监控、教学研究与教学改革、教学质量与教学效益等方面。

教学水平评估结果分优秀、良好、合格、不合格四个等级。评估结果将作为职业院校设置、合格和重点评估的重要依据。对教学水平评估为"不合格"的职业院校给予黄牌警告，经一年整改后复评仍达不到"合格"等级的，按学校办学层次给予相应处理：国家级重点中等职业学校的，取消其参加下一轮国家级重点中等职业学校的参评或重新认定资格；自治区级重点中等职业学校的，取消其自治区级重点中等职业学校称号；设置达到合格等级学校的，予以限期整改并暂停其年度招生资格。

开展中等职业学校教学水平评估工作，建立三年一轮的中等职业学校教学水平评估督查工作机制，是加强中等职业学校教学工作，提升中等职业教育内涵建设，规范中等职业学校办学标准，改善和加强教育行政部门对中等职业学校宏观管理的重要措施，对促进中等职业教育持续、健康发展具有重要意义。

一、中等职业学校教学工作规范

为全面贯彻国家教育方针，推进广西中等职业教育改革与发展，加强和改进学校教学工作，规范教学管理，提高教育教学质量和办学水平，自治区教育厅制定了《中等职业学校教学工作规范》（以下简称《规范》）。《规范》明确了教学工作是中等职业学校工作的主体，教学质量管理是教学工作的重要组成部分。中等职业学校应遵循职业教育教学规律，贯彻以服务为宗旨、以就业为导向、以能力为本位的职业教育教学指导思想，确立教学工作的中心地位，对学生进行德育与法制教育，传授职业知识，培养职业技能和创新精神，加强体育健康教育，进行职业指导，提高学生的综合职业能力和全面素质。

《规范》从教学条件与师资队伍、教学组织与教学管理、教学实施与教学监控、教学改革与教学研究、教学质量与教学效益等方面作了明确的规定。

（一）教学条件与师资队伍

在教学条件上，《规范》对教学文件、教材、教学经费、教学设备设施等方面制定了相应的细则。如明确了"专业教学方案"是指导和管理学校教学工作的主要依据，是保证教育教学质量和人才培养规格的纲领性教学文件。专业教学方案分专业示范性教学方案和专业实施性教学方案两类。专业示范性教学方案由国家教育部、国家部委职业教育教学指导委员会、自治区教育行政部门制定和颁发；专业实施性教学方案由学校按照《关于印发〈关于制定中等职业学校教学方案的指导意见〉的通知》(桂教职成〔2006〕74号)的规定，根据当地经济和社会发展对人才规格的要求组织制定。专业教学方案包括专业名称、招生对象与学制、培养目标与规格(含人才规格、职业范围、知识结构、能力结构及要求)、教学活动时间分配表、教学内容及教学要求、课程设置与教学时间安排表、必修课教材等部分；"课程标准(教学大纲)"是组织教学工作，检查教学质量，评价教学效果，选编教材和装备教学设施的依据。专业实施性教学方案规定开设的课程(包括实践性课程)均应有相应的课程标准；明确了教学经费包含实训设备购置费、图书资料购置费、教学业务费(含实训费等)、体育维持费、教学设备仪器维修费、教学改革与研究费、师资培养培训经费等；明确了教室、实验实训实习设备设施、信息化教学设备设施、图书馆(室)、体育场(馆)等教学设备设施的管理要求。

在师资队伍建设中，《规范》明确要求学校要根据学校发展规划制订师资队伍建设规划、教师培养计划和教师到企业或生产服务一线进行生产实践的制度，加大"双师型"教师培养力度；加强教师教学业务和专业水平培训；贯彻竞争上岗、择优聘任的原则，建立健全激励和约束机制。要吸引和鼓励企事业单位工程技术人员、管理人员和有特殊技能的人员担任专、兼职教师，提高具有相关专业技术职务资格教师的比例。

(二)教学组织与教学管理

《规范》中规定，学校的教学组织要在教学副校长的领导下，根据办学规模和实际需要设立教务、专业、就业指导、教学督导和教学研究等教学管理部门以及教学研究基层组织，其他管理部门应与教学管理部门相互配合，做好教学服务工作。各校应明确各教学管理部门及基层组织工作职责。

教学管理包含了教务管理及教学档案管理两方面。

教务管理主要指学期教学工作计划管理、校历管理、学期教学进程管理、课程管理、学期授课计划管理等内容。其中，"学期教学工作计划"是学校实施教学目标管理的依据，内容包含学期教学工作指导思想、总目标、工作重点、主要要求和措施、教学改革的方案和教学研究项目(或课题)等。学校应于学期放假前拟订下学期教学工作计划，并印发至各相关部门。各教学管理部门及基层组织应按学校学期教学工作计划的要求分别制订本部门的学期教学工作计划，由教务管理部门汇总审核，经教学副校长批准后执行。学校要定期检查执行情况，学期结束时进行总结。"学期教学进程表"是每学期专业教学活动的具体安排，主要包括：入学教育、军训、理论和实践教学、公益劳动、考试、毕业教育等的周数分配和进程安排。学期教学进程表由专业和教务部门根据校历及各专业的实施性教学方案于放假前拟定，经教学副校长批准后执行。"学期授课计划"是进行教学活动的具体安排。任课教师在接到教学任务书后，应根据专业教学方案、课程标准、学期教学进程表、教材并结合学生实际情况编制学期授课计划。

教学档案管理包含教学管理档案、教学业务档案、学生档案、教师业务档案等。教学档案的管理由教务部门统筹负责，各相关部门要按照职能分工实行教学文件的学期整理、存档制度，使教学文件档案工作制度化、规范化、信息化，更好地为教学服务。

(三)教学实施与教学监控

《规范》明确规定了中等职业学校的教学内容必须符合专业对应就业岗位员工知识结构与能力结构的要求，把职业技能考核鉴定科目纳入到教学内容当中，要围绕职业能力的形成确定文化基础课程和专业课程的教学内容。文化基础课程包括社会学课程、语文、数学、外语、计算机应用基础、体育等；专业课程包括保证实现专业教学目标的核心课程、选修课程和综合实训课程(含教学综合实训和顶岗生产实习)。专业课程的教学内容要以工作任务为中心整合相应的知识、技能、态度、工作程序和方法，确定实践教学在教学工作中的主体地位。

《规范》中明确了中等职业学校的实践教学包括实验、教学综合实训、顶岗生产实习等。实验、教学综合实训在校内实施，顶岗生产实习在校外实施。其中，顶岗生产实习是专业教学的必要环节，是"工学结合"人才培养模式的要求，学校必须依照相应法律法规及有关部门规定制定并完善顶岗生产实习方案。顶岗生产实习方案包括实习内容、岗位安排、带队教师人数及职责、校企协议书、学生家长告知书、安全保障措施等。学校要确保学生顶岗实习的岗位与其所学专业面向的岗位群相适应，确保学生顶岗生产实习工作状态符合法律法规要求，确保学生顶岗生产实习期间的身心健康和人身安全，并明确顶岗生产实习的劳动报酬，坚决杜绝以工代学、工学脱节和放任不管。

《规范》同时也明确规定了德育法制教育、体育健康教育以及就业指导教育的相关内容。

《规范》中明确规定了中等职业学校的教学方法与手段，学校应与行业、企业等用人单位建立实质性的合作关系，利用社会资源、引入企业文化、吸收先进理念、开展订单教学和工学结合，创新人才培养模式，提高教育教学质量；学校要把提高学生的职业能力放在突出的位置，采用以学生为主体，以能力为本位的教学方法，激发学生独立思考和创新意识，培养学生自主学习和勇于实践的能力，积极探索、总结和推行有利于全面提高学生素质和综合职业能力的行动导向教学法；学校要大力提高教育技术手段的现代化水平和信息化程度。积极采用现代教育技术的方法和手段，建立多媒体资源库，开发、收集和使用符合教学需要的现代化教学媒体，实现学习目标、学习内容、学习方法和教学媒体的有效组合，提高教学质量和教学效果。加强职业教育的教育教学信息网络化建设，建立与互联网相联的校园网。

《规范》中也明确了中等职业学校的教学过程，包括备课、授课、考核等内容。要求教师必须做好各项授课准备工作，提高教学的针对性和实效性，认真进行教学设计、撰写教案；组织好课堂教学，加强基础知识和基本技能的教学，确保所授知识及技能的思想性、科学性、针对性和实用性，课后要撰写教学后记。要注意加强综合性技能训练，提高学生的专业技能。鼓励教师采用现代教学手段、实施理论与实践相结合的一体化教学；考核可采取考试、考查、技术等级鉴定等方式。学校应建立严格、科学的考核制度，认真做好命题、监考、阅卷、成绩评定和统计、质量分析、补考等工作。学校应积极探索符合职业教育规律和特点的考核改革，要有机地把终结性评价与形成性评价结合起来，并逐步实行教考分离。任课教师应及时将学生试卷、学生成绩表、成绩分析等考核资料交教务部门存档。

《规范》中要求中等职业学校要抓好教学全过程的质量监控。对教师教学过程中的备课、授课(实习)、考核要制定出明确的质量标准，要重点对教师教案、课堂(实习)教学和教学质量进行检查；学校应有计划地组织教学检查，稳定教学秩序，优化教学过程，提高教学质量；学校每学期至少应召开一次教学工作会议，研究部署学校教学工作；教学管理部门应定期召开相关教学业务会议，教学业务会议包括教务例会、教研会议、教师和学生座谈会等，布置和检查各项教学工作，及时分析、研究和解决教学中出现的各种问题，落实整改措施；为维护良好的教学秩序、保证教学管理机制的正常运转，促进教学质量的提高，学校要制定有关教学事故认定和处理的制度。

(四)教学研究与教学改革

《规范》要求中等职业学校要注重教学研究工作，加强教学研究的组织与领导，设立教学研究机构，建立激励机制；学校应积极开展创新人才培养模式、加强专业建设、更新教学内容、改进教学方法与手段等教学改革，解决教学工作中存在的实际问题，及时总结推广教育教学改革经验和成果，努力形成教学改革的良好氛围。

(五)教学质量与教学效益

《规范》中明确要求中等职业学校建立和健全教师教学工作考核制度，对教师的考核应根据教师的职责，以教育教学效果为主要依据。建立教学督导、学生评教、教师互评等机制；建立和健全学生学习质量考评制度，考评包括考试、考查、考证等。通过对考评结果的研究、分析，改进教学工作，促进教师业务水平提高；建立健全以用人单位等社会各界对毕业生综合评价、毕业生和家长对学校教学工作评价以及学校对毕业生跟踪反馈等为主的教学效益评价与反馈制度，促进学校教学效益的不断提高；学校教学效益评价与反馈制度，要符合学生职业生涯发展需要和企业及社会对技能型人才的需求，把毕业生具有良好的职业道德素养、就业率、就业专业对口率、就业稳定率、就业质量等作为评价教学效益的主要指标。

二、中等职业学校教学水平评估标准

我们选定《广西壮族自治区中等职业学校教学水平评估指标体系(试行)》(桂教职成〔2007〕50号)作为案例对中等职业学校教学水平评估进行参照分析。

广西壮族自治区中等职业学校教学水平评估指标体系（试行）

一级指标	二级指标	权重	主要观测点	等级标准 A	等级标准 C	评估等级 A	B	C	D
1.教学条件和师资队伍（5）	1.1 教学文件	1	专业实施性教学方案、各专业的课程标准、弹性学习制度	按桂教职成〔2006〕74号文件、示范性教学校教学工作规范《广西壮族自治区中等职业学校教学工作规范》（以下简称《规范》）的要求制定出专业教学方案、制定程序清晰，文本规范，可操作性和实效性好；所开专业各门课程的课程标准齐全（达90%以上），体现专业面对岗位群的能力要求。按有关文件要求实行弹性学习制度情况好 评估备查材料：1.各专业实施性教学方案；2.各专业所开设课程的课程标准；3.教育行政部门核准实行弹性学习制度的批文、学校弹性学习制度实施细则及相关文件和材料	按桂教职成〔2006〕74号文件、示范性教学校教学工作规范和《规范》的要求制定出专业实施性教学方案、制定程序基本符合要求。有可操作性和实效性，文本较为清楚；所开专业各门课程的课程标准符合和实效性；实效性；所开专业各门课程齐全（达70%以上），基本符合人才培养要求。按有关文件要求实行学分管理				
	1.2 教材	1	教材管理制度及执行情况	建立了完善的教材管理制度，教材的选用、使用的规定，选用和订购符合教育行政部门的规定；90%教材的订购基本符合开课前完成。无盗版和复（翻）印教材 评估备查材料：1.学校教材管理（订购）制度；2.各专业开设课程使用教材的清单（2年内）及样本（2年内）；3.各专业教材订购（当年）及样本（2年内），并注明教材类型（教育厅指定教材、国家规划教材、自编教材、其他教材）	建立了教材管理制度，订购教材管理制度、教材的选用和的选用符合教育行政部门的规定；订购基本符合的准备工作在开课前完成。80%教材的订购基本符合开课前完成。无盗版和复（翻）印教材				
	1.3 教学经费	1	教学经费投入	教学经费收入（不含师资培养培训经费）占学费收入的30%以上（其中实验实训实习费不低于50%）；经费设备购置使用科学合理，满足教学需要 评估备查材料：1.学校财务预算决算报告（2年内）；2.学费收入和教学经费开支情况（2年内）	教学经费（不含师资培养培训经费）占学费收入15%（其中实验实训经费不低于50%）；经费备购置费不低于50%）；备购置费较合理，基本满足教学需要				

续表

一级指标	二级指标	权重	主要观测点	等级标准				评估等级			
				A		C		A	B	C	D
1.教学条件和师资队伍(5)	1.4 教学设施设备	1	教学设施设备配备、管理制度执行情况	设备设施符合现代教学需要，达到《规范》和桂教职成〔2007〕11号文件(文内涉及的28个专业)的要求；有标志性教学设施设备设施使用和管理的规章制度，执行制度好，有完整的台账和使用记录。评估查看材料：1.各专业教学设备设施台账和使用记录；2.各专业实训基地建设规划；3.各专业的资料、文学、其他类型资料、电子读物配备、电子读物统计表；8.体育读物统计表		设备设施达到《规范》和桂教职成〔2007〕11号文件(文内涉及的28个专业)的要求；建立了各项教学设备设施使用和管理的规章制度，能执行业；施使用和管理的规章制度；有台账和使用记录。1.各专业教学设备设施台账和使用记录；2.学校教学设备设施使用和管理的规章制度；4.学校普通、多媒体、专业教室管理制度及管理人员配备；图书馆管理制度及管理人员配备；图书资料分类统计表(按各专业分类)；6.图书借阅情况分析报告；7.电子阅览室管理制度及建设，使用维护制度和使用记录					
	1.5 师资队伍	1	师资队伍建设规划及执行情况	制定了师资队伍建设规划，计划适应教学需要，措施得力，措施完成；师资培训经费占教师工资总额的2.5%以上；90%以上专业课教师每两年有两个月的时间到企业或生产第一线进行实践；"双师型"教师人数占专业教师总数的50%以上；制定和落实了教师聘用制度；教师工作任务完成情况达到《规范》的要求。评估查看材料：1.师资队伍建设规划；3.师资培训经费投入，教师培训计划；5.教师业务培训计划，记录和总结(2年内)；7.继续教育登记表和统计表(2年内)；9.教师聘用制度，聘用情况统计表和统计(2年内)		制定了师资队伍建设规划，教师培养计划基本适应教学需要，并按期完成；师资培训经费占教师工资总额1.5%以上；50%以上专业教师每两年有两个月的时间到专业或生产服务第一线进行实践；"双师型"教师人数占教师总数的40%以上；制定和落实了教师聘用制度；教师工作任务完成达到《规范》的要求。2.教师花名册；4.专业教师到岗企业实践的计划和记录；6.新教师上岗培训计划，记录和总结(2年内)；8."双师型"教师人数与专业教师的比例及记录；10.教师工作任务完成记录					

一级指标	二级指标	权重	主要观测点	等级标准		评估等级			
				A	C	A	B	C	D
2.教学组织与管理(4)	2.1 教学组织	1	教学管理机构、职责及运行情况	教学管理机构健全。设立教务、专业、就业等教学管理部门以及教学研究基层组织，结构合理；职责清晰；管理队伍建设到位；教学督导、教研部门积极推行教学研究工作和教学研究；有改革创新意识及举措，成效显著。评估备查材料：教学管理机构设置、工作职责、工作计划和总结(2年内)	教学管理机构较健全。设立教务、教研部门机构。各部门、教研指导、教研管理部门教学工作和教学研究；业指导，能保正正常教学工作和教学研究需要；职责明确；工作职责、工作计划和总结(2年内)				
	2.2 教务管理	2	教务常规管理情况	学期教学工作计划、校历、课程表、教学任务书、教学日志齐全；授课计划、教学日志规范；建立完整排课、调课、代课及停课制度；教务常规管理效果显著。评估备查材料：1.全校及各教学部门学期教学工作计划及总结(2年内)；2.校历、学期教学进程表、课程表、教学任务书(2年内)；3.学期授课计划、教案(2年内)；4.教学反馈日志、教学执行日志和检查日记录(2年内)；5.排课、调课、代课及停课制度及执行情况(2年内)；6.教务常规管理总结	有学期教学工作计划、校历、学期教学进程表、课程表、教学任务书、教学日志基本规范；建立排课、调课、代课及停课等制度；教务常规管理正常				
	2.3 教学档案	1	教学档案管理情况	有专人管理教学档案；教学业务档案、学生档案、教师档案；教学档案按《规范》收集齐全，教学档案管理制度化、规范化、信息化。评估备查材料：1.教学管理教学档案；2.教学业务档案、教师档案、学生档案；3.教学业务档案；4.教师业务档案；5.学生档案	有专人管理教学档案；教学业务档案、教师档案、学生档案，及时归档，教学档案收集基本齐全，有教学管理制度。评估备查材料：1.教学管理档案、教学管理制度；2.教学管理档案、教师档案；3.教学业务档案；4.教学业务档案，人员配备；5.学生档案				

续表

一级指标	二级指标	权重	主要观测点	等级标准 A	等级标准 C	评估等级 A	B	C	D
3.教学与实施教学监控(10)	3.1 教学内容	1	教学内容与培养目标符合情况	专业对应的岗位（群）应知应会、岗位职责，工作程序与方法及时更新的新技术、新知识、新工艺、新方法及时体现相关行业的新技术、新知识、新工艺、新方法。文化基础课和专业核心技能项目课时齐开齐，比例较合理。评估备查材料：1.各专业教学调研分析报告（含各专业面向岗位群的应知应会、岗位职责等）；2.近三年内各专业课程表；3.教师授课任务表	有专业对应的岗位（群）应知应会、岗位职责，工作程序与方法的调研报告及岗位职责，文化基础课和专业核心技能项目开齐，比例较合理				
	3.2 实践教学	2	各专业实验实习实训安排、方案及实施制定情况	各专业的实验实习实训计划、指导书、操作规程、活动记录和总结完整；实验实训实习开出率达到90%以上；各专业学生平均双证率达到90%以上；开展"半工半读""以工助学"的严格按照桂教职成〔2006〕95号文件执行，开展顶岗实习生产实习按照《规范》要求执行。评估备查材料：1.各专业实验实训实习计划（2年内）；3.各专业顶岗生产实习方案及实施（2年内）；5.各专业德育与法制教育活动记录及总结（2年内）；开展"半工半读"的计划、记录和总结（2年内）	各专业的实验实习实训计划、指导书、操作规程、活动记录和总结基本完整；实验实训实习开出率达到80%以上；各专业学生平均双证率达到85%以上；开展"半工半读""以工助学"的严格按照桂教职成〔2006〕95号文件执行，开展顶岗生产实习的严格按照《规范》要求执行				
	3.3 德育法制教育	1	社会学课程开设、德育专题、法制教育活动情况	德育与法制教育贯穿于教学工作全过程。开齐开足社会学课程；有德育与法制教育计划；教育活动记录及总结；德育成效显著。评估备查材料：德育与法制教育工作计划、记录及总结（2年内）	德育与法制教育贯穿于教学工作过程；开齐社会学课程；有德育与法制教育计划；有较完整的德育与法制教育记录及总结；德育与法制教育效果良好				

续表

一级指标	二级指标	权重	主要观测点	等级标准 A	等级标准 C	A	B	C	D
3.教学实施与教学监控(10)	3.4 体育与健康教育	1	体育及健康课程开设、活动情况	晨练、课间操、体育竞赛形成制度并付诸实施；体育健康课开齐开足，学生体育合格率90%以上；有完整的预防艾滋病、禁毒等专项宣传教育活动的记录及合格率，无吸毒学生 评估备查材料：1.体育健康课程开设统计表、体育工作计划、记录及总结（2年内）；2.学生体育合格率统计表及有关资料（2年内）；3.预防艾滋病、禁毒等活动的记录、记录及总结好	晨练、课间操、体育竞赛形成制度并付诸实施；体育合格率较高；有预防艾滋病、禁毒等专项宣传教育活动的记录及总结，无吸毒学生（2年内）；2.学生体育合格率（2年内）；3.预防艾滋病、禁毒等活动的记录及总结（2年内）				
	3.5 就业指导教育	1	机构设置、实施措施及效果	就业指导机构独立设立、运作规范；就业信息发布及时；提供的就业岗位数量占毕业生人数90%以上；有完整的毕业生就业去向信息（就业单位、就业岗位、联系电话、待遇等）记录，毕业生就业跟踪反馈制度执行好 评估备查材料：1.就业指导工作制度（2年内）；2.数量占就业生的就业岗位数及联系人、毕业生联系电话人、毕业生就业跟踪反馈情况好	有就业指导机构、能发布就业信息；提供的就业岗位数量占毕业生人数70%以上（就业单位、就业岗位、联系电话、待遇等）记录；建立了毕业生就业跟踪反馈制度				
	3.6 教学方法与手段	1	教学方法与手段	所有专业都开展了校企合作；专业课程50%以上采用行动导向、情境模拟、案例化教学，一体化教学；校园网及电化教学设备设施完善，能进行课件开发、收集和使用的情况好 评估备查材料：1.各专业校企合作协议及执行情况；2.课程教学方法改革情况及执行情况；3.校园网及电化教学设备台账、使用记录；4.课件开发、使用及情况好	所有专业都开设了校企合作；专业课程30%以上采用行动导向、情境模拟、案例教学、或实施理论实践一体化教学；有校园网及电化教学设备设施；能进行课件开发、收集和使用				校园 … 3.校园课件库

续表

一级指标	二级指标	权重	主要观测点	等级标准 A	等级标准 C	A	B	C	D
3.教学与实施管控(10)	3.7 教学过程规范	2	备课、授课、考核制度及实施情况	备课、授课、考核符合《规范》第十九条要求；实施效果好。评估备查材料：1.教案及教案检查记录、试卷原始资料、成绩分析报告	备课、授课、考核符合《规范》第十九条要求；实施效果较好。2.考试(包括监考)制度、技术等级考试制度；3.考				
	3.8 教学监控	1	教学监控措施及执行情况	教学监控措施按照《规范》第二十条要求执行；执行较大的教学事故。评估备查材料：1.听课制度、计划、教学工作会议记录；4.教学事故认定与处理	教学监控措施按照《规范》第二十条要求执行情况良好；近两年学校没有发生重大的教学事故。3.教学事故的质量标准，考核的质量标准，考核(学习)、授课(实习)、备课、授课记录与处理				
4.教学研究与教学改革(4)	4.1 教学研究	2	组织机构、制度建设、教学研究活动情况、经费保障	教学研究机构丰富，有成效，教师参加教研活动时间平均每周不低于3学时；教师专业技能比赛情况记录。评估备查材料：1.教研工作会议记录和总结	有教学研究机构；能开展教研活动。教师教研活动时间每周不低于2学时；有记录和总结。2.教师教学业务学习制度；3.教研工作计划(2年内)；4.各专业教师示范课、公开课、听课评课记录(2年内)；5.学生、各类论文获奖情况记录；6.各类获奖情况记录；7.教研活动经费投入(2年内)				
	4.2 教学改革	2	教学改革措施实施及效果	积极开展教学改革，近三年来自治区级及以上教育科研课题或教改立项6项以上，成果奖3项以上；教育科研课题或教改立项6项以上，成果奖3项以上，教学改革经验和成果的推广良好。参与教学改革人数占专任教师比例30%以上。评估备查材料：1.教学改革工作计划、近三年来自治区级或教育科研课题或教改立项，获奖证书或(或文件)、实施效果等(3年内)；总结推广教学改革	积极开展教学改革。近三年来自治区级及以上教育科研课题或教改立项2项以上，成果奖1项以上。成果奖1项以上。古专任教师比例30%以上。参与教学改革人数占专任教师比例30%以上，教改促进教学，效果较好。2.教学研究和教学改革成果统计表(3年内)；3.参与教改工作的教师人数统计表(3年内)				

续表

一级指标	二级指标	权重	主要观测点	等级标准 A	等级标准 C	评估等级 A	B	C	D
5.教学质量与教学效益(5)	5.1 教学质量	2	教师工作、学生学习质量评价及执行情况	教师教学工作考核制度科学合理并严格执行。效果显著；学生学习评价科学合理；对考评结果进行了研究分析。资料齐全	有教师教学工作考核制度并能够执行；有效果；有学生学习评价；对考评结果进行了研究分析。有资料				
				评估备查材料：1.教师教学工作考核制成、责任制、工作记录和总结；2.学生学习评价制度、记录、结果、总结（2年内）；2.校级考核委员会组织进行了研究和分析总结（2年内）；3.学生学习质量考评制度、记录和分析总结（2年内）					
	5.2 教学效益	3	毕业生就业情况及学生流失情况	1.教学效益评价与反馈制度完善。社会用人单位对近两年毕业生质量评价高；2.毕业生就业质量好，当年就业率90%以上、专业对口率80%以上，就业稳定率70%以上；3.新生第一学期流失率5%以下，学制内流失率10%以下（以上三项各计1）	1.有教学效益评价与反馈制度。社会用人单位对近两年毕业生质量评价一般；2.毕业生就业质量一般，当年就业率60%以上、专业对口率60%以上，就业稳定率60%以上；3.新生第一学期流失率15%以下，学制内流失率20%以下（以上三项各计1）				
				评估备查材料：1.教学效益评价与反馈制度；2.毕业生就业率、就业稳定率、专业对口率；3.社会及用人单位对本校毕业生质量评价资料；4.新生及学制内学生流失率情况统计表					

备注：评估结论标准。本评估标准二级指标共20项。权重系数合计为28。评估标准给出A、C两级；介于A、C之间的为B级（数据中间值，大于和等于中间值的为B级），小于C中间值的为C级（数据中间值），低于C级的为D级。评估结论分为优秀、良好、合格、不合格四种。其标准如下：

1. 优秀：全部评估指标中，A≥22，C≤3，D=0。
2. 良好：全部评估指标中，A＋B≥22，A≥11，D=0。
3. 合格：国家级重点学校：D=0；自治区级重点学校：D≤2；其他学校：D≤4。
4. 不合格：未达到合格等级标准。

附录

一、商务外语专业示范性教学方案[①]

一、专业名称、招生对象与学制

(一)专业及专门化方向名称：商务外语(导购专门化、导游服务与管理专门化、酒店服务与管理专门化)。

(二)招生对象：初中毕业生。

(三)学制：基本学制 3 年。

二、培养目标与规格

(一)培养目标

本专业主要面向国内外生产企业、旅游公司、商贸公司、宾馆、酒店、机场、航运等企事业单位，培养在生产、服务第一线从事商贸管理、导购、导游、宾馆酒店服务、涉外接待服务、商务翻译、公关文秘等相关工作，具有较强实际操作能力的高素质劳动者和技能型专门人才。

(二)人才规格

本专业所培养的人才应具有以下知识、技能与态度：

1. 具备尽职责的职业道德行为规范；

2. 掌握本专业必备的文化基础知识，具有基本的文化素质；

---

① 选自《中等职业学校畜牧兽医等 15 个专业示范性教学方案(试行)》. 广西壮族自治区教育厅，2007-10-19.

3. 掌握国际贸易基础知识及现代商务活动的基本知识、方法、流程；

4. 掌握商务活动的基本礼仪，具有较好的公关能力；

5. 掌握计算机应用基础知识，具有熟练的中外文录入技能；

6. 掌握外语听、说、读、写、译的基本知识；

7. 具有熟练运用外语进行涉外接待和处理商务活动业务的能力；

8. 掌握基本的翻译技巧，能准确地翻译一般的商务资料；

9. 具有良好的人际交流能力、团队合作精神和客户服务意识；

10. 获得相应的国家职业资格证书。

(三)职业范围

序号	专门化方向	主要就业岗位	国家职(执)业资格证书(技能证书)			
			名　　称	类型	等级	颁发单位
1	导购	商贸公司	推销员	职业证	初级	劳动和社会保障部门
2	导游服务与管理	旅游公司	导游			旅游行政管理部门
3	酒店服务与管理	宾馆、酒店	前厅服务员、客房服务员、餐厅服务员		中级	劳动和社会保障部门

(四)知识结构、能力结构及要求

序号	能力模块名称	各能力模块应具有的专业能力	各能力模块开设的主要课程及实训
1	基本素质和能力	1. 具有良好的思想品德和职业道德； 2. 掌握法律基本知识，具备较强的法律意识和法制观念； 3. 掌握体育和卫生保健的基本知识及运动技能，具备良好的身体素质； 4. 具有较强的汉语语言表达能力； 5. 具备一定的数学知识，能运用数学知识解决实际问题； 6. 具有 Windows 操作系统的基本应用、汉字信息处理及文字编辑能力； 7. 具有一定的阅读相关英文资料的能力	经济与政治基础知识； 法律基础知识； 哲学基础知识； 创造与创业； 语文； 数学； 英语； 体育与健康； 计算机应用基础； 教学综合实训

续表

序号	能力模块名称		各能力模块应具有的专业能力	各能力模块开设的主要课程及实训
2	一般职业能力		1. 具有外语听、说、读、写、译的基本技能； 2. 具有熟练运用外语进行涉外接待和处理商务活动业务的能力； 3. 掌握国际贸易的基本理论和基础知识； 4. 掌握现代商务活动的基本知识和基本方法，熟悉商务活动的基本流程，具有从事现代商务活动的能力	外语基础； 外语听力； 外语会话； 外语阅读； 外语写作； 翻译技巧； 国际贸易基础知识； 现代商务； 教学综合实训
3	核心职业能力	导购	1. 掌握推销的基本技巧和策略，能够用所学语言与顾客进行交流、沟通，熟练地推销与导购； 2. 具有市场调查与预测及进行营销策划的能力； 3. 掌握消费者购买商品的心理和需要、购买动机和购买行为； 4. 掌握在商务活动中的各种实用礼仪技巧	推销技巧； 市场营销基础知识； 销售心理学基础； 实用礼仪； 教学综合实训
		导游服务与管理	1. 掌握导游工作的规范及导游的基本方法和技能，能处理导游服务中常见的问题和事故； 2. 能运用旅游的基本知识为游客服务； 3. 能运用旅游心理学的基本知识，分析和解决旅游工作中的问题； 4. 掌握在商务活动中的各种实用礼仪技巧	导游实务； 旅游概论； 旅游心理学； 实用礼仪； 教学综合实训
		酒店服务与管理	1. 具有良好的服务意识，在服务中，能举止得体、文明待客； 2. 具有较强的语言表达能力、人际沟通能力和一般的社会交际能力； 3. 掌握前厅、客房、餐饮、康乐服务与管理的基本程序和方法，具备其基本技能	前厅服务与管理； 客房服务与管理； 餐饮服务与管理； 康乐服务与管理； 教学综合实训

续表

序号	能力模块名称	各能力模块应具有的专业能力	各能力模块开设的主要课程及实训
4	综合职业能力	1. 具有较强的敬业精神和吃苦耐劳精神，养成良好的工作习惯； 2. 具有良好的人际交流能力、团队合作精神和客户服务意识； 3. 具有创新精神及适应职业变化的基本能力	教学综合实训；顶岗生产实习

三、教学活动时间分配表（按周分配）

学　期	一	二	三	四	五	六	小计
入学教育	1						1
课堂教学	17	18	16	18			69
复习考试	2	2	2	2	2	2	12
教学综合实训			1				1
顶岗生产实习					17	18	35
毕业教育						1	1
机动		1	1	1	1	1	5
合计	20	21	20	21	20	21	123

四、教学内容及教学要求

(一)专业核心课程

序号	课程名称	主要教学内容与要求	技能考核项目与要求	学时数
1	外语基础	1. 教学内容：外语基本词汇、基本句型、短文、语法及配套练习，课文阅读与翻译； 2. 教学要求：掌握所学词汇，掌握基本句型及语法，并能熟练运用这些基本词汇、句型写出实用句子、短文，通过学习能流利、正确地阅读与翻译	1. 考核项目：基本词汇、基本句型与语法、课文阅读理解与翻译； 2. 考核要求：正确运用基本词汇、基本句型，熟练阅读理解课文，正确翻译并符合语法要求	346

续表

序号	课程名称	主要教学内容与要求	技能考核项目与要求	学时数
2	外语听力	1. 教学内容：听单词、单句、复句、对话和短文。听日常用语、商务活动用语。听介绍产品、企业、环境、旅游、名胜古迹、文化风俗； 2. 教学要求：能听懂一般日常交谈和简短的商务活动对话，辨别说话人的语气和态度；能听懂慢速外语广播，掌握所听材料的主要内容；能根据所听材料内容作简单笔记	1. 考核项目：单词、单句、复句、对话和短文。日常用语、商务活动用语。介绍产品、企业、环境、旅游、名胜古迹、文化风俗； 2. 考核要求：能掌握所听材料的中心大意，并记录下主要内容；对所听的内容具有分析、归纳、判断的能力	242
3	外语会话	1. 教学内容：日常用语和商务用语； 2. 教学要求：掌握对话中的词汇、句型，了解该国语言文化背景，能够组织语言进行一般的日常会话和商务会话	1. 考核项目：日常用语、商务用语的运用、商务外语的情景会话； 2. 考核要求：掌握日常用语和商务用语，能够用准确、连贯的语言表达自己所想表达的内容。能胜任简单的现场口译	242
4	外语阅读	1. 教学内容：短文、故事、报刊等文章的阅读； 2. 教学要求：能读懂短文、故事、报刊等文章，了解大意，抓住要点和有关细节，并能根据所读材料推理分析，领会作者意图。 　　能较熟练地使用外语词典，解决语言难点和问题	1. 考核项目：阅读短文、故事、报刊等文章； 2. 考核要求：能在限定时间内了解所给文章的大意	68
5	外语写作	1. 教学内容：日常应用文的基本知识、格式、写法； 2. 教学要求：能用外语写日常应用文，语句通顺流畅，符合格式和语法	1. 考核内容：日常应用文的基本知识、格式、写法； 2. 考核要求：掌握日常应用文写作的格式和写法	34

序号	课程名称	主要教学内容与要求	技能考核项目与要求	学时数
6	外语翻译	1. 教学内容：翻译理论基础知识、翻译方法和技巧；词汇、句子、短文翻译； 2. 教学要求：掌握翻译的基本原理及方法，并能够用于句子、短文的翻译； 用通顺的语言把原作的思想内容和文字风格确切而完整地表达出来	1. 考核内容：词汇、句子、短文的翻译； 2. 考核要求：译文要忠于原文，要与原文的思想内容、文字风格相一致	32
7	国际贸易基础知识	1. 教学内容：国际贸易发展概况，国际贸易政策与措施，世界贸易组织 WTO 的来龙去脉，以及 WTO 的相关条约对我国相关领域所带来的机遇与挑战； 2. 教学要求：认识和理解当前国际贸易发展概况，重点掌握国际贸易政策与措施，了解世界贸易组织 WTO 的来龙去脉，以及 WTO 的相关条约对我国相关领域所带来的机遇与挑战	1. 考核项目：国际贸易发展概况，国际贸易政策与措施，世界贸易组织 WTO 的来龙去脉，以及 WTO 的相关条约对我国相关领域所带来的机遇与挑战； 2. 考核要求：掌握国际贸易基础理论知识，了解世界贸易组织 WTO 的来龙去脉，以及 WTO 的相关条约对我国相关领域所带来的机遇与挑战	36
8	现代商务	1. 教学内容：现代商务战略规划、现代商务业务经营、现代商务营销策略、现代商务标准化管理、国际商务基础知识； 2. 教学要求：能够掌握企业进行现代商务活动的基本知识和基本方法，熟悉商务活动的基本流程，能够从事商务活动	1. 考核项目：现代商务战略规划、业务经营、营销策略、标准化管理、国际商务基础知识； 2. 考核要求：学生能够掌握企业进行现代商务活动的基本知识和方法，熟悉商务活动的基本流程，能够从事商务活动	34
合计				1034

备注：课程名称"外语基础、外语听力、外语会话、外语阅读、外语写作、外语翻译"指的是统称，可以根据具体开设的某一语种套上具体的名称，如"越语基础、越语听力、越语会话、越语阅读、越语写作、越语翻译"。

(二)专业限选课程

专业限选课分三个方向：导购专门化、导游服务与管理专门化、酒店服务与管理。这里只选用"导游服务与管理专门化"方向的课程要求。

序号	课程名称	主要教学内容与要求	技能考核项目与要求	学时数
1	导游实务	1. 教学内容：导游人员的职业素质、职业道德与行为准则、导游语言艺术、导游技能、地陪接团程序与常见问题应对、其他导游服务、旅游知识； 2. 教学要求：掌握导游人员职责、职业素质、职业道德与行为准则，掌握导游相关业务知识	1. 考核项目：导游服务中涉及的相关专业知识，导游工作的规范及导游的基本方法和技能，导游服务中常见的问题和事故的处理方法； 2. 考核要求：掌握导游服务中涉及的相关专业知识，掌握导游工作的规范及导游的基本方法和技能，掌握导游服务中常见的问题和事故的处理方法，具备独立工作能力与应变能力	72
2	旅游概论	1. 教学内容：旅游概述、旅游简史、旅游活动的基本要素、旅游业的构成、旅游市场、生态旅游与可持续发展、旅游业的发展趋势； 2. 教学要求：了解旅游业的性质、特点、意义和作用，熟悉旅游业的基本知识	1. 考核项目：旅游业的性质、特点、意义和作用；旅游业的基本知识； 2. 考核要求：掌握旅游业的性质、特点、意义和作用；掌握旅游业的基本知识	64
3	旅游心理学	1. 教学内容：旅游心理学基本理论和基础知识、旅游消费动因、知觉、学习、人格、态度。 2. 教学要求：掌握心理学的一般知识及原理，着重了解旅游者的心理活动及消费需要，同时培养学生具有良好的心理素质	1. 考核项目：旅游心理学基本理论和基础知识，旅游消费动因、知觉、学习、人格、态度的概念及主要内容； 2. 考核要求：掌握旅游心理学基本理论和基础知识，旅游消费心理，旅游消费服务心理，旅游企业管理心理的内容及运用，提高分析和解决现实旅游心理工作问题的能力	72

序号	课程名称	主要教学内容与要求	技能考核项目与要求	学时数
4	实用礼仪	1. 教学内容：中西方礼仪概述、个人礼仪、日常交际礼仪、使用公共设施礼仪、社会交际礼仪、学校礼仪、求职就业礼仪、职场沟通礼仪、商务礼仪、国际礼仪与外交礼仪、生活中的礼仪习俗常识； 2. 教学要求：掌握各种场合的礼仪基础知识及生活中的礼仪习俗常识，不断提高自身素质和能力	1. 考核项目：个人礼仪、日常交际礼仪、使用公共设施礼仪、社会交际礼仪、学校礼仪、求职就业礼仪、商务礼仪； 2. 考核要求：掌握生活中的礼仪习俗常识，掌握各种场合的礼仪，提高自身的综合素质	36
合计				244

(三)综合实训课程

1. 教学综合实训

(1)实训内容：组织学生到校企合作单位见习，学生在商贸管理、导购、导游、宾馆酒店服务、涉外接待服务、商务翻译、公关文秘等工作中运用商务外语的基本知识、技能，使学生获得相关工作的感性知识，具备初步的专业综合能力。

(2)实训时间：在第三学期安排一周时间。

(3)实训地点：校企合作的单位。

(4)考核要求：通过到校企合作单位见习，要求学生在商贸管理、导购、导游、宾馆酒店服务、涉外接待服务、商务翻译、公关文秘等工作中运用商务外语的基本知识、技能，具备初步的专业综合能力。

(5)组织管理：按校外实训实习办法进行组织管理。

(6)安全保障措施：制定相应的实训实习管理办法和完善的安全规章制度，实训前须进行相应的安全教育，实习过程中还应结合实习项目进行相应的文明礼貌教育，通过实训实习建立培养学生的安全意识和良好行为习惯。

2. 顶岗生产实习

(1)实习内容：了解商贸管理、导购、导游、宾馆酒店服务、涉外接待服务、商务翻译、公关文秘等工作程序和要求，并掌握其技巧；初步具有商贸管理、导购、导游、宾馆酒店服务、涉外接待服务、商务翻译、公关文秘等工作的能力；具备尽职尽责的职业道德行为规范，具有较强的敬业精神和吃苦耐劳精神，在实习结束时完成实习报告。

(2)实习时间：实施"2+1"人才培养模式，安排学生在第三学年进行顶岗生产实习，亦可根据企业和学校的实际情况，从第二学年的第一学期起以一学期为最小实习时间单元，分2次按班级组织学生到各企事业等用人单位进行顶岗生产实习。

(3)实习地点：国内外生产企业、旅游公司、商贸公司、宾馆、酒店、机场、航运等相关企事业单位。

(4)成绩考核：考核成绩由技能考核成绩、操行考核成绩、实习报告成绩三部分组成。

技能考核：占考核成绩60%，由企业根据学生在企业的工作态度和所掌握的专业技能进行综合评定。

操行考核：占考核成绩20%，根据学生在实习中的认识态度、实际表现、遵守规章制度和劳动纪律等综合情况评定。

实习报告：占考核成绩20%，根据学生总结能力予以评定。实习报告中包括实习计划、执行情况和实习体会，要求学生能结合专业知识，找出本岗位工作中存在的问题和不足，分析原因并提出解决问题的措施和建议。

(5)组织管理：

①制订实习大纲、实习计划和签订顶岗生产实习协议。学校应与实习单位共同制订实习大纲，对实习的岗位和要求以及每个岗位实习的时间等提出明确的指导性意见，并签订书面协议，协议书必须明确学生劳动保险的投保人。

②落实实习前的各项组织工作。通过召开学生动员会和家长会做好细致的组织发动工作，提出具体的实习纪律和要求以及注意事项，并与学生家长签订书面实习协议。在同一单位顶岗实习的学生数如超过20人，学校要安排不少于1名以上的专职人员到实习单位实施全程管理和服务；学生数如超过100人，学校派出的专职管理人员不能少于2人。实习单位也要指定专门的相关人员担任指导。

③加强实习管理。学校要设立由学校领导、专业教师、企业相关人员组成的实习管理机构，明确职责。定期或不定期到各实习点巡回检查，发现问题及时纠正。学校实习专职管理人员负责管理实习生、及时与企业沟通、定期向学校汇报等。学生要定期写出实习情况书面汇报交实习专职管理人员。

④建立完善的学生实习考核评定机制，建立学生实习档案，将实习考核成绩作为学生毕业的必备条件。

(6)安全保障：加强对学生的劳动纪律、安全(人身安全、交通安全、食品卫生安全、生产安全等）、操作规程、自救自护和心理健康等方面的教育，提高学生的自我保护能力。学生必须具有安全保障，学校一律不得组织未办理劳动保险的学生参加顶岗生产实习。

五、课程设置、教学时间安排建议表

课程分类		课程名称	课程性质	学时			学分	各学期周数、学时分配					
				总学时	理论课时	实践课时		1 17周	2 18周	3 17周	4 18周	5 17周	6 18周
文化基础课		法律基础知识	必修	32	24	8	2	2					
		经济与政治基础知识	必修	32	24	8	2		2				
		哲学基础知识	必修	32	24	8	2			2			
		职业道德教育	必修	32	24	8	2				2		
		安全教育	必修	10	6	4	1	1					
		语文	必修	138	96	42	8	2	2	2	2		
		数学	必修	102	72	30	6	2	2	2			
		英语	必修	104	64	40	6	4	2				
		计算机应用基础	必修	68	51	17	4	4					
		体育与健康	必修	120	20	100	7	2	2	2	2		
		小计		670	405	265	40	17	10	8	6		
专业课	专业核心课程	外语基础	必修	346	242	104	20	6	6	4	4		
		外语听力	必修	242	172	70	14	2	4	4	4		
		外语会话	必修	242	172	70	14	2	4	4	4		
		外语阅读	必修	68	48	20	4			2	2		
		外语写作	必修	34	25	9	2				2		
		外语翻译	必修	32	22	10	2			2			
		国际贸易基础知识	必修	36	24	12	2				2		
		现代商务	必修	34	24	10	2	2					
		小计		1034	729	305	60	12	16	16	16		

续表

课程分类			课程名称	课程性质	学时			学分	各学期周数、学时分配					
					总学时	理论课时	实践课时		1 17周	2 18周	3 17周	4 18周	5 17周	6 18周
专业课	限选课程	导购	推销技巧	限选	72	54	18	4		4				
			市场营销基础知识	限选	64	47	17	4			4			
			销售心理学基础	限选	72	54	18	4				4		
			实用礼仪	限选	36	27	9	2				2		
			小计		244	182	62	14		4	4	6		
		导游服务与管理	导游实务	限选	72	54	18	4		4				
			旅游概论	限选	64	47	17	4			4			
			旅游心理学	限选	72	54	18	4				4		
			实用礼仪	限选	36	27	9	2				2		
			小计		244	182	62	14		4	4	6		
		酒店服务与管理	前厅服务与管理	限选	72	54	18	4		4				
			客房服务与管理	限选	64	47	17	4			4			
			餐饮服务与管理	限选	72	54	18	4				4		
			康乐服务与管理	限选	36	27	9	2				2		
			小计		244	182	62	14		4	4	6		
		其他												
	任选课程（应选2门）		秘书基础	任选	32	23	9	2				2		
			演讲与口才	任选	32	23	9	2				2		
			国家概况 （英国或越南或泰国…）	任选	32	23	9	2				2		
			普通话	任选	36	27	9	2					2	
			才艺（备注6）	任选	36	27	9	2					2	
			电子商务常识	任选	36	27	9	2					2	

续表

课程分类	课程名称	课程性质	学时			学分	各学期周数、学时分配					
			总学时	理论课时	实践课时		1 17周	2 18周	3 17周	4 18周	5 17周	6 18周
专业课	其他											
	小计		68	50	18	4			2	2		
	教学综合实训	必修	30		30	2			1周			
综合实训课程	顶岗生产实习	必修	1000		1000	50					17周	18周
	小计		1030		1030	52			1周		17周	18周
合计			3046	1366	1680	170	29	30	30	30	30	30

备注：1. 专业核心课程和专业限选课程各课程授课时数各校可根据实际情况在15%的范围内进行调整，但必须保证总课时数。

2. 学校可根据实际情况开设专业限选课程和任选课程中的"其他"专门化课程。

3. 如因安排整周教学综合实训导致其他课程教学周数和学时不足的，各校可在教学综合实训周中安排相关课程的教学学时。

4. 如果开设的是"商务英语"，因为学生已经有了一定的基础，第一学期的《听力》《会话》各校可根据实际情况由每周2节调整为每周4节（文化基础课的《英语》每周4节不开设）。所有《外语基础》的课时可以用来分别先上《英语精读》、后上《商务英语》。

5. 如果是其他越语、泰语等小语种，因为学生是零基础，第一学期各校可根据实际情况调整《外语基础》《外语听力》《外语会话》的课时，集中课时先上《外语基础》中的语音内容，有一定基础后，再上《外语听力》《外语会话》。

6. 课程"才艺"是统称，各校可根据学生就业时的实际需要开设。

六、必修课教材

(一)文化基础课

序号	课程名称	使用教材		
		名称	出版社	备注
1	法律基础知识	法律基础知识(修订版)	北京师范大学出版社	国家规划教材
2	经济与政治基础知识	经济与政治基础知识(修订版)	北京师范大学出版社	国家规划教材
3	哲学基础知识	哲学基础知识(修订版)	中国人民大学出版社	国家规划教材
4	职业道德教育	创造与创业	广西科技出版社	教育部审查教材
5	安全教育	中等职业学校学生安全教育读本	南海出版公司	自治区教育厅审查教材
6	语文	语文(广西版)	语文出版社	自治区教育厅审查教材
7	数学	数学(广西版)	语文出版社	自治区教育厅审查教材
8	英语	英语(广西版)	高等教育出版社	自治区教育厅审查教材
9	计算机应用基础	计算机应用基础(广西版)	高等教育出版社	自治区教育厅审查教材
10	体育	体育与健康(南方版)	辽宁大学出版社	国家规划教材

（二）专业核心课程

序号	课程名称	推荐使用教材		
		名称	出版社	备注
1	外语基础	剑桥国际英语教程	外语教学与研究出版社	其他教材
		商务英语教程	华夏出版社	
		越南语教程	北京大学出版社	
		泰语教程		
2	外语听力	大学英语听力	上海外语教育出版社	自编教材
		越语听力	自编教材	
		泰语听力		
3	外语会话	剑桥国际英语教程	外语教学与研究出版社	其他教材
		越语 300 句	北京大学出版社	
		实用泰语	世界音像电子出版社	
		泰语会话	外语教学与研究出版社	
4	外语阅读	商务英语阅读	高等教育出版社	教育部规划教材
		越语阅读	自编教材	自编教材
		泰语阅读教程	外语教学与研究出版社	其他教材
5	外语写作	商务英语写作	高等教育出版社	教育部规划教材
		商务越语写作	自编教材	自编教材
		商务泰语写作		
6	外语翻译	英汉翻译	北京大学出版社	其他教材
		越汉翻译教程		
		汉泰翻译	自编教材	自编教材
7	国际贸易基础知识	国际贸易基础知识	高等教育出版社	国家规划教材
8	现代商务	现代商务		

备注：上述教材的使用仅以英语、越语、泰语语种为例，各校可根据实际开设的某一语种选择相应的教材。

二、××职业技术学校实习教学管理办法

第一章　总　则

第一条　实习教学是各专业培养计划中的重要组成部分，是加强理论与实践相结合的实践性教学环节，它对贯彻理论联系实际的教学原则，培养学生分析问题、解决问题的能力，巩固理论知识，广泛接触社会，获取本专业初步的实际工作能力和专业技能具有重要意义。为了切实提高实习教学质量，规范实习教学管理，根据《××职业技术学校实践教学管理规定》等文件要求，特制定本办法。

第二条　实习教学是指教学计划中除军训、毕业设计(论文)、课程设计和实训(实验)之外的各种校内外实践教学环节(包括毕业综合实践、课程实习、顶岗实习、毕业(预就业学期)实习)。

第三条　实习教学可采用集中与分散、校内与校外等多种组织形式进行。无论采用何种形式，都要加强组织领导，严格实习要求，保证实习质量。教学计划中安排的各项实习均为必修课，不能申请免修。

第四条　选择实习场所应满足实习大纲的要求，各系(部)要积极创造条件，建立长期、稳定的实习教学基地。选择实习场所的基本原则是：与专业教学有密切关系，能满足实习大纲的要求；生产基本正常，技术、管理先进；便于安排师生食宿、节约开支、相对集中；实习内容能充分体现所学专业的岗位性和职业性；有助于学生树立良好的职业观念和职业道德。

第二章　实习教学文件和材料

第五条　实习教学文件和材料主要包括：

(一)实习大纲；

(二)实习指导书；

(三)实习教学计划(方案)；

(四)学期实习计划安排表；

(五)实习任务书；

(六)年度实习基地统计表、学年实践教学人员统计表；

(七)学生实习报告；

(八)指导教师实习记录和实习总结；

(九)系(部)年度实习总结；

（十）其他。

第六条　需要报送教务处的实习教学文件和材料主要包括：

（一）系（部）实习教学管理实施细则；

（二）学期实习计划安排表；

（三）实习教学基地统计表；

（四）学年实习教学人员统计表；

（五）系（部）年度实习总结。

第七条　各系（部）根据专业特点和教学要求，认真组织制定各类实习教学文件，并根据实际情况，不断修改和完善。各院系、研究所（教研室）要对实习教学文件和材料分别存档，保证文件材料的完整齐全。

第三章　实习教学的管理

第八条　实习教学在主管教学校长的统一领导下实行学校、系部二级管理。具体组织管理工作，学校层面由教务处负责，系（部）层面由主管教学系主任负责。必要时成立学校、系（部）检查指导小组，到实习教学基地检查了解情况，沟通信息，听取意见，处理问题，把好实习教学质量关。学校有关部门应积极配合，提供必要的支持和帮助。

第九条　教务处的主要职责是：

（一）在主管教学校长的领导下，负责全校的实习教学管理工作。贯彻上级文件精神，负责拟定和修改全校关于实习教学管理工作的文件。

（二）审定全校各专业实习大纲和实习计划。

（三）根据学期实习教学计划安排表，按不同学科专业的特点和学生人数，审核系（部）实习教学经费的预算。

（四）配合各系（部）开展实习教学的各项组织和管理工作，检查实习工作准备情况和实习计划执行情况，组织实习教学质量检查和质量监控工作，组织实习教学的经验交流。

（五）协调各系（部）联系实习场所，协调解决实习中遇到的有关问题。

（六）根据专业建设和实践教学工作的具体要求，协助院系开展实习教学基地的建设工作。

（七）负责各专业实习教学相关信息的统计和备案。

（八）研究、协调处理实习教学过程中发生的重大问题。

（九）对全校的实习教学工作进行总结。

第十条　系（部）的主要职责是：

（一）主管教学系（部）主任全面负责本系（部）各专业的实习教学的组织领导和管理工作。

（二）制定本系（部）各专业实习大纲、实习教学管理实施细则等文件，报教务处批准后执行。

（三）确定本系（部）实习学生的实习地点及分组原则，负责组织学生往返。

（四）积极开展多种形式的实习教学质量检查活动，制定实习教学成绩考核标准，认真做好学生实习成绩考核工作。

（五）认真、及时填报教务处下发的学期实习计划安排表、实习教学任务书及各类实习教学工作报表。

（六）负责本单位实习经费的审核和使用，确保专款专用，并在年终将经费使用情况报教务处。

（七）认真做好实习基地规划和建设工作，加强与实习基地联系和沟通，密切双方关系。

（八）定期对本系（部）的实习教学工作进行总结，并写出年度实习总结。

第十一条　教研室的主要职责是：

（一）负责编写实习大纲、实习指导书等各类实习教学文件。

（二）确定指导教师名单，并认真考核、评定指导教师的工作。

（三）负责本专业实习地点的选定、联系工作，做好学生分组和实习前教育等各种准备工作。

（四）参加本系（部）组织的实习教学检查，写出年度实习总结。

第十二条　实习指导教师的主要职责是：

（一）提前深入实习单位了解和熟悉情况，根据实习大纲要求，会同实习单位有关人员共同制订实习教学计划，编写实习任务书，明确教学目的和任务，经系领导审核后，于实习前发给实习学生，做好实习前的各项准备工作。

（二）组织实习教学计划的落实，检查学生实习的进展情况，与实习单位配合及时协调和解决实习中的问题。

（三）加强指导，严格要求，组织好各种教学和参观活动，考勤、考核学生的实习情况，作好实习记录。

（四）以身作则，自觉遵守实习单位的规章制度，对违反纪律和有关规章制度的学生进行批评教育。

（五）教书育人，全面关心学生的思想、学习、生活、健康与安全。重视劳动教育，及时对学生进行安全教育，严防事故发生。组织参加一定形式的生产劳动和公益活动。

（六）指导学生撰写实习报告，进行实习考核和成绩评定工作。

（七）写出实习总结。

第四章　实习教学实施

第十三条　各系（部）要成立实习指导小组，选派教学经验丰富，熟悉生产实际，责任心强，有一定组织管理能力的教师担任实习指导教师，聘请实习单位具有丰富实践经验的技术人员或干部、师傅担任兼职指导教师。指导教师的人数一般按 1：15～20 的师生比例配备。

第十四条　在实习过程中，学生必须服从指导教师的安排，尊重工人、工程技术人员的劳动，遵守实习纪律，不得无故迟到、早退或不参加实习。

第十五条　实习结束时，带队老师应向实习接待单位告别致谢，并办理各种清场手续。返校后，带队教师应及时处理实习的收尾工作（如检查实习学生是否全部安全返校、收集学生实习报告并写出评语、评定学生实习成绩、写出实习总结等）。

第五章　实习期间对学生的要求

第十六条　实习期间学生必须严格遵守实习纪律，遵守实习单位的规章制度，遵守安全操作规程。

第十七条　尊重实习指导教师，虚心接受指导教师和实习单位指导人员的指导。按照实习任务书的要求，按时、按量认真完成实习任务，按时提交实习报告。

第十八条　实习期间，原则上不得请假。如遇特殊原因，无法坚持实习，须出示相关证明，报经指导教师批准。校外实习期间学生请假手续由系（部）存档至学生毕业。

第十九条　进行分散毕业实习的学生，指导教师下达实习任务书后，必须认真学习实习有关安全要求。由指导教师通过电话或其他通讯联系方式，以及实地检查（抽查）等形式进行监控。

第二十条　独立联系实习的学生，离校前应与学校签署《学生校外实习安全责任书》，严格遵守实习的各项要求，并对自己在校外实习期间的行为负责。《学生校外实习安全责任书》由各教学系（部）指派的指导教师（班主任或辅导员）代表学校与学生签订，并交教学系（部）存档至学生毕业。

第六章　实习教学成绩考核

第二十一条　实习结束后，学生提交实习报告，指导教师与实习单位有关人员对学生进行考核和鉴定，考核办法可以采取不同的方式，考核成绩以优秀、良好、中等、及格、不及格五级制记分。指导教师要及时将学生实习成绩交有关教学系(部)，由教学系(部)报送教务处。

第二十二条　实习教学评分标准为：

优秀：能很好地完成实习任务，达到实习大纲规定的全部要求，实习报告能对实习内容进行全面、系统的总结，并能运用学过的理论对某些问题加以分析。在考核时能比较圆满地回答问题，并有某些独到见解。实习态度端正，实习中无违纪行为。

良好：能较好地完成实习任务，达到实习大纲规定的全部要求，实习报告能对实习内容进行比较全面、系统的总结。考核时能比较圆满地回答问题。实习态度端正，实习中无违纪行为。

中等：达到实习大纲规定的主要要求，实习报告能对实习内容进行比较全面的总结，在考核时能正确地回答主要问题，学习态度基本端正，实习中无违纪行为。

及格：能够完成实习的主要任务，达到实习大纲规定的基本要求，实习报告内容基本正确，但不够完整、系统，考核中能基本回答主要问题。实习中虽有一般违纪行为但能深刻认识，及时改正。

不及格：凡具备下列条件之一者，均以不及格论：

1. 未达到实习大纲规定的基本要求，无实习笔记；

2. 实习报告马虎潦草，或内容有明显错误；考核时不能回答主要问题或有原则性错误；

3. 未参加实习的时间超过全部实习时间三分之一以上；

4. 实习中有违纪行为，经教育无效，或有严重违纪行为。

第七章　附　则
第二十三条　本规定自公布之日起执行，解释权归教务处。

三、××职业技术学校实训(实验)室管理办法

第一章　总　则

第一条　实训(实验)室是进行实训(实验)教学和科学研究的重要基地，是办好学校的基本条件之一。实训(实验)室的工作是教学科研工作的重要组成部分，是反映学校教学、科研及管理水平的一项重要标志之一。为加强实训(实

验)室的建设和管理特制定本试行办法。

第二条　实训(实验)室工作必须贯彻党的教育方针及各项政策，以促进教学和科研为目标，以提高学生操作技能和动手能力为宗旨，为培养合格的高等技术应用性专门人才服务。根据需要与可能，积极开展对外服务和科技开发工作。

第三条　根据教学和科研任务的需要，确定实训(实验)室工作的方向、任务和规模。实训(实验)室要充分发挥自己的特色和优势，坚持勤俭办学的方针，不断提高投资效益。不断提高实训(实验)室的实验技术水平和管理水平，逐渐实现实训(实验)室的管理科学化，仪器设备现代化。

第四条　实训(实验)室工作应积极配合学校教学改革，逐步把实训(实验)室建设成从时间、任务、设备、技术等方面对学生、教师及科研人员开放的实训(实验)室。

第二章　基本任务

第五条　根据学校教学计划承担实训(实验)教学任务。配合教研室编写实训(实验)教材或指导书，逐步完善实训(实验)教学资料。安排实训(实验)指导人员，认真辅导学生上好实训(实验)课。根据科学研究课题的需要，承担科研实训(实验)任务。

实训(实验)室除完成本单位的教学和科研任务外，要积极为本院其他系(部)提供技术和设备服务。不断提高实训(实验)室的利用率和实训(实验)课的开出率。

第六条　要不断提高实训(实验)教学质量。实训(实验)室要注意吸收科学技术和教学改革的新成果，更新实训(实验)内容，改革教学方法，通过实训(实验)培养学生理论联系实际的学风，严谨的科学态度和分析问题、解决问题的能力。

第七条　实训(实验)室在保证完成教学、科研任务的前提下，应积极开展社会性技术服务和技术开发工作，加强实训(实验)室与社会各部门的联系。积极参加院内外协作活动，开展学术、技术交流，增强实训(实验)室的活力。

第八条　实训(实验)室要不断加强自身建设。要建立、完善实训(实验)室建设管理的工作制度，使各项工作有章可循。开展实训(实验)技术和管理的研究，有计划地配备或更新实训(实验)设备。对实训(实验)室工作人员进行有计划的培训，努力提高人员素质和管理水平。

第九条　实训(实验)室的仪器设备应按有关规定，经常保养和维护，定期进行计量和标定工作，损坏的要及时维修，使仪器设备经常处于完好状态，以保证实验数据的准确性和实验结果的可靠性。

第三章　机构与职责

第十条　全院实训(实验)室实行统一领导、院系二级管理的体制。

第十一条　教务处是全院实训(实验)室的归口管理机构，在主管教学副校长的领导下，负责管理和协调各实训(实验)室的工作，其职责是：

1. 贯彻执行国家有关的方针、政策和法令，结合实训(实验)室工作的实际，拟定学校实训(实验)室工作规程的实施办法；

2. 检查督促各实训(实验)室完成各项工作任务；

3. 组织制订和实施实训(实验)室建设规划和年度计划；协助设备处拟定并参与审定仪器设备配备方案，协助设备处进行实训(实验)室建设和仪器设备运行经费的分配，并进行投资效益评估；

4. 会同有关部门，完善实训(实验)室管理规章制度，包括：实验教学、科研、社会服务情况的审核评估制度；实训(实验)室工作人员的任用、管理制度；实训(实验)室在用物资的管理制度；经费使用制度等；

5. 协助设备处主管实训(实验)室仪器设备、材料等物资，提高其使用效益；

6. 协助人事部门主管实训(实验)室队伍建设，与人事部门及各系(部)一起做好实训(实验)室人员定编、岗位培训、考核、奖惩、晋级及职务评聘工作；

7. 收集有关数据，上报统计报表；

8. 会同有关部门共同审查实训(实验)室的组建、合并或撤消。

第十二条　凡有实训(实验)室的系(部)，应有一名系(部)领导分管实训(实验)室工作。根据实训(实验)室规模可设主任1人，副主任1人。实训(实验)室实行主任负责制，实训(实验)室主任负责实训(实验)室的全面工作，其职责是：

1. 组织编制本实训(实验)室的建设规划、工作计划、仪器设备及低值易耗品年度购置计划，并组织实施和检查执行情况；

2. 领导并组织实施本办法第二章规定的实训(实验)室工作的基本任务；

3. 做好实训(实验)室管理工作，组织贯彻执行有关规章制度；

4. 领导本室各类人员的工作，定期检查和考核，开展评比活动；

5. 领导搞好本室精神文明建设，认真做好工作人员和学生的思想政治教育工作；

6. 负责制订本实训(实验)室的安全、卫生责任制，定期检查安全、卫生状况；

7. 负责制订本室各类人员的业务学习和技术培训计划，并组织实施；

8. 完成领导和主管部门布置的有关工作。

实训（实验）室工作人员包括：从事实训（实验）室工作的教师、研究人员、工程技术人员、实验技术人员、管理人员和工人。各类人员要有明确的职责，遵守制度，注意分工协作，确保安全，积极完成各项任务。

第十三条　进入实训（实验）室工作的教师和学生应自觉遵守实训（实验）室各项规章制度。在完成教学科研任务的同时，应保证设备完好、安全和清洁卫生。

第四章　建设与管理

第十四条　实训（实验）室建设与设置，要纳入学校的总体发展规划。根据学校的办学方向和专业设置要求，发挥学校自身优势，突出专业特色，有计划有重点地建设实训（实验）室。

各实训（实验）室应有近期、中期和长远发展规划。每项实训（实验）室建设规划要考虑环境、设施、仪器设备、人员设备、人员结构、经费投入等综合配套因素，按照立项、论证、实施、监督、竣工、验收、效益考核等程序，由学校全面规划。

第十五条　实训（实验）室每年应根据规划做出当年的实训（实验）室建设计划、任务计划、仪器计划、材料计划等，教务处协同设备处审查，报主管校长批准后执行。

第十六条　实训（实验）室要重视投资效益，充分发挥现有设备的作用。努力创造条件，建立和提供实践教学的技能模块、实训（实验）教学大纲、教材等一系列实践教学文件，以及公开教学方法、考核方式等教学环节，向全院、社会开放实训（实验）室，为学生自主完成训练提供开放实践教学场所、仪器设备等条件，并计入实训（实验）学时和上机时数，努力提高实训（实验）室利用率和实验开出率指标。

第十七条　实训（实验）室对院内开放，实行无偿服务，实训（实验）学时和上机时计入利用率和开出率指标。需使用外单位的实训（实验）室时，由使用单位提出申请，教务处负责协调安排。

实训（实验）室对社会开放，实行有偿服务。服务后都要核收仪器设备折旧费、房屋占用及水电费、材料和低值易耗品消耗费、服务人员的劳动费，建立健全财务制度。

第十八条　要加强实训(实验)室设备的在用管理。落实设备的使用、维护、保管、领发的岗位责任制。各实训(实验)室应加强仪器设备的日常维护，保持整洁的实训(实验)室环境。

第十九条　实训(实验)室仪器设备和材料、低值易耗品的管理，按照《××职业技术学校仪器设备管理规定》《××职业技术学校材料、低值易耗品管理规定》《××职业技术学校精密贵重仪器和大型设备管理规定》等有关规定执行。

第二十条　开展学术交流和管理研究，开展实训(实验)室工作及投资效益的评估、评比活动。加强实训(实验)室管理，提高实训(实验)室管理水平。

第五章　实训(实验)室安全

第二十一条　实训(实验)室要认真做好安全防护工作，经常对所属人员进行安全教育，切实保障人身和财产安全；落实安全制度，明确安全负责人，注意日常检查，消除隐患。

第二十二条　学校成立由保卫处、教务处、设备处和有关系(部)领导参加的实训(实验)室安全领导小组，定期检查防火、防爆、防盗、防事故等安全措施的落实情况。

第二十三条　本着"谁主管谁负责"的原则，各实训(实验)室要严格履行安全责任制。加强安全值班，保管好消防器材，未经批准不得使用电炉或其他违章电器。

第二十四条　实验值班人员离开实训(实验)室或下班后要关好水电，锁好门窗。下班后值班人员要认真检查实训(实验)室的安全，严格控制出入人员，发现问题及时通知有关人员处理。工余、节假日期间需开放实训(实验)室，需经实训(实验)室主任批准，要有老师或指定专人负责管理。实训(实验)室房间的钥匙要有专人保管。开机做实训(实验)必须有实训(实验)室的专职人员在场。

第二十五条　实训(实验)人员在涉外交流活动中，要严守国家机密。

第二十六条　实训(实验)室应严格遵守国家关于环境保护工作的有关规定，不随意排放废水、废气、废物，不得污染环境。

第二十七条　实训(实验)室人员应强化节约能源意识，在实验过程中还要教育学生节约用水、用电。

第二十八条　实训(实验)室要针对高温、低温、辐射、病菌、噪音、病毒、激光、粉尘等到对人体有害的环境，切实加强实训(实验)室环境的治理和劳动保护工作。

第二十九条　各实训(实验)室应根据本管理办法，结合本实训(实验)室的实际情况制定具体实施细则。

第三十条　本办法自公布之日起执行，由学校教务处负责解释。

四、××职业院校教学质量管理办法

第一章　总　则

第一条　教学质量是学校教育工作的核心环节，教学质量监控管理工作是提高教学质量的关键和保证。为了进一步促进学校教学质量管理的科学化和规范化，切实提高学校管理水平和教学质量，学校特制定本条例。

第二条　教学质量监控的主要任务是：根据《教育部关于加强高职高专教育人才培养工作的意见》和广西教育厅《关于加强高校教学管理提高教学质量的意见》的文件精神，依据我院教学管理的各项规章制度，对教学工作的各环节进行监测和评估，及时反馈教学信息，不断调控和优化教学过程，并为校长及教学管理部门提供科学决策的依据。

第三条　我院实行教学质量双控体系，其中内控体系的监控主体主要包括督查室、教学工作委员会、教学督导组、教务处、系（部）教学质量监控小组、在校学生等；外控体系的监控主体主要包括专家指导委员会、社会用人单位、实习单位、毕业生等。

第二章　主要内容和形式

第四条　教学质量监控工作的主要内容包括人才培养方案的制定和执行、教师的教风和教学效果、学生的学风和学习效果、教学的组织和管理、教学环境和教学条件等影响教学质量的各种因素和各个环节。

第五条　监控形式。包括各级听课、各项检查、各类评价、问卷调查、座谈会等。

第六条　反馈形式。包括教学检查通报、评学评教信息汇总、学年教学质量报告等。

第三章　组织机构及职责

第七条　学校督查室全面负责检查、督促学校的人才培养工作。督查室在教学质量监控工作中的主要职责是：督查教务处的日常教学质量检查和监控工作；对教务处日常工作中反馈的非教学问题进行协调处理，并督查处理结果；编写学校的教学质量学年报告等。

第八条　教务处是学校教学管理的职能部门，是监控执行的中心，是实施教学管理和教学质量监控最重要的部门，对质量监控起着组织协调、分析反馈作用。由教务处教学质量监控科负责具体实施日常教学质量的监控工作。教务处在教学质量监控工作中的主要职责是：建立健全全校性的教学质量监控保障体系；组织制定和建立保障教学质量的规章制度、质量标准和管理文件；制定和实施教学工作评估指标体系及评估方案；组织学校日常教学检查和监控工作，检查、督促、指导系(部)各项教学工作情况；做好教学工作信息的收集和反馈工作，为领导决策、评优提供依据；建立和完善教学质量监控的档案管理工作等。

第九条　系(部)质量监控小组是系(部)开展教学检查和监控的基层组织机构，设组长1名，组员若干名。组长由系(部)主任或分管教科研的副主任担任，或由具有高级职称和具有丰富教学经验的教师担任；成员由系(部)领导、教研室主任和具有丰富教学经验的教师组成。系(部)质量监控小组在教学质量监控工作中的主要职责是：负责本系(部)教学质量监控的具体工作；负责收集、反馈本系(部)教学质量监控工作的有关信息；及时向学校督查室和教务处反馈学校教学质量监控工作的意见、建议；负责组织开展公开课、观摩课；负责组织教学质量学生座谈会、教师座谈会；负责组织管理本系(部)的学生教学质量信息员队伍等。

第十条　校长、系(部)主任为第一责任人。学校主管校长、系(部)主任为教学质量管理第一责任人制度，是提高教学质量的主要保障。校长的主要责任是：审议签发教学质量管理的有关制度，参加主要教学工作例会，决策教学管理队伍建设、教学质量管理的重大事宜，按规定坚持听课。系(部)主任责任：认真贯彻执行学校教学质量管理制度、决议；主持本系(部)教学管理例会，抓好本系(部)教学管理队伍建设，做好各种形式的教学质量检查的组织工作，坚持听课制度。

第四章　管理制度

第十一条　听课制度。学校负责教学工作的各级领导应定期深入课堂听课(包括实验、实训实习课)，全面了解教师与学生学习的情况，及时解决存在的问题。教研室应组织教师之间互相听课。

第十二条　教学督导员制度。选聘若干名热爱教育事业、有丰富教学经验、工作认真负责并具有副高以上职称的教师担任学校的教学督导员，进行日常的教学督导工作。包括听课、抽查、评估、调研、研究分析、提出意见和建议、总结与反馈等工作。

第十三条　学生教学质量信息员制度。学生信息员协助教学督导组和系(部)进行课堂教学信息的收集、整理、汇总，及时填写教学信息员反馈信息表。及时、客观地向教学督导组和系(部)反馈教学信息，遇有重大情况或突发事件的信息应立即向系(部)领导和督导处反映，以便及时向主管校领导反映和进行处理。

第十四条　教学检查制度。学校每学期将按时进行学期初、期中、期末教学检查。教学检查工作由学校、系(部)两级同时进行，以系(部)检查为主。

第十五条　教学质量评估制度。建立教学质量评估系统，主要包括三项工作：教学管理工作质量评估、教师教学质量评估、学生学业质量评估。

教学管理工作质量评估主要包括五个评估：院级教学管理水平评估、教学职能与业务部门的教学管理水平评估、系(部)教学工作评估、教研室组织管理水平评估、实验室评估等。其中，院级教学管理水平评估，主要按照教育部有关规定，对全院的教学水平进行自我评估；教学职能与业务部门的教学管理水平评估，每五年进行一次，在评估周期内分期完成；系(部)教学工作评估主要包括专业评估和课程评估，每三年进行一次，作为评选精品专业、精品课程的重要参考依据；教研室组织管理水平评估，每三年进行一次，评估结果作为评选优秀教研室和教研室主任工作绩效评价的重要参考依据。

教师教学质量评估应由学生评价、教研室同行评价、系(部)领导评价、教务处及教学督导组的评价等方面共同组成。每学期进行一次，由各系(部)参照学校制定的评估指标体系，结合本专业特点具体组织实施，将评估结果报教务处，并归入教师业务档案。

学生学业质量评估由教务处与有关系(部)组织完成，主要包括：建立考试题库(试题的科学化和规范化、试题分析)；课程结业考试；平时考查(测验、平时作业等)；实践教学环节的考核，包括实验、实训实习、课程设计、毕业设计(论文)等。

第五章　附　则

第十六条　本规定由教务处负责解释。

第十七条　本规定自颁布之日起执行。

后 记

关注职业教育是这几年国内教育界一个新话题。国家的经济发展到一定程度后，离不开产业结构的不断调整，产业的发展当然需要大量的应用型人才，这就是职业教育需要解决的问题。因此，通过职业教育培养大量的中、高级应用型人才是职业教育在新形势下的一种新转向。当然，作为在校职前培养的未来教师和职后在岗的职业教育教师，其专业发展理应是职业教育本身的内容。编写《职业教育教师专业发展丛书》正是提高职业教师从业能力和综合素质的目的所在，《职业教育管理》作为其中的一分册，它更多关注的是职业教育管理中各环节要素，这包括职业教育管理的职能和原则、管理体制、政策与法规、人力资源、德育、教育教学、教育科研、教育评价等。

《职业教育管理》一书是集体劳动成果的结晶，汇集了从事职业教育教学和管理的专家和学者的智慧。本书由贺祖斌教授任主编，提出全书提纲和写作思路，并负责全书的统稿工作。由李东航、陈丹丹任副主编，并负责部分书稿的统稿工作。具体分工如下：第一章：陈锐亮、陈丹丹；第二章：贺祖斌，潘杰宁；第三章：黄海滨、陈丹丹；第四章：黄海滨；第五章：张春兰；第六章：张春兰、李东航；第七章：李东航；第八章：潘杰宁、贺祖斌；第九章：潘杰宁。

在编写过程中，我们力图收集最新的关于职业教育的政策、资料和信息，并试图从新的角度来阐释和反映新时期职业教育的管理特点，以突出其前瞻性、应用性和实效性。由于参编者的水平有限，尽管修改多次，但书中仍有不尽人意之处，付梓之际总觉得意犹未尽，还望职业教育的同行和专家批评指正。书中引用了许多专家的资料和观点，我们尽量注明出处，但也免不了有遗漏之处，在此，对他们的劳动成果深表敬意和谢意。

本书得到广西壮族自治区教育厅高枫厅长、黄宇副厅长、师范处何锡光处长、师资培训中心刘冰主任、职成处张建虹处长的指导和帮助。在此一并致谢！

编 者
2010 年 4 月于 南宁

主要参考文献

[1]周吉．管理学教程[M]．上海：上海交通大学出版社，1987．

[2]哈洛尔德·康茨，西里尔·奥登纳尔．管理学精华[M]．李忠凡，胡秀英译．北京：工人出版社出版，2000．

[3]孔宗仰，方松华．现代管理学教程[M]．上海：上海外语教育出版，1992．

[4]张文华．现代职业教育管理初探[J]．中国现代教育，2005(11)．

[5]纪之信．职业教育管理的基本模式[J]．职业与教育，1999(6)．

[6]潘光．行业在发展职教中怎样发挥作用[J]．中国教育报，2003，12(3)．

[7]杨建燎．论广州职业教育与培训的改革和发展[J]．中国培训，2002(3)．

[8]陶继新，吴红玲．济南职业教育实行市级统筹[N]．中国教育报，2004-1-1(1)．

[9]深圳市劳动局课题组．深圳市职业培训形势分析与评估[J]．中国培训，2003(12)．

[10]黄兆龙．学校人力资源管理研究[J]．教学与管理，2001(11)．

[11]刘永礼．战略视角下的高职院校人力资源管理[J]．职教与成教，2008(1)．

[12]陈国胜，叶立东．职业院校人力资源管理策略研究[J]．中国农业教育，2003(4)．

[13]姜洪源．浅淡人力资源管理[J]．中国科技信息，2005(12)．

[14]李运广．浅淡中等职业学校人力资源管理[J]．科技信息(学术版)，2006(9)．

[15]谌煜．中等职业学校德育实效性的研究[D]．武汉：华中师范大学，2007．

[16]黄春兰．中等职业学校德育有效性研究[D]．福州：福建师范大学，2003．

[17]姜进梅．中等职校德育课堂的有效管理[D]．南京：南京师范大学，2007．

[18]许为霞．中等职校学生职业道德养成的实践探究[D]．上海：华东师范大学，2006．

[19]邱红霞．中等职业学校德育教育现状与对策[J]．青年探索，2006(4)．

[20]丁在刚．新形势下职业院校德育工作的探索[J]．河南职技师院学报(职业教育版)，2000(5)．

[21]杜时忠．制度比榜样更重要[M]．人民教育出版社，2001．

[22]谈松华．新时期德育的若干特征[J]．中国教育学刊，2001．

[23]张大均．教育心理学[M]．人民教育出版社，1997．

[24]王松．当代管理学基础[M]．上海：华东师范大学出版社，1999．

[25]陈孝彬．教育管理学[M]．北京：北京师范大学出版社，1999．

[26]母国光，翁史烈．高等教育管理[M]．北京：北京师范大学出版社，2000．

[27]邸鸿勋.现代职业教育管理[M].北京：高等教育出版社，1996.

[28]崔士民.职业教育学概论[M].北京：电子科技大学出版社，2008.

[29]程斯辉.中国教育管理模式研究[M].武汉：武汉工业大学出版社，1994.

[30]杨迺虹.现代教育管理原理[M].北京：中国人事出版社，2001.

[31]杨榆昭，王斌.对中等职业教育科研工作的几点思考[J].曲靖师范学院学报，2006(6).

[32]郭耀邦.关于职业教育科研工作的若干思考[J].浙江农村技术师范专科学校学报，1998(4).

[33]黄贵.高职院校开展科研管理工作的思考[J].江门职业技术学院学报，2008(2).

[34]黄尧.要大力加强职业教育的科研工作[J].中国职业技术教育，2005(8).

[35]王正万.探索西部职业教育科研工作的现状及发展[J].中国教师，2007(11).

[36]马军强.中职教育教育评价的问题及对策[J].教育与职业，2005(9).

[37]念烨.高等职业教育评估工作的若干思考[J].阜阳师范学院学报(社会科学版)，2005(3).

[38]刘晓敏.高等职业教育评价的现状、问题及对策研究[J].职业技术教育(教科版)，2005(7).

[39]贺祖斌.现代教育统计测量与评价[M].桂林：广西师范大学出版社，2001.

[40]西广明，李文海.高等职业教育评价研究[J].职业技术教育，2009(10).

[41]沈怡.教育评价理论的发展及其对职业教育评价观的影响[J].职教论坛，2009(10).

[42]杨守吉.浅谈现代科学方法在行政管理中的应用[J].淮海工学院学报，2001(6).

[43]张乐天.教育法规导读[M].上海：华东师范大学出版社，2007.

[44]李晓燕.教育法学[M].北京：高等教育出版社，2006.

[45]陈振明.政策科学[M].北京：中国人民大学出版社，1998.

[46]赵世平，田玉敏主编.教育政策法规[M].天津天津社科院出版社，1998.

[47]李孔珍.近看来我国职业教育政策发展解析[J].教育与职业，2006(12).

[48]李均，梁仕新.90年代以来高等职业教育的法规与政策分析[J].理工高教研究，2003(2).

[49]张力.新形势下中国职业教育的宏观政策[J].理论前沿，2006(1).